U0723082

王跃文作品精选

名家作品精选

王跃文 著

长江出版传媒 | 长江文艺出版社

图书在版编目（C I P）数据

王跃文作品精选 / 王跃文著. -- 武汉 ：长江文艺出版社，2019.11
（名家作品精选）
ISBN 978-7-5702-1096-1

Ⅰ. ①王… Ⅱ. ①王… Ⅲ. ①中篇小说—小说集—中国—当代②短篇小说—小说集—中国—当代 Ⅳ. ①I247.7

中国版本图书馆 CIP 数据核字(2019)第 188602 号

责任编辑：田敦国　　责任校对：毛　娟
封面设计：沐希设计　　责任印制：邱　莉　胡丽平

出版：长江出版传媒　长江文艺出版社
地址：武汉市雄楚大街 268 号　　邮编：430070
发行：长江文艺出版社
http://www.cjlap.com
印刷：湖北恒泰印务有限公司

开本：640 毫米×970 毫米　1/16　印张：20.25　插页：1 页
版次：2019 年 11 月第 1 版　2019 年 11 月第 1 次印刷
字数：244 千字

定价：32.00 元

目　录

自　序:油糊辣子葱姜蒜

葱姜蒜世人都是识得的,油糊辣子却是敝乡独有的风味。干红辣子,切成小段,文火焙炒,伴以素油。眼见得辣子香脆了,倒入擂钵捣碎。擂钵需是土陶的,擂槌得用硬木的。陈年老擂钵擂出的油糊辣子,口感更好。做油糊辣子很有讲究,须焙炒得法,脆而不焦。擂时得使暗劲,捣得越碎越好。上好的油糊辣子,多淋些素油,黏稠红亮,见着馋人。敝乡口味重,不论小炒凉拌,少不了放油糊辣子。逢年过节,十几个碗碟上桌,满堂红光。单放辣子还不够,葱姜蒜也是少不得的。

敝乡好吃狗肉,我做的小炒狗肉,很得朋友赞许。这朋友应是南方人,不是湖南蛮子,也离不得云贵川鄂。我炒菜没跟过师傅,全凭自己悟性。欲具此等悟性,首先是得好吃。喜欢操勺下厨的,多半属饕餮之徒。小炒狗肉,最好选带皮肉,切成小丁,先滚水过了,去血除腥。再将素油烧老,入锅爆炒。炒至七成熟,淋白酒少许,佐以香桂,盖了锅子,拿文火去焖。火候到了,放入葱段、姜丝、油糊辣子,飞快起锅。若有花椒嫩叶放些进去,香味更浓。花椒叶难得碰上,摘老柑橘叶切丝亦可充之。

我别样得意之作是炒水鸭,手法大抵同上,只是不放椒叶或橘叶,生蒜籽却断不可少。倘若拿黄豆炒水鸭,这道菜就更绝了。先将黄豆炒得酥脆喷香备用,待鸭子火候刚好,混入拌匀,稍稍一焖,加上油糊辣子葱姜

蒜，大家遇着同样场景，都会说同样的话，代代如此。比方下了太阳雨，总有人会说：边出太阳边落雨，皇帝老儿嫁满女。遇着别人吃饭流汗，有人就会说：牛变的，辛苦命。因为牛鼻尖上的汗总是不干的。乡下谁又不是辛苦人呢？我做了几十年的城里人，如今吃饭弄不好就汗流浃背。自然是个辛苦命。

夫人虽是湖南人，却自小生长粤桂，口味清淡。她老是笑话我，说我炒菜的绝招就是油糊辣子葱姜蒜，但凡辛辣刺激的作料，尽数放齐。她居然还无限上纲，说我的写作亦是如此，辛辣得要命，又不怕刺激人。我却自嘲道：在下勺中几味，祛邪驱毒，通气醒脑，好比医家猛药。

也算爱情

吃了晚饭，李解放只穿了件白短裤，肩上搭了条毛巾，去山下的青龙潭洗澡。李解放总恨自己长得太白，难得同金鸡坳的社员群众打成一片。他很羡慕工作队女队长吴丹心那张黝黑的脸，亮亮的就像早晨的茄子。

初到金鸡坳那天，吴丹心带着工作队员往大队部门口的坪里一站，社员们的目光不在队长吴丹心身上，只是望着队员李解放。那些年轻的姑娘，你戳戳我，我拍拍你，嘻嘻哈哈，眼睛却都瞟着李解放。李解放的脸便在六月的阳光下白里透红，红里冒汗。他被弄得手足无措，无地自容。吴丹心白了他一眼，才向社员同志们传达上级精神。那天吴丹心关于批林批孔的长篇大论，李解放只听了个断断续续。他心里一直在打鼓。他发誓一定要把自己晒黑，比她吴丹心更黑，就像那些浑身如炭的革命老农。从第二天起，他便像这里所有男社员一样，光着膀子上山下田。

工作队总共五人，分散住在几个生产队。队长吴丹心同李解放住在三队。吴丹心住在社员刘向群家，李解放住在刘世吉家。两个刘家都是三队根正苗红的贫农，他们的房子紧挨着。那是两栋摇摇欲坠的老木屋，柱子壁板都已发黑。李解放是工作队的文书，同队长住在一个队是为了工作需要。副队长向克富住一队，一队靠近大队部。队员舒军和王永龙一个住六队，一个住八队。五个人都是从县里有关单位抽来的。

今天李解放同社员们一道蹲在山坡上翻了一天的红薯藤。李解放是头一次干这种农活，不会干，也不知道为什么要这样干。他心里有些紧张，却不敢请教吴丹心。因为吴丹心批评过他像四体不勤五谷不分的孔老二。孔老二是要批倒批臭的，可见性质多么严重。吴丹心成天板着脸孔，总是开批判会的那种表情。李解放不敢向任何人求教，可他相信眼睛是师傅，看看社员们怎么做吧。

到了山坡上，照例是由三队队长刘大满带领大家学习一段毛主席语录。刘大满谦恭地望望吴丹心，见女工作队长点了点头，他才清清嗓子，说："毛主席教导我们说，土肥水种，密保管工。"社员们便跟着说："土肥水种，密保管工。"声音不太洪亮，也不太齐整。吴丹心皱着眉头环视一圈。刘大满忙点头向她赔笑。李解放却想刘大满今天引用的毛主席语录有些不对题，但还是在心里原谅了这位文化不高的老实农民。刘大满接着说："这个这个红薯藤的毛根，好比资本主义，它们吃社会主义，危害社会主义。我们要保卫社会主义的劳动果实，就要扯掉这些毛根。下面，请吴队长讲话。"

吴丹心甩了甩长辫子，说："刘大满同志的认识水平很高。我们一定要深刻认识翻红薯藤的重大政治意义。资本主义的毛根，比资本主义的杂草危害更大，它同社会主义的劳动果实争养分，损公肥私，罪大恶极。开始吧，同志们。"

刘大满又交代社员同志们警醒些，怕有蛇。刘大满说得轻巧，社员们也不在意，李解放心里却麻了起来。社员们三三两两蹲下，扯起红薯藤，翻过来，让藤上的毛根朝着天。李解放这才明白，翻红薯藤是为了保证养分集中供应红薯，提高薯的产量。李解放私下又想，这毛根应叫须根，说毛根太土了。这个念头刚一闪过，他又立即暗自检讨，不该嘲笑农民群众。他便越来越觉得吴丹心平日对自己的批评是正确的，他的脑子里总脱不了臭知识分子的酸气。李解放一边在心里狠斗自己灵魂深处一闪念，一边飞快地动作，生怕落在社员们后面。他甚至不怕蛇了，还巴不得碰上一条蛇。他想这会儿真有一条蛇从他身边爬过，他会飞快地扬起手掌朝那蛇的七寸劈去。一会儿工夫，身后一大片的红薯藤都朝了天。望着大片白色的须根在烈日下慢慢地蔫下去，李解放内心充满了战斗的欢乐。资本主义气息奄奄，社会主义蒸蒸日上。

李解放用口哨吹着革命歌曲，往山下的青龙潭飞跑。出了一天的汗，浑身毛孔都舒展着，格外畅快。他跑着跑着，内心就涌起了革命诗情，想起了毛主席的词，到中流击水，浪遏飞舟。

落日的余晖映照着青龙潭，平静的水面上泛着粉红色雾霭。山风吹过，凉爽的水汽直往人皮肉里钻。李解放摆出一副大无畏的英雄架势，双手举过顶，一个猛子扎下去。可是，他立即觉得裤子里鼓满了水，往后一拖，屁股便光着了。他忙闷在水里提起裤子，才慢慢浮出水面。他内心的诗情早荡然无存了，慌忙地往四周张望，似乎水潭边围满了男女社员，都在偷看他的光屁股。

潭岸上没有人。偌大一个水潭，这会儿只有他李解放一个人。他索性脱下裤子，用毛巾浑身擦了起来。低头往水里一看，见自己腰部以上和大腿以下已经晒黑，中间一节仍白生生的就像瓠瓜。整个人就像黑白相间的标杆。他无缘无故想到了吴丹心。心想那女人再怎么黑得革命，也只是脸黑手黑，身上仍是白的吧。今天中午休息时，他搬了张长凳，放在刘世吉家的屋檐下睡午觉，迷迷糊糊地看见对面刘向群家厢房门口的长凳上伸出一条腿来，半弯着。那条腿的裤子卷得高，可以望见裤管里面的白色。李解放马上想到那是一条女人的腿，接着就断定那是吴丹心的腿。吴丹心就住在那间房里。李解放没有瞌睡了，眯着眼睛装睡，一直觑着那条半弯着的腿。他想吴丹心里面其实还是很白。那会儿太阳很毒，晒得老木屋喳喳作响。山村更显宁静，李解放便在宁静中偷偷望着吴丹心的腿，琢磨着她身上其他部位的白。

响起了一阵吆喝声，就有几个穿短裤的男人出现在潭边了。李解放忙闷进水里穿裤子，可裤子拉了一半遇上了阻力。原来他的某个部位刚才中了那白色的资产阶级的邪念，正高高地昂起。他便闷在水里，咬紧牙关，直逼得自己双耳发响。那资产阶级小尾巴这才气急败坏地蔫将下去。李解放呼地钻出水面，掀起高高的水花，牛一样喘着粗气。那几个男人都已下了水，同他打招呼，说李同志钻猛子好厉害，当得潜水员。李解放笑笑，说关键在于革命斗志。有个人胆大，却说，钻猛子靠的是肚子里憋的那口气，和革命斗志有卵关系。几个社员都笑了起来，怪异地望着李解放。李解放只当没听见，又钻进了水里。他闷在水里想，同他们争个卵，多一事不如少一事，革命斗志同我卵关系！

李解放钻出水面，往岸边游去。他还得同吴丹心一道去大队部开会，今晚工作队全体人员要碰碰头。他爬上岸，猛一低头，吓了一跳。原来湿漉漉的白短裤紧贴着身子，那地方一团漆黑。天还没有完全黑下来，他没法这么走回去。

他只好又回到水里。心里急得不行，怕太迟了吴丹心又会找他麻烦的。他想这女人其实很漂亮的，眼睛大大的，脸盘儿黑里透着红色，红里透着黑，两条辫子又黑又粗，那嘴皮上的皱皱儿水汪汪的，就像熟透的杨梅，叫人想吃。可他就是怕她。

那几个男人都已上岸了，可他仍不敢上去。他没有了钻猛子的兴趣，也没有了游泳的兴趣。他倒是想起了刘文彩家的水牢，有种坐水牢的感觉了。那恶霸地主真的很坏，想出了水牢这惨无人道的毒办法。

好不容易挨到天黑下来，他才怯生生地爬上岸去。自己低头一看，分明看不清那团漆黑了，可心里仍是虚，便将右手放在身前，毛巾搭在手上，遮掩着下面。

远远地就见吴丹心背着手，在刘家场院里焦急地踱来踱去。李解放飞快地跑进屋去，换了衣服，拿了手电。出来时，见吴丹心已经走在前面了。李解放打着手电，跟在吴丹心后面。三队离大队部有四华里远，得翻过一座山。李解放心里很慌，想说些什么，可吴丹心一言不发，他也不知说什么好。他怕吴丹心问他为什么洗个澡洗了这么久。如果他如实说出来就等于在女队长面前要流氓了，如果编造个理由就是欺骗领导。

走过白天出工的那片红薯地，李解放终于找出一句话来，说："吴队长慢点，怕蛇啊。"吴丹心冷冷地说："蛇有什么可怕？资产阶级思想比毒蛇可怕十倍！"李解放不敢说话了，他不明白吴丹心说的资产阶级思想指的是什么。可他的确怕红薯地里突然钻出一条蛇来，便侧着身子，小心地照着吴丹心前面的路。山地坑坑洼洼，他身子总是摇摇摆摆，手电光便老是在红薯地和吴丹心的屁股上来回晃动。慢慢地李解放便只注意这女人的屁股了。山风很凉，蛙声满耳，流萤遍地。

到了大队部，其他几位队员已等在会议室了。他们见吴丹心板着脸，怕是出了什么事，或是上级又有什么重要精神下来了。吴丹心坐下来，默然一会儿，突然说："今天会议先解决一个问题。李解放同志身上小资产阶级思想太严重，对他，对组织，都是很不利的。我们先帮助帮助他。同志们知道我今天为什么这么晚才来吗？李解放今天洗澡洗了三个多小时！我们天天同农民群众在一起，同吃同住同劳动，身上晒黑了，弄脏了。这有什么不好？黑得光荣，黑得革命！劳动人民，身上脏得香，资产阶级，身上香得臭。可是他，硬是想把自己晒黑的皮肤洗白。他身上那股资产阶级少爷气，非常非常危险，我们再不帮助他，会毁掉一个同志。"

李解放早大汗淋漓了。他现在才明白吴丹心在路上说资产阶级思想比毒蛇可怕十倍是什么意思了。别说是不是资产阶级思想，单是洗三个小时澡比女人还女人，这就很让人难堪了。他当然不敢说白短裤湿了，下面一团漆黑，见不得人，只好挨到天黑才回去。这是什么话？要流氓！多么严肃的会议？怎敢说这么下流的话？何况是要往思想深处挖根源，怎么能够说那些话？可总得有个说法。要么要流氓，要么欺骗组织，他便只好欺骗组织了，说："我洗澡的时候，突然肚子痛，痛得腰都直不了，在潭边蹲了好久。我知道自己不对，革命意志不坚强；连个肚子痛也挨不了。我知道自己身上还有许多小资产阶级思想，有许多小资产阶级生活习气。我诚恳地希望同志们指出来，给予批评，也愿意接受组织上的任何处

理。”

副队长向克富接着发言：“李解放同志在我们工作队里文化水平最高。问题就出在这里，出在他身上的臭知识分子气息。刚才他的自我检讨三言两语，貌似诚恳，实际上很不认真，很不深刻。你要挖根源，查灵魂。肚子痛，算什么理由？在那革命战争年代……”向克富约五十来岁，年纪最长，发言水平很高。他说起革命战争年代无数革命先烈的艰苦卓绝，很有感染力，就像他自己昨天才从战场上下来。

舒军和王永龙也都发了言，都把问题往严重处说。大家都明白一个道理，就是越把李解放的问题说得严重，说明他们自己的政治水平越高。越到最后，发言的难度越大，因为别人把该说的话都说得差不多了。吴丹心年纪轻轻，人倒老成，她想起了一段毛主席语录，说：“毛主席教导我们说，革命的，或不革命，或反革命的知识分子，拿什么去区别他呢？就是看他是否愿意，并且实行和工农民众相结合。李解放同志的问题，性质是严重的。肚子痛只是一个客观原因，问题出在主观。向克富同志说得好，在那血雨纷飞的革命战争年代，革命先烈时刻面对的是枪林弹雨，是严刑拷打，是流血牺牲。肚子痛，算什么？所以，问题出在灵魂深处……”

那天晚上的会议开得很晚。但到底开到什么时候，李解放不知道。因为整个工作队只有吴丹心有块上海手表，是她的军官丈夫给她买的。回来的路上，李解放尽量让手电光照着吴丹心前面的山路。尽量不让光束晃着她的屁股。他觉得自己灵魂深处的确很肮脏。两人默默走了一段，吴丹心突然问：“李解放，你对我有什么意见吗？”

李解放忙说：“哪里啊，没有意见。”

“你可以谈谈自己对我的看法嘛。”吴丹心的语气是少有的随和。

李解放说：“你对同志们要求很严，这是对的。”

沉默一阵，吴丹心说：“人家都说我长得太黑，你说呢？”

李解放说：“人黑心红啊。”

吴丹心说：“你是总也晒不黑啊。你再怎么晒，脱掉一层皮，又是白的。你再晒得黑也比别人白。”

李解放说:“所以我总比别人落后。”

吴丹心语气支吾起来,说:“其实,其实,人还是白些好看些,特别是女人。”

李解放没想到吴丹心今天会这么说话,不知怎么回答了。他不敢接过她的话头说下去,两人又沉默了。过会儿,吴丹心突然问:“你找朋友了吗?”

李解放不好意思了,说:“没有哩!我今年才二十三岁,晚婚年龄还差四岁。找朋友早了,影响革命工作。”

李解放等着吴丹心的表扬,可她却问:“我对你关心不够啊,请你原谅。你肚子还痛吗?需不需要明天去医院看一下?”

李解放忙说:“不要不要。你对我很关心。”

吴丹心又是半天一雷,说:“李解放,你……你其实人长得很漂亮。”

李解放脸嗡地热了起来,说:“你长得漂亮。”

“我长得黑。”

“你黑得好看。”

“真的吗?”吴丹心停了下来,回头望着李解放。

“你真的黑得好看。”李解放见吴丹心望着他,那眼珠子在星光下闪闪发亮。

吴丹心低头四处看看,说:“走累了,我俩歇歇吧。”

这正是他们白天翻红薯藤的那个山坡,路边有块石头,吴丹心先坐下了。李解放打着手电四处照照,找不到第二块石头,就站在那里。吴丹心叫他也坐一下,他便坐在了地上。吴丹心说天回凉了,坐地上不好,过来坐在石头上吧。李解放正迟疑着,吴丹心笑了,说:“李解放你封建,不敢和我坐在一起?”

李解放只好挨着她坐下了。两人紧挨着,李解放感觉有些乱。他平生第一次同一个女人挨得这么紧,而且都只穿着衬衣。李解放感觉这女人身上凉凉的，好舒服。吴丹心问：“你肚子还痛吗？”

李解放说：“不痛，我肚子不痛。”

“痛就要搞药吃。”吴丹心说。

“其实，我今天并不是肚子痛。”李解放脑子一热，鬼使神差说了这话。他想完了，吴丹心不骂死他才怪。

没想到吴丹心没有骂他，只侧过脸来，望着他，心平气和地问：“不是肚子痛，那是为什么？”

李解放说：“我没有带干净短裤去，结果天没黑，回不来了。”

吴丹心没听懂，问：“怎么回不来了？”

李解放低头说：“白短裤湿了，贴着肉，那里……那里漆黑的。”

吴丹心哈哈笑了起来。李解放紧张极了，弄不懂这女人的笑是什么意思。吴丹心笑了一阵，什么也不说了。两人都不说话。萤火虫围着他们飞舞，青蛙叫得令人心乱。李解放感觉自己的呼吸越来越急促，像在干着什么见不得人的事。突然，吴丹心转过身来，火辣辣地望着李解放，问：“敢吗？”

“敢什么？”李解放心脏都要跳出来了，嘴巴张得老大，惊恐万状。

吴丹心一把抱了过来，说：“搞我！”

“不敢不敢，你是军婚。”李解放浑身直发抖。

吴丹心双手铁箍一样抱着李解放，说：“这里只有蛤蟆知道我俩的事。”

两人在红薯地里滚了起来。吴丹心喘着说：“解放，你是黄花伢儿，和我做这事亏不亏？”

李解放大汗直流，瓮声瓮气说：“不亏，不亏。吴队长你身上很白。”

吴丹心说：“我俩单独在一起，你不要喊我吴队长。我小名叫丹丹，好久没人叫了，你叫我丹丹吧。”

“丹丹你身上很白。”李解放说。

“没有你白。”吴丹心的双手很有劲，搂得李解放腰发酸。她是县里有名的铁姑娘。

“丹丹你身上有两个地方像杨梅。”李解放说。

“哪两个地方？”

“嘴唇和奶头。”

吴丹心呼吸更急了，嚷着说：“解放解放解放，你吃杨梅吧，你吃杨梅吧，我要你吃我的杨梅。”

李解放便上上下下地吃杨梅，忙碌得只嫌少长了几张嘴巴。李解放再也听不到蛤蟆的鼓噪，耳边只有吴丹心怪怪的哼哼声。

两人搂着往山下走。吴丹心柔柔地弯在李解放的肩头，一点没有平日那高挽袖子横叉腰的影子。吴丹心细声细气说：“解放，我俩有了这事，今后明里对你要求就要更严些，免得别人怀疑。”

“要求严是对的。”李解放说。

吴丹心说：“你表现好些，我会培养你。”

李解放说：“我只要你给我杨梅吃就行了。”

吴丹心说：“杨梅有你吃的。这是鸦片烟，你吃上就戒不了的。”

“巴不得。”李解放说着便偏过头去咬吴丹心嘴巴上的杨梅。

吴丹心说：“再让你吃一口吧，快到了。”

李解放躺在床上，惊魂未定，呼吸仍是水牛样的粗。他爬了起来，扒在窗口，望着对面吴丹心那边的窗口，吴丹心可能还没有睡，那窗口有煤油灯光在闪动。夜很静，听得那边传来叮叮咚咚的水声。他想一定是吴丹心在洗着什么，直等到吴丹心的窗口黑了，他才回到床上。

想起红薯地里的事，李解放热得不行，嗓子发干。只觉得满耳是吴丹心的嗷嗷声。猛然想起白天里刘大满说红薯地里有蛇，李解放心头一紧，浑身发麻。刚才两人在地里滚来滚去，怎么就没有想到可能有蛇呢？李解放越想越怕，简直不敢回想红薯地里的事。但又不由得他不去想，两人刚才说的每句话，做的每一个动作，这会儿都涌进了他的脑海。慢慢地整个人都回到了那醉人的情境，他几乎忘记了自己正躺在床上，身子禁不住

动了起来。那蛇却无声地从他身边游过，擦着他的脖子，冷冷的，滑滑的。

李解放迷迷糊糊听到了催工的哨子声。马上传来刘大满的吆喝："三队全体社员，上黑岩坡翻薯藤。"李解放感到脑壳很重，想再睡一会儿。他知道他要等一会儿社员们才得出门的，就闭着眼睛再懒一会儿。不想却沉沉睡去了。突然听到一阵女人严厉的叫喊声："李解放！李解放！"李解放一惊，飞快地爬了起来。原来是吴丹心在外面叫他。

吴丹心铁青着脸，站在院子中央，望着李解放出了门："你是怎么回事？怎么总要落在社员群众后面？你要注意自己的身份，你是工作队员，你得带头！"

李解放低着头，揉着眼睛，通红着脸。社员们都望着他。刘大满见李解放这个样子，很难为情似的，说："昨天晚上会开得很晚吧？年轻人，瞌睡多。"李解放听说昨天晚上，心里就狂跳起来，脸红了，嘿嘿笑着。

走过昨晚那个地方，见一大片红薯地被拱得稀烂，李解放不敢看，脸上发烧。刘大满过去低头一会儿，说："野猪拱的，野猪拱的。薯都还没有长好，就有野猪了。"

李解放想知道吴丹心是个什么表情，又不敢望她。却听见吴丹心没事似的问："老刘，这山上有野猪？"

刘大满说："有，有。野猪最讨厌，地里出什么拱什么。得安排人值夜了。"

吴丹心说："有野猪就得防。要千方百计保卫劳动果实。"

见吴丹心如此从容，李解放也就不怕了。蹲在地上翻薯藤，脑子里总是昨晚的事儿，身上就躁得慌。那地方不安分了，短裤子顶了起来。幸好是蹲着的，不然那地方就会扬起革命风帆了。李解放只得飞快地动作，暗暗咬自己的舌头，想压住内心那股火。可怎么也不奏效，那资产阶级的小尾巴实在顽固。他便去想象地里的蛇，自己吓唬自己。这才让自己有了真正的恐惧，下面慢慢蔫了。

早工没多长时间，一会儿就散工了，大家赶回去吃早饭。李解放正好走在吴丹心的身后，忍不住望着她的屁股。她的屁股凉凉的，很光滑。李解放又不由得有些蠢蠢欲动了。他只好放慢脚步，一个人落到最后面去。

回到住户家，李解放不先去吃饭，拉开自己的帆布包，找了条紧身的短裤，贴身穿在里面。他怕一天到晚老为自己的不安分担心。

晚上，吴丹心和李解放参加三队的社员会，学习上级关于批林批孔的文件精神。李解放坐在煤油灯下读文件，用县城里特有的普通话读着各省、市、自治区党委，感觉特别庄严。这往往是李解放最得意的时候，因为在座所有人当中，只有他一个人可以把中央文件读得如此流畅。他每次读文件的时候，总感觉下面的年轻女社员都在望着他，私下议论李同志长得好白，又好文化。

读完文件，全体社员发言。社员们并不能完全听懂文件，可发起言来个个义愤填膺。他们用农民们平时骂架时用得溜熟的最歹毒最有力的语言清算林彪和孔老二的累累罪行。吴丹心最后发言，她引用的多是报纸上的社论语言，让社员群众感到县委工作队的干部水平就是高。李解放也很佩服她这种本领，他就是学不会。他总犯着读书人的毛病，觉得光照着报纸上说几句话太空，太没有新意，总想用自己的语言，发挥一下。结果往往适得其反，吴丹心老批评他没有同党中央保持高度一致。可今天吴丹心眼看着发言完了，却把话锋一转，说："批林批孔不只是学文件，讲空话，还得联系实际。三队就没有问题？包括我们工作队本身，也应找找问题。譬如我们的队员李解放同志，他身上就存在严重资产阶级思想。昨天晚上，他洗澡洗了三个小时，害得我们工作队开会推迟了两个小时。时间是宝贵的，鲁迅先生说得好，耽误别人的时间无异于谋财害命。他为什么一个澡洗了三个小时？无非就是参加劳动，晒黑了嘛，弄脏了嘛。农民群众天天晒太阳，天天同泥巴大粪打交道，谁说农民群众不美？谁说农民群众不干净？所以，他问题出在思想，出在灵魂深处。我们每一个人，包括干部、群众，一天也不能放松思想改造。我今天只是提出警告，请李解放同志引起高度注意。好，散会。请李解放同志留一下，我要找你个别谈

谈。”

平日散会的时候，社员们会开玩笑，打骂几声。今天只听得板凳碰撞的声音，社员们感觉出气氛有些异常。人都走了，李解放说：“你不该当着社员同志们说这事，影响我的威信，叫我今后怎么开展工作？”

吴丹心说：“我事先同你打了招呼的，说今后会对你要求更严格些。”

“可你也不能当着这么多人出我的丑。”李解放说。

吴丹心严肃起来：“这叫出什么丑？有则改之，无则加勉。”

“原因你清楚，我同你说了的。”李解放仍是有气。

吴丹心说：“那叫什么原因？我说得出口？那叫要流氓。”

“那我就不同你要流氓了。”李解放说。

吴丹心说：“我俩别在这里说了，出去走走。”

“我怕社员把我当野猪打了。”

“刘大满说了，要过一段才安排人值夜。”吴丹心眼睛里像要冒火。

李解放早躁得难受了，却有意说：“我怕蛇，红薯地里有蛇。”

“苞谷地里没蛇，我们去苞谷地里。”吴丹心的脸色红润起来了。

李解放仍是坐着不动，吴丹心低头轻声说道：“没良心的。”说着就吹了灯，往外走。

李解放跟了出来，说：“那就去吧。”

离村子不远，山脚下面，就是苞谷地。不敢照手电，两人摸着黑路。钻进苞谷地，吴丹心轻声说：“别弄坏了苞谷树，这是农民群众的劳动果实。”李解放牵着吴丹心，进入苞谷地深处，在一个稍宽的田埂上停了下来。吴丹心从黄挎包里掏出一张塑料纸，铺在田埂上。李解放早等不及了，伸手就要脱吴丹心的衣裤。吴丹心说你脱你的吧，我自己来脱。

吴丹心躺在田埂上，手伸向李解放。田埂毕竟太窄。李解放不知怎么动作。吴丹心说你快点，你骑着田埂就是了。苞谷地里总是沙沙作响，李解放老是停下来，四处张望。吴丹心便抱住李解放的头，不让他分心，说是风，是风，不要怕。

李解放躺了下来，吴丹心赤裸着身子，趴在他身上，揉着他的头发，说："解放，你的头发好漂亮啊，又黑，又多，不粗不细。"

李解放揉着她的乳房，说："我最喜欢你的奶子，又大又软，摸着好舒服。"

"我的脸蛋你就不喜欢了？"吴丹心空出一只手来，摸着自己的脸。

李解放忙舔了舔她的脸，说："喜欢喜欢，怎么不喜欢？这么漂亮的脸相。"

"喜欢就好，你敢说不喜欢。"吴丹心美美地闭上眼睛，整个人儿趴在他身上。

李解放说："丹丹你皮肉好凉快，舒服极了。"

吴丹心说："你不知道，我的皮肉是冬暖夏凉。等到冬天，你钻到我被窝里去，保证你暖暖的像在烤炉子。"

李解放突然觉得人们的脸孔陌生起来。社员们总有些避着他，似乎他真的犯了什么错误。他想这都是因为吴丹心在社员大会上说他洗了三个小时澡的缘故。他不想社员群众真的以为他是个小资产阶级，便越发要表现积极些。出工的时候，他比以往更卖力，只是大家都不愿意同他待在一块儿。金鸡坳多是旱土，种着红薯和苞谷。这些天社员们天天都在翻红薯藤。有次他偶然回头，发现有个姑娘正望着他。见他回过头去，那姑娘笑了笑，白白的牙齿很好看。是刘腊梅，三队最俊俏的姑娘。后来几天，他发现腊梅有意无意间总同他蹲在一块，只是两人不怎么说话，目光碰在一起就笑笑。

晚饭后，他见水缸里的水没多少了，就挑起了水桶去挑水。井离村子有一段路，在山下的一个悬崖下面。现在他处处注意表现自己，总争着替住户家挑水。见天色不早，刘家老婆抢着水桶说："李同志，别去了，你们城里人做了一天事，累得不行了，休息吧。明天老刘去挑就是了。"刘世吉也说："是啊，别去了。"可李解放硬是要去，他们也只好由他去了。

快到井边，见远远的有个姑娘挑着水如风摆柳地过来了，那样子很好看。她见了李解放，就放下担子，笑道："李同志，挑水呀？"李解放看清了，是刘腊梅。

李解放打好水，见腊梅还在那里，笑笑地望着他。他知道她是等他，便快走几步，赶了过去。

腊梅挑起水说："这么晚了还来挑水？"

李解放说："歇着也是歇着。"

腊梅说："李同志，你们那吴女人好厉害啊。"

李解放忙说："别这么说，她对人要求严，这是对的。"

腊梅说："对个屁！她自己长得像个乌茄子，就看不得别人白。"

李解放说："腊梅你别这么说。"

腊梅说："我怕她个鬼！我是贫农女儿，清水石板底子！"

腊梅家也从刘世吉家场院里过，两人便一前一后地走着。吴丹心正在场院边的小凳上，扇着蒲扇，没有望他们。李解放倒了水，也搬了凳子出来歇凉。吴丹心站了起来，说："李解放，你到我屋里来，我要找你谈谈。"李解放见这女人今天这么早就找他谈话，有些害怕。吴丹心却没说二话，径直回屋里去了。她的房里立即就亮了煤油灯，门大开着。李解放进去了，吴丹心递张小凳叫他坐在门口，她自己坐在床上。这样开着门说话，正大光明。吴丹心问："两人约好了的？"声音不轻不重，屋外的人听不清，却让李解放感觉到了威严。

李解放摸不着头脑，问："同谁约好了？"

"刘腊梅呀？"吴丹心逼视着他。

李解放吓了一跳，赶紧说："哪里哪里，你别误会啊。我俩是在井边碰上的。"

"碰上的？碰得这么巧？群众早有反映，这女的年纪轻轻，作风不好，你看看她那副长相。"吴丹心的脸板得很难看。

"丹丹你别这样，我同她话都没说上几句。"李解放简直有些急了。

吴丹心说："现在不是叫丹丹的时候。跟你说，我注意你们几天了，那女的天天跟在你屁股后边，两人眉来眼去。你去吧，自己好好反省反省！"

李解放想今天工作队没会，大队没会，三队没会，多难得的日子，他同吴丹心应好好在一起说说话。可是，吴丹心却平白无故地为腊梅生气。他同刘世吉一家人坐在一起歇凉，拉着家常，心里却是七上八下。这些日子，他人前被吴丹心整得人不人鬼不鬼，人后却被那女人调拨得像只灌了酒的猴子，兴奋得只想蹦跳。况且同女人的事是捅不得的纸灯笼，他便不知道自己白天是人，还是晚上是人了。

刘家的人还没有睡觉的意思，他便招呼一声，去了自己房里。躺在床上哪里睡得着？本来今天恨透了吴丹心，可身子却不由得躁动起来。喉头像要着火，不去找找吴丹心，非把自己烧成灰不可。他还从来没有在吴丹心的房间里同她做过那事，心里有些害怕。直挨到夜已很深了，他实在撑不住了，就轻手轻脚起了床。摸到吴丹心窗前，心跳了好一会儿，才麻着胆子敲了门。听得里面床板响了一下，却没有声音了。这会儿，听得吴丹心贴在门后轻轻问道是谁。李解放压着嗓子叫道丹丹。门便开了，李解放轻巧地闪了进去。

吴丹心嘴巴凑到李解放耳边，声音有些发颤，说："你好大胆子！"

李解放声音也发抖，说："实在，实在，受不了啦！"

"我说过，这是鸦片烟，你上瘾了就戒不掉的！"吴丹心嘴里喷出的热浪冲击着李解放的耳根，让他兴奋得想死了去。

没有灯光，吴丹心拖着李解放往床上去。李解放伸手一摸，碰到光溜溜的吴丹心。原来她手脚特利索，边上床边把衣服脱光了。

吴丹心微微呻吟着，伏在李解放耳边说："我想大声叫。"

李解放说："我也喜欢听你大声叫。"

吴丹心喘着说："不敢叫。"

"那就忍着。"李解放说。

吴丹心闷闷地喊了声，十分痛苦似的，说："你快堵住我的嘴巴，我忍

不住想叫了。”

李解放便衔住女人的舌头。那女人却猛然挣脱了，昂起头咬住他的肩头，咬得他生生作痛。

两人半天才平息下来。吴丹心说：“今后反正不准你同那女的在一起。看她长得狐眉狐眼的。”

“我不会和她怎么样的。我不可能找一个农民做老婆呀?”李解放说。

吴丹心说：“你对农民怎么这么没有感情？”

李解放莫名其妙，说：“我弄不懂你的意思了。你是要我同她有感情，还是不同她有感情？”

吴丹心说：“两码事，同她是一码事，同农民是一码事。”

第二天清早，李解放醒来，吓了一跳，一时不知他是睡在自己床上，还是睡在吴丹心床上。木着脑蛋默了会儿神，才确信是睡在自己床上。肩头有些作痛，歪着嘴巴看了看，见两排清晰的牙齿印。他忙跪在地上，将肩膀放在床沿上使劲地擦，擦得红红的一大片。

这天，李解放刚端碗吃晚饭，吴丹心进来叫他，后面跟着工作队副队长向克富。两个人的样子都很神秘。李解放知道可能有什么重要事情了，忙放了碗。刘世吉说李同志饭也不吃了？他见来的两位工作队领导很严肃的样子，也不敢多问。吴丹心说饭还是要吃，你快点吃吧，我和向副队长在外面等你。李解放哪里还有胃口？急急忙忙扒了一碗饭，就出来了，问：“什么事？”

吴丹心说：“走吧，到大队部去，边走边说。”

向克富说：“出事了出事了。”

吴丹心说：“舒军出事了。你听老向说吧。”

向克富望望吴丹心，这个这个地迟疑一下，说了起来。原来，舒军这人喜欢开玩笑，今天中午收工回来，他逗住户家的小孩，问那小孩长了几个鸡鸡，让叔叔看看。小孩就脱了裤子，翻出小鸡鸡给他看。舒军摇摇头说你不行不行，只有一个鸡鸡。你看叔叔，有三个鸡鸡。舒军便解开西式短裤的扣子，说你看你看，这里有一个。然后又从左边裤管里把那家伙捞了出来，说你看你看，这里有一个。又从右边裤管里捞出来，说你看你看，这里还有一个。没想到吃中饭的时候，那小孩突然说，妈妈妈妈，这个叔叔有三个鸡鸡。舒军哪想到小孩会把这事同大人说，又在这么个场合，弄得面红耳赤。他本想这只是弄得不好意思，不会再有事的。哪知那家男人气量小，事后就追问老婆，怀疑舒军睡了他老婆。两口子就打了架。打过之后，那男的就跑去把舒军也打了一顿，一口咬定他睡了他老婆。

吴丹心狠狠骂道："流氓！马上开个生活会，帮助舒军。要是他真的同住户家女人有那事，我们也保不了他。"

向克富说："住户家他是住不下去了。我做了六队队长工作，让他住在队长家里。谁还敢让他住到家里去？"

吴丹心说："老向你这么处理是正确的，我同意。"

大队部外面围了许多人，三三两两凑在一起议论。吴丹心他们三人一出现，人群便静了下来。他们三人也不同谁打招呼，通通黑着脸，进了会议室。舒军和王永龙两人坐在煤油灯边，看上去像两个悲痛的守灵人。舒军脸上青是青紫是紫，不敢抬头看人。吴丹心坐下来，平息一下自己的心情，严肃地说："早上的错误下午改，改了就是好同志。毛主席教导我们说，无数的革命先烈，为了人民的利益，在我们的面前英勇地牺牲了，使我们每一个活着的人一想起他们就心里难过。难道我们还有什么个人利益不能抛弃，还有什么缺点和错误不能改正的吗？舒军，事情经过就不要讲了。你只谈两个问题。一是谈一下自己同他们家女人到底有没有那事。要老老实实，不能欺骗组织。这对你没好处。二是检讨自己的行为。态度要端正，认识要深刻，不要马虎过关。你谈完之后，同志们再帮助。毛主席他老人家还教导我们说，惩前毖后，治病救人。同志们谈的时候不能轻描淡写，要本着为同志负责的态度。我们不提倡残酷斗争，无情打击，但也要触及灵魂。舒军，你自己先谈吧。"

舒军不曾开腔，呜呜地哭了起来。吴丹心厉声喊道："哭什么？别假惺

惺了！你要老老实实交代问题！”

舒军收住眼泪，抽泣着说：“我逗了他家小孩，这是事实。但我同他家女人的确没有那事。那男的是蛮不讲理，也不知分析一下。我们白天都在一起出工，晚上他自己同他老婆睡在一起，我怎么可能同她有这事？”

向克富插言道：“你的意思，如果有条件的话，你也许会同她有那事？可见你思想改造方面就有问题。”

“不光是有问题，问题很严重！”王永龙火上加油。

吴丹心追问道：“你思想动机是什么？你要老老实实交代清楚！”

大家都望着李解放，他只好说：“先让他自己检讨完吧。”

于是舒军又接着检讨。可他们一旦发现他的检讨有什么辫子可抓，大家又群起而攻之，舒军的检讨又被同志们愤怒地打断。这么一来，会议脱离了吴丹心起初定好的程序，就像放野火，叫她自己也没法把握了。会议便无止境地耗着。眼看着时间太晚了，吴丹心抢过话头做总结，责令舒军写个深刻的检讨，在六队社员大会上公开承认错误。舒军便痛哭流涕，感激不尽。因为工作队最后还是排除了他同住户女人有那关系，可一旦大家一致认定他有那事，也就有那事了，他这辈子也就完了。说完舒军的事，吴丹心语重心长地向全体队员敲警钟，说事情虽然只出在个别同志身上，但我们全体同志都要引以为戒，慎之又慎。最后，她将目光落在解放身上。李解放紧张起来，不知这位最近同他风情不断的女人又要怎么教训他了。只见吴丹心的目光朝他冷冷地一瞥，说：“特别是李解放同志，我要提醒你注意。你那个小分头儿成天油光水亮，像个特务、汉奸！你知道三队的姑娘们怎么议论你吗？她们说，李同志长得白，长得好，怎么晒太阳也像城里人，找男人就要找这样的。你要注意！不要腐蚀了淳朴的农民群众。”

已经很晚了，可吴丹心和李解放还得赶回去，不能误了明天出工。李解放气呼呼地走在吴丹心前面，一句话都不讲。走到没人家的地方，吴丹心上来拍拍他的肩，问：“你生我的气了？”

“我明天就去理个光头！”李解放话很冲。

吴丹心吊着他的手臂说：“谁叫你理光头？我说过我喜欢你的头发嘛！”

“你刚才不是说我的小分头像特务、像汉奸吗？”李解放手臂一甩，想挣脱吴丹心。

吴丹心说：“解放，你只比我小两三岁，怎么就这么不成熟呢？政治斗争是复杂的，你要知道。你叫我在那种场合都说真话，哪有那么多真话说？”

“怎么可以不讲真话？世界上怕就怕认真二字，共产党就最讲认真。”李解放今天不准备认输了。

吴丹心说：“要讲究策略。我这只是个策略问题。”

“你还说三队的姑娘如何如何说我。你怎么知道的？未必她们敢当你的面说这些话？”李解放站住了，望着吴丹心质问道。

吴丹心笑了起来，说：“女人的心思不都一样？我想都想得到。”

李解放大声叫道：“你这样是存心把我搞臭！”

见李解放这样，吴丹心竟然哭了起来，说：“把你搞臭对我有什么好处？我这样做只是为了保护你，也保护我，保护我们俩。今天出了这种事，你不知道我有多难过，多害怕！我是有责任的。你不来安慰我，还对我发气！俗话说，一日夫妻百日恩，我同你过了这么长时间夫妻生活了。老实同你说李解放，同你这些日子做过的事，比我同自己丈夫结婚几年做的都还要多！”

听她说起自己丈夫，李解放竟然有些吃醋。可这是没办法的事。既然她说到了那位军官同志，李解放就问：“他对你好吗？”

吴丹心低着头，说：“好不好都没有意义。他在黑龙江冷得要死，我在这里热得要死，好又怎样？不好又怎样？”

李解放只好软了下来，搂了吴丹心，说：“好了，好了，我不生你的气了。我知道你的用心，是为了我好。丹丹，你今晚去我那里，我那床没你的

响。”

谣言的传播比中央文件快，而且生动得多。第二天，李解放一觉醒来，三队的男男女女都知道了舒军的事。谣言在传播中滚雪球似的膨胀着，增添了许多栩栩如生的细节。基本的情节是舒军他妈的把住户家老婆搞了。有的人甚至相信舒军真的是个长着三个鸡鸡的怪物，搞女人的瘾特别大，功夫了得。

吴丹心不希望这事张扬出去，可人们传播这种事情的兴趣比什么都大。没过多久，舒军的生活作风问题就传到县里去了。吴丹心十分担心的事情终于发生了。县里来了三个专案组，将舒军隔离审查了两天两夜，最后把他带走了。

吴丹心也被专案组找去严肃地谈了话，因为她负有领导责任。吴丹心倒是没有受到什么处理，只是李解放的日子越发不好过了。吴丹心的脸比以往板得更厉害了，甚至晚上没有再找李解放去谈话。会议开得越来越勤了，几乎天天晚上有会。不是生产队开会，就是大队开会，还有支部会，工作队会。李解放便每天晚上陪着吴丹心开会，每次开会他都会成为吴丹心点名的靶子。两人三天两头在三队和大队部的山路上赶，总是晚上。两人没多少话，李解放依然走在后面打手电，光束在山路和丹心屁股上晃来晃去。

李解放在三队几乎抬不起头了，社员都觉得这位年轻的县委干部一肚子花花肠子，只怕也同舒军一样。他根本不配下来搞工作队，只配下放农村劳动改造。有位回乡高中生甚至认为李解放连劳动改造的资格都没有，因为劳动是无上光荣的，怎么能够让李解放这种人也同劳动人民一样享受劳动的光荣呢？应该让李解放这种不正经的人下地狱。有位没文化的社员比这位高中生觉悟更高，发现了高中生话中也有问题。他说这位高中生书读到牛屁股上去了，哪来的地狱？迷信！

李解放真的有些痛恨吴丹心了，就连两人在一起做过的事想来都非常可怕。一想起那片红薯地，就觉得背膛麻麻的，像有条蛇滑过。有时又恨恨地想，你他妈的怎么晚上不找我谈话了？再找老子谈话，老子搞死你！

已是阴历九月了，太阳不再那么烈，夜深了还有些寒意。李解放见社员们开始穿上衬衣，他也就穿上了衬衣和长裤。去井里挑水，对着井口照照，见自己衬衣扎进裤腰里，毕竟精神多了。生产队开始挖薯，今年的薯长得很好，刘大满说是吴队长和工作队的同志领导得好。吴丹心批评了刘大满认识水平不高，说这是搭帮了毛主席、党中央，搭帮了批林批孔，搭帮了抓革命、促生产。

社员们成天上山挖薯，生产队仓库的晒场里堆成了好几座山。越是收获大忙季节，越是不能放松了批林批孔。每到晚上，三队社员们便搬了自家屋里的凳子，往仓库晒场的薯堆旁坐着，聆听吴丹心那尖厉而激昂的声音。社员们坐在自己的劳动果实旁开会，心情就是不同，正是毛主席他老人家的伟大诗词说的，心潮逐浪高。收获了红薯，社员们家家户户餐餐吃红薯。吃红薯屁多，会场里屁声便此起彼伏。但在如此严肃的场合，谁也不敢笑。社员们对屁倒是有研究的，说是那种尖厉悠长而且拐着弯儿的屁，特别地臭，多半是黄花闺女放的。因她们怕羞，一个屁通常要憋上好久，实在忍不住了，才万不得已慢慢放出。所以尖厉的响声就拖得长，而且拐弯儿。每逢这种屁声出笼，所有黄花闺女都会红着脸，装模作样地捂住鼻子，四处看看，表示这不关她的事。

这天上午，李解放挑薯回仓库的路上，碰见腊梅送完了一担薯，正往山上赶。李解放只朝她点头招呼一声，就同她擦肩而过。腊梅却叫住他，红着脸说："李同志，你气都喘不上来了，歇歇嘛。"

李解放确实也挑不动了，就放下了担子，不好意思地笑笑。

腊梅说："你是摇笔杆子的命，哪是挑担子的?李同志，你挑我的空箩筐回山上去吧，薯我替你送回去。"

李解放更加不好意思了，忙摇手："谢谢你了，我挑得动。"

腊梅却过来抢了他的担子，说："你上山去吧。"

李解放站在那里不知如何是好，却见腊梅回过头，红着脸说：“我……我给你做了双鞋。”

不等李解放说什么，腊梅挑着担子颤颤悠悠地走了。见又有人挑着薯来了，李解放忙回头往山上走。他只觉得耳热心跳。回到山上，见吴丹心奇怪地笑笑，说：“李解放这么快就回来了，你会飞？”李解放嘿嘿两声，低头挖薯去了。一会儿腊梅回来了，扛了钉耙走到李解放身边。腊梅只是默默地做事，不说话。李解放心里慌，总觉得吴丹心正望着他和腊梅。过了好一会儿，差不多又挖了一担薯了，腊梅突然轻轻说：“晚上我给你送来？”她的头仍然低着。

李解放也没有抬头望，轻声道：“不要，影响不好。”

腊梅说：“天凉了，你不要穿鞋子？”

李解放说：“我有鞋。”

“你有是你的。”腊梅说着已装满了一担薯，挑着下山去了。

李解放本也挖好一担薯了，却有意磨蹭，免得吴丹心说他专门跟在腊梅屁股后背跑。

不料吴丹心却发话了：“李解放，你别懒懒洋洋了，还不送下山去？等谁替你挑？”

李解放吓得要死，不明白吴丹心说的等谁替你挑是什么意思。他忙把满地的薯装进箩筐，挑着下山。李解放觉得这会儿力气格外足，挑着担子健步如飞，一会儿就赶上腊梅了。

“腊梅，我不要。”李解放说。

“是专门给你做的，你不要也是你的。”腊梅没有回头。

李解放说：“那我先谢谢你。”

腊梅说：“出在我手上，有什么谢的？你胆子太小了，就那么怕吴女人？”

“怕她做什么？她又不是我娘！”李解放说。

腊梅回头一笑，说：“你是嘴巴硬。那我晚上给你送来？”

李解放说:“先等等吧,看哪天有机会。”

腊梅说:“我说你是怕她。”

李解放说:“不是的,今天我们要去大队部,工作队开会。”

吃了晚饭,吴丹心叫上李解放,一道去大队部。两人一声不响走了好一段路,吴丹心才说话:“我的话你不听,你迟早要吃亏。”

“你是说什么?”李解放问。

吴丹心冷冷一笑:“你别以为我不知道。三队社员都在背后议论你同刘腊梅不干净!”

李解放说:“你可以调查。”

吴丹心说:“我不会调查,要调查也是县里派专案组调查。”

听了这话,李解放吓得嘴巴张得天大。

开完会,回来的路上,两人说的又是这事。只是去的时候吴丹心好像代表组织谈话,回来时就代表她个人了:“李解放你好没良心。”她的语气几乎有些哀怨。

李解放说:“我怎么没有良心?你又没有找我。”

“你就不知道找我?”吴丹心在李解放的背上狠狠擂了一拳。

李解放哎哟一声,说:“你每天都像对待阶级敌人一样对我,我敢找你?”

“我又不是今天才这样对你,你分明知道我。”吴丹心觉得好委屈似的。

李解放说:“我原先以为你是演戏给别人看的,这一段我觉得你真的是想把我往死里整。你没有发现?现在三队没有一个人理我,我在这里哪里还像个工作队员?简直就是地富反坏右。”

“我看你同地富反坏右也差不多!天天同那女人搞在一起!”吴丹心又说起腊梅了。

李解放有些恼火了,说:“搞什么搞?其实腊梅只是不像他们那样狗眼看人低,没有同我黑脸。”

吴丹心抓他的肩膀，问："那你说，你是想她还是想我？"

"当然想你呀。"李解放狠狠地捏捏她的乳房。

吴丹心踢了他一脚，说："想我我现在就要！"

"你敢？山上有社员打野猪！一枪来弹掉两个！"李解放狡黠地笑笑。

吴丹心很难受的样子，弯着腰撑撑肚子，说："那就快点回去，去我那里。"

李解放说："你那床板太响了。"

吴丹心说："响就响！我这些天晚上都没有睡着，夜夜起来打老鼠。"

李解放道："好吧，就去你那里打老鼠吧。"

今天是重阳节，腊梅偷偷告诉李解放，说她晚上给他送鞋来，还有重阳糍粑。李解放吓得脸铁青，连说人多眼杂，不太好不太好。腊梅就叫他晚上去井边，她带他去个清净地方。他怕晚上吴丹心找他，就说晚一点，越晚越好。腊梅说，那就干脆下半夜，鸡叫二遍的时候。

李解放早早地睡下了，留心着鸡叫。可他没有听鸡叫估时间的经验，弄不准什么时候是鸡叫头遍，什么时候是鸡叫二遍。心想如果自己迟了，让腊梅三更半夜在外面傻等着，多造孽！可他又怕去早了，吴丹心来敲门他又不在房间。扒在窗户上看看外面，再听听，不见一丝动静。天气慢慢凉了，山里人睡得早。他便轻轻起床，想去吴丹心那里了却一下。一敲门，吴丹心在里面轻轻说："你回去睡吧，我今天身上来了。"

李解放这下放心了，并没有回房，也不管早晚，径直往井边走去，他想宁可自己等腊梅，也不能让一个女人摸着黑等他。

不想他还没到井边，就听得一个女人的声音："李同志！"

原来腊梅早等在这里了。

"你这么早就来了？"李解放说。

腊梅说："我想了想，知道你们城里不习惯听鸡叫，估不着时间，万一来早了，难得等。"

李解放心想这女人心真细，很有些感动。两人不再说话，腊梅无声地伸过手来，牵着他走。天很黑，他不太熟悉这里的路。腊梅手心有些发汗，李解放觉得自己的背膛也在发热。腊梅领着他走了好一段山路，再爬过一个坡，在一堵峭壁下停了下来。腊梅叫他站着别动，她独自躬身下去，在黑暗中摸索一阵。突然，李解放眼前一亮，见腊梅点燃了一个火把。火把照见峭壁上有个洞口。

两人进了洞，往里走一段，山洞拐了弯。这里比进口处开阔多了，地也平整。李解放心里猛然跳了起来，因为他发现地上铺着茅草，旁边堆了一大堆干柴。他猜这一定是腊梅早早准备下的。

腊梅点燃了篝火，自己低头坐在了茅草上。李解放也就坐下了，心慌得不行。

"李同志，我知道你嫌弃我。"腊梅说。

"没有，腊梅。你别叫我李同志，你就叫我解放吧。"

腊梅便又说："我知道你嫌弃我，解放。"

"真的没有，腊梅。"李解放只望着熊熊的篝火，不敢瞟腊梅一眼。

"你吃糍粑吧。"腊梅打开小布包袱，里面有几个重阳糍粑，一双新布鞋。李解放喉头早咕咙咕咙响了。糍粑包着豆沙馅，香喷喷的。李解放一连吃了四个。

"太好吃了。这些日子餐餐吃薯，肚板油都刮干净了。一天到晚老是放屁。"他说着就放了个屁。

腊梅拿手背掩着嘴，笑得身子发颤。李解放这才望了她。女人的脸在火光中红红的，很好看。她见李解放望着她，便把头低了，说："你试试鞋吧。"

"你手艺真好，腊梅。"李解放穿上鞋，走了几步，正好合脚。

腊梅说："乡里女人，没别的本事，就只是做做鞋，织织布。乡里人身上穿的，头上戴的，床上盖的，都出在女人手上。"

李解放说："城里就没有你这么能干的女人。"

腊梅说："你说的不是真话，我知道你嫌弃我。"

李解放说："腊梅我说真的，你人很好，又聪明，又漂亮。"

"没有你好。"腊梅有些发抖，双手绞在一起搓着。

"我不好。"李解放说。

"你人善。"腊梅说。

李解放说："马善有人骑，人善有人欺。不好。"

腊梅说："男人善不打老婆。"

李解放说："我不会打老婆。"

腊梅说："我没福气做你的老婆。"

李解放不知说什么了，望着腊梅白白的耳后根，说："腊梅你好白，你好……"

腊梅说："没有你白。"

李解放说："男人白不好，我很想晒黑。"

腊梅说："怪！乡里人都巴不得自己白。"

李解放说："城里当干部的都喜欢黑。"

腊梅笑笑说："乡里人喜欢白是真的，城里人喜欢黑是假的。你们城里人好假。那个吴女人，就很假。"

李解放问："你说我假不假？"

"不知道。我只知道你看不起我。"腊梅说着就抬起了头，望着李解放。她的眸子亮亮的，映着闪闪火光，像在燃烧。李解放脑子里嗡的一响，眼前一阵模糊，不知怎么就抓住了腊梅的手。腊梅手心沁着微汗令他兴奋。他轻轻一拉，腊梅就倒了过来，闭着眼，缩着肩，在他的怀里颤抖。腊梅像一团泥，软软地瘫在茅草堆里。

"腊梅，以后我们白天出工要疏远些，你也不要老望着我，免得别人说什么。"李解放搂着腊梅揉着捏着。

腊梅说："我就喜欢跟在你屁股后面，望着你我就舒服。"

李解放说："我俩可以晚上在一起，白天就忍忍。"

腊梅说："我怕忍不住。"

后来几天,出工的时候,腊梅总是避着李解放,也不同他搭话。可李解放总觉得腊梅的目光正越过男女社员的脑蛋,远远地望着他。两人晚上总找不着机会去那山洞,几乎夜夜都要开会。

有天夜里,李解放隐约听见了敲门声。他怕是腊梅来了,有些胆怯。开门一看,却是吴丹心。女人一进门就抱住李解放,显得火急火燎的,说:“六七天没碰你了!”

李解放说:“你轻点儿,他们家的人才上床,没睡着。”

“妈妈娘,我想叫,我忍不住想大声叫。”吴丹心的嘴巴在李解放身上乱舔乱咬。

李解放忙咬住她的舌头,止住她,才说:“我带你去个地方,你叫得天塌下来都没事。”

李解放将门轻轻掩了,牵着吴丹心往村后的山洞里跑。直到洞口,李解放才敢按亮手电。

“你怎么知道这个地方?”吴丹心满脸疑惑。

李解放这才意识到自己做了傻事,支吾道:“前几天我一个人到这里走走,偶然发现的。”

“这么巧?这里铺着茅草,还有火灰,肯定有人来过。”

李解放说:“我那天也没进来,不知里面还有这么个好地方。只怕是值夜的人偷懒,晚上跑到这里睡觉。丹丹你莫怕,附近的红薯都挖完了,值夜的人不会来的。”

他说完就熄了手电,抱着女人躺了下来。可他马上觉得这山洞里的黑暗才真叫黑暗,简直让人恐惧。这里还有没烧完的柴,但他没有带火柴来,没法点燃篝火。他抬头四周看看,可这从未体验过的黑暗几乎让他怀疑自己的脑蛋没有转动。黑暗似乎在吞噬着他,身子好像慢慢化作轻烟,从洞口袅袅而出。他害怕极了,只得紧紧地抱着吴丹心,忘命地亲吻。只有让自己感觉到抱着个真真实实的女人,他才能确信自己还没有化掉。吴丹心的呼吸越来越急促,后来便呜呜哼哼地叫了起来。李解放也大声

吼着："丹丹，你叫吧，你叫吧，你大声叫，把山叫塌了，我们就可以望见天上的星星了。"

突然，李解放感觉到了淡淡光亮，他以为是自己用力过度，眼冒金花了。可他没来得及多想，洞子的拐弯处就伸进了一只火把；半个人头。是个女人的头。吴丹心也睁开了眼睛。两人还没明白是怎么回事，那火把却突然掉在地上。听见有人往外跑，跌倒了，又爬起来。

火把烧着了地上的茅草，一路蔓延着，引燃了柴火。火光熊熊，洞壁通红如赤炭。

李解放和吴丹心不知是怎么回来的。他们不敢打手电，谁也不说话。李解放躺在床上通宵没合眼，所有可怕的结局都涌进了他的脑海。那洞内的篝火仍在他的意念中燃烧着，发出骇人心魂的暴响。似乎整座山都燃了起来，火光冲天。他想吴丹心今晚也睡不着的。

第二天一早，李解放头重脚轻地去出工，还是挖红薯。他偷偷瞟了一眼腊梅，见她低着头，眼睛有些肿。吴丹心人像脱了一层壳，脸显得更黑了。社员们都无声地劳作着，大家都起得早，有的人还在打哈欠。李解放心里总是怦怦直跳，总预感到要发生什么大事。这时，李解放肚子里一阵咕隆，他知道自己要放屁了。他想支持住，慢慢地放出来，免得脸上不好过。可他不能站着不动，那是偷懒。结果他一锄下去，屁便一喷而出，很是响亮。没精打采的社员们被逗乐了，哈哈大笑。李解放站直了，幽默起来："同志们，十月革命一声炮响，给中国送来了马列主义！"

李解放好像一百年没这样高声大叫了，声音震得自己两耳发响。可他两耳的响声刚过，感觉四周都死了一样静了下来。突然，听到有人高呼："打倒现行反革命分子李解放！"

"打倒现行反革命分子李解放！"全体社员都停止了劳动，振臂齐声高呼。

"打倒李解放！"

"把隐藏在人民内部的反革命分子李解放揪出来！"

“千万不要忘记阶级斗争！”

“坚决捍卫马列主义、毛泽东思想！”

“叫大坏蛋李解放永世不得翻身！”

李解放双脚发软，跪在了地上。他绝望地抬起头，望着吴丹心。吴丹心双手往腰间一叉，喊道：“社员同志们，大家暂时休息，开一个现场批判会。群众的眼睛是雪亮的。狐狸再狡猾，逃不过猎人的眼睛。广大社员要心明眼亮，认清现行反革命分子李解放的罪恶面目。他竟然如此恶毒地攻击十月革命，攻击马列主义，用心何其毒也。下面，把同李解放鬼混的奸妇刘腊梅也带上来！”

没有人表示惊讶，刘腊梅立即被两个男社员揪了起来，按倒在李解放身边，跪着。

李解放猛地抬起头，眼前的一切都变了形，陌生而恐怖。就像做着噩梦，想叫喊，舌头却打了结。他的脸青着，嘴皮子抽搐了老半天，才狼一样凄厉地叫道：“我，我，我要揭发，我要揭发！她！吴丹心，假正经！每天晚上都缠我睡觉！”

社员们这下倒吃惊了，一个个张大嘴巴，像群蛤蟆。吴丹心嘴巴张得更大，脸色通红，马上又惨白起来，眼皮一翻，瘫了下去。

漫天芦花

苏家世代书香，家风清白。相传祖上还中过状元。到了苏几何手上，虽不及显祖那么尊荣，但在这白河县城，仍然是有脸面的人家。早在三十多年前，苏几何就是县里的王牌教师。他是解放前的大学生，底子厚实，中学课程除了体育，门门可以拿下来。不擅教体育不为别的，只因他个头儿瘦小，一脸斯文。那个时候还兴任人唯贤，他当然成了一中校长。

读书人都说，几何几何，想烂脑壳。苏校长最拿手的偏是教几何。他的外号苏几何就是这么来的。久而久之，很多人反而淡忘了他的大名。他其实有一个很儒雅的名字，叫禹夫。有人说现在的人名和字都不分了，这禹夫还只是他的名。但他的字在“破四旧”的时候被破掉了，他自己不再提及，别人也无从知晓。这么说来，几何其实只能算是他的号了。几何二字的确也别有一番意趣，苏校长也极乐意别人这么叫他。不过真的直呼苏几何的也只是极随便的几个人，一般人都很尊敬地叫他苏校长。只是“文化大革命”中，他为几何二字也吃了一些苦头，学生们给他罗列了十大罪状，有一条就是他起名叫苏几何。十几岁的中学生只知道哪位古人说过一句“对酒当歌，人生几何”的话，几何二字自然不健康了。学生们并不知道这是别人给他起的外号。

关于苏几何，有一个故事传得很神。一中那栋最气派的教学楼育才楼是当年苏几何设计的。说是他将整栋房子所需砖头都做了精确计算，然后按总数加了三块。教学楼修好之后，刚好剩下两块半砖。还差半块砖大家找了好久，最后发现在苏校长的书架上，原来苏校长拿回去留着纪念去了。这个故事夸张得有些荒诞，但人们宁愿当作真的来流传。乡村教师向学生教授几何课时，总爱讲这个故事，说明学几何多么重要！

苏校长再一次名声大震是八十年代初。一中高考取录年年在全地区排队第一，被省里定为重点中学。他自己大女儿静秋考入复旦大学，二儿子明秋上了清华大学，老三白秋正读高三，也是班上的尖子。就凭他教出这三个孩子，谁也不敢忽视他在教育界的地位。老三白秋那年初中毕业，以全县最高分考上了中专，别人羡慕得要死，他家白秋却不愿去。苏校长依了儿子，说，不去就不去。你姐在复旦，你哥在清华，你就上北大算了。这本是句家常话，传到外面，却引出别人家许多感慨来。你看你看，人家儿女争气，大人说话都硬棒些。你听苏校长那口气，就像自己是国家教委主任，儿女要上什么大学就上什么大学，自己安排好了。县城寻常人家教育孩子通常会讲到苏家三兄妹。说那女儿静秋，人长得漂漂亮亮，学的是记者，出来是分新华社，说不定还会常驻国外。明秋学的，凡是带电字的都会弄，什么电冰箱、电视机不在话下。肯定要留北京的。老三白秋只怕要超过两个老大，门门功课都好，人又标致，高高大大，要成大人物的。财政局长朱开福的满儿子朱又文和白秋同班，成绩是最差的。朱局长在家调侃道，看来苏校长三个孩子都是白养了，到头来都要远走高飞，一个也不在大人身边。还是我的儿女孝顺，全都留下来为我俩老养老送终。朱又文听父亲这么不阴不阳地讲一通，一脸绯红。

苏几何也觉得奇怪，自己儿女怎么这么听话。他其实很少管教他们。一校之长，没有这么多时间管自己的小孩。现在大学里都喊什么六十分万岁，自己两个孩子上大学仍很勤奋，还常写信同父亲讨论一些问题。看着儿女们一天天懂事了，他很欣慰。他把给儿女们回信看作一件极重要的事，蝇头小楷写得一丝不苟。他知道自己这一辈就到这个份儿上了，孩

子们日后说不定会成大器。多年以后，自己同孩子们的通信成了什么有名的家书出版也不一定。所以他回信时用词遣句极讲究，封封堪称美文。又因自己是长辈，写信免不了有所教导。可有些人生道理，当面说说还可以，若落作白纸黑字，就成了庸俗的处世哲学，那是不能面世的。这就得很好地斟词酌句。给孩子们的信，他总得修改几次，再认真抄正。发出之前还要让老婆看一遍。老婆笑他当年写情书都没这么认真过。苏校长很感慨的样子，说，我们是在为国家培养人才，不是培养自己的孝子，小视不得啊！

白秋读书的事不用大人费心，他妈担心的是他太喜欢交朋友。苏校长却不以为然。他说白秋到时候只怕比他姐姐、哥哥还要有出息些。交朋友怕什么？这还可以培养他的社会活动能力。只要看着他不乱交朋友就行了。

白秋是高三的孩子王，所有男生都服他，女生也有些说不明白的味道。篮球场上，只要有白秋出现，观战的女生自然会多起来，球赛也会精彩许多。

白秋最要好的同学是王了一，一个很聪明又很弱质的男生。长得有些女孩气，嘴皮子又薄又红。他父亲王亦哲，在县文化馆工作，写得一手好字，画也过得去，王亦哲这名字一听就知道是他自己读了几句书以后再改了的。他给儿女起名也都文绉绉的，儿子了一，女儿白一。

有回白秋妈妈说，了一这孩子可惜是个男身，若是女孩，还真像王丹凤哩。王了一马上脸飞红云，更加王丹凤了。白秋乐得击掌而笑。妈妈又说，老苏，有人说我们白秋像赵丹哩。白秋马上老成起来，说，为什么我要像别人？别人就不可以像我？苏校长刚才本不在乎老婆的话，可听白秋这么一讲，立即取下老花镜，放下书本，很认真地说，白秋这就叫大丈夫气概。

高三学生都得在学校寄宿，星期六才准回家住一晚，星期天晚上就要赶回学校自习。王了一家住县城东北角上，离学校约三华里。这个星期天,他在家吃了晚饭,洗了澡,将米黄色的确良衬衫扎进裤腰,感觉自己很英气。妈妈催了他好几次,说天快黑了,赶快上学校去。他说不急,骑单车一下就到了。他还想陪妹妹白一说一会儿话。他把教师刚教的那首叫《年轻的朋友来相会》的歌教给妹妹。妹妹在家是最叫人疼的,因为妹妹是什么也看不见的瞎子。妹妹十三岁了,活泼而聪明,最喜欢唱歌。一首歌她只要听一两次就会唱。爸爸专门为妹妹买了架风琴,她总爱弹啊唱的,白一的琴声让全家人高兴,而疼爱白一似乎又成了全家人的感情需求。有回,白一正弹着一首欢快的曲子,父亲心中忽生悲音,感觉忧伤顺着他的背脊蛇一样地往上爬。白一静了下来,低头不语。王亦哲立即朗声喊道,白儿,你怎么不弹了?爸爸正听得入迷哩!白一又顺从地弹了起来。事后王亦哲同老婆讲,怪不怪?白一这孩子像是什么都看见了,我明明什么都没说呀?老婆却说,只有你老是神经兮兮的。我们就这么一个女儿,还怕她不快活?了一这孩子也懂事,知道疼妹妹。以后条件好了,治一治她的眼睛,说不定又治好了呢?王亦哲说,那当然巴不得。只是知道有那一天吗?唉!我一想到女儿这么漂亮可爱,这么聪明活泼,偏偏命不好,是个瞎子,我心里就痛。老婆来气了,说,别老说这些!你一个男子汉,老要我来安慰你?我们女儿不是很好吗?

白一歌声甜甜的,和着黄昏茉莉花香洋溢着。了一用手指弹了一下妹妹的额头,说很好,我上学去了。白一被弹得生痛,噘起了小嘴巴,样子很逗人。

了一推了单车,刚准备出门,却下起了大雨。妈妈说干脆等雨停了再走吧。了一说不行,晚自习迟到老师要骂人的。白一幸灾乐祸,说,我讲等会儿有雨你不信!

了一穿了雨衣出门。骑出去不远,雨又停了。夏天的雨就是这样。他本想取下雨衣,又怕耽误时间,心想马上就到学校了,算了吧。

天色暗了下来,街上的人影有些模糊起来了。

快到校门口了,迎面来了几个年轻人,一看就知是街上的烂仔。他们

并排走着,没有让路的意思。了一只得往一边绕行。可烂仔们又故意往了一这边拥来。

好妹妹,朝我撞呀!

妹妹,不要撞坏我的家伙呀!我受不了的啦!原来,了一穿了雨衣,只露着脸蛋子,被烂仔认作女孩了。了一很生气,嚷道,干什么嘛!可这声音是脆脆的童声,听上去更加女孩气了。单车快撞人了,了一只得跳下车来。烂仔蜂拥而上,撩开他的雨衣,在他身上乱摸起来。

他妈的,是个大种鸡,奶包子都没胀起来!

有个烂仔又伸手往他下面摸去。他妈的,空摸一场,也是个长鸟鸡巴的!这烂仔说着,就用力捏了一下他下面。

了一眼冒金花,尖声骂道,我日你妈!

骂声刚出口,了一感到胸口被人猛擂一拳,连人带车倒下去。可他马上又被人提了起来,掀下雨衣。一个精瘦的烂仔逼近了一,瞪着眼睛说,看清了我是谁!爷爷是可以随便骂的?说完一挥手,烂仔们又围了上来,打得他无法还手。

白秋和同学们闻讯赶来了,了一还躺在地上起不来。见了同学们,了一忍不住哭了。白秋叫人推着单车,自己扶着了一往学校走。哭什么?真像个女人!白秋叫了一声,了一强忍住了。

很快苏校长叫来了派出所马所长他们。了一被叫到校长办公室问情况。也许是职业习惯,马所长问话的样子像是审犯人,了一紧张得要死。本来全身是伤,这会儿更加头痛难支。苏校长很不满意马所长问话的方式,又不便指出来。他见了一那样子可怜巴巴的,就不断地转述马所长的问话,想尽量把语气弄得温和一点。马所长就不耐烦了,说,苏校长,调查案情是严肃认真的事情,你这么一插话,今天搞个通宵都搞不完。苏校长只好不说话了。了一大汗淋漓,眼睛都睁不开了。

问过话之后,让了一签了名,按了手模印。今天就这样吧。马所长他们夹着包就要走了。

苏校长忙问，这事到底怎么处理？

马所长面无表情，说，不要急，办案有个过程。现在只知道一些线索，作案者是谁都还不知道，到时候我们会通知你们的。

之后一连几天都没有消息。苏校长打电话问过几次，派出所的人总答复不要急，正在调查。

了一负着伤，学校准许他晚上回家休息。临近高考，功课紧张，他不敢缺晚自习。白秋就每天晚自习后送他回家。了一爸爸很过意不去，白秋说没事的，反正天太热了，睡得也晚。

妹妹白一差不多每天晚上都在门口迎着了一和白秋。了一两人进屋后，白一就朝白秋笑笑，意思是谢谢了。白秋喜欢白一那文静的样子。白秋无意间发现，他不论站在哪里，坐在哪里，不用作声，白一都能准确地将脸朝着他。这让他感到惊奇。他知道这双美丽的眼睛原本是什么都看不见的。当白一静静地向着他时，他会突然感到手足无措。

一个多星期过去了，派出所那边还是没有任何消息。苏校长打电话问过好几次，接电话的都说马所长不在，他们不清楚。王亦哲也天天往派出所跑。终于有一天，马所长打电话告诉苏校长，说为首的就是三猴子，但找不到人。

一说到三猴子，县城人都知道。这人是一帮烂仔的头子，恶名很大，别人都怕他三分。但他大案不犯，小案不断，姐夫又在地公安处，县公安局也不便把他怎么样。有时他闹得太不像话了，抓进去关几天又只得放了人。

案子总是得不到处理，白秋心里很不平。了一无缘无故挨了打，父亲将派出所的门槛都踏平了，还是没有结果。凭父亲的声望，平日在县里说话也是有分量的。可这回明明是个赢理，到头来竟成到处求人的事了。同学们都很义愤，朱又文同白秋商量，说，干脆我们自己找到三猴子，揍他一顿怎么样？我认得三猴子。白秋听了，一拍桌子，说，揍！

这天晚自习，朱又文开小差到街上闲逛，发现三猴子在南极冰屋喝

冷饮。他马上回来告诉白秋，白秋便写了一张纸条：愿参加袭击三猴子行动的男生，晚自习后到校门口集合。这张纸条就在男生中间递来递去。

晚自习一散，白秋让了一自己回去，他带了全班男生一路小跑，直奔南极冰屋。同学们一个个都很激昂，像是要去完成什么英雄壮举。白秋在路上说，我们也以牙还牙，将他全身打伤，也将他的鸟鸡巴捏肿了。朱又文是个打架有瘾的人，显得很兴奋。

南极冰屋人声如潮。朱又文轻声指点：就是背朝这边，没穿上衣那个。同桌那个女的叫秀儿，是三猴子的女朋友。那男的叫红眼珠，同三猴子形影不离。

白秋早听人说过，秀儿是县城两朵半花中的一朵。还有一朵是老县长的媳妇，那半朵是县广播站的播音员。这秀儿原是县文工团演员，现在文工团散了，她被安排到百货公司，却不正经上班，只成天同三猴子混在一起。

可能是谁讲了一个下流笑话，三猴子他们大笑起来。秀儿拍了红眼珠一板，歪在三猴子身上，笑得浑身发颤。

白秋让同学们在外等着，自己进去，到三猴子眼前说，外面有人找你，三猴子见是生人，立即不耐烦了。妈的，谁找？并不想起身。白秋说，是两个女的。秀儿马上追问，哪来的女的？三猴子横了秀儿一眼，起身往外走。

白秋一扬手，躲在门两边的同学们一哄而上，秀儿尖叫起来。红眼珠操起啤酒瓶往外冲，嚷着，你们狗日的吃了豹子胆！三猴子一会儿冒出头，一会儿又被压了下去，红眼珠举着酒瓶不好下手。红眼珠迟疑片刻，也早被撂倒了。厮打了一阵，白秋高声叫着，算了算了。大家停了手，朱又文觉得不过瘾，转身又朝三猴子下身狠狠踢了几脚，三猴子和红眼珠像堆烂泥，连叫唤的力气都没有了。

大家快速撤离。秀儿冲着他们哭喊，你们打死人了，你们不要跑！你们要填命！秀儿嗓门儿极好，到底是唱戏的底子。

行至半路，苏校长迎面来了。他一定是听到什么消息了。白秋站住了，刚才的英雄气概顷刻间化作一身冷汗。同学们一个个直往别人身后躲。

苏白秋，过来！苏校长厉声喊道。

白秋一步一挪走到父亲跟前。父亲一掌掀过来，白秋踉跄几步，倒在地上。谁也不敢上前劝解。苏校长气呼呼地瞪了一会儿，怒喝道，都给我回去！

一路上苏校长一言不发。同学们个个勾着头，一到学校，都飞快往宿舍跑。

白秋比父亲先一步到家。妈妈见面就说，你怎么这么不听话了？看你爸爸怎么松你的骨头！

白秋不敢去睡，也不敢坐下，只站在门口等死。苏校长进门来，阴着脸，谁也不理，径直往卧室去了。白秋妈跟了进去，很快又出来，喊白秋，还不去睡觉？

不到二十分钟，听到有人在急急地敲门。白秋妈忙开了门，见是传达室的钟师傅。

快叫苏校长，快叫苏校长。钟师傅十万火急的样子。

苏校长早出来了，一边穿衣服，一边问什么事。

钟师傅气喘喘地说，来了一伙烂仔，说要把学校炸平了。我不敢开门。

苏校长吓了一跳，心想刚才白秋他们一定闯出大祸了。他一时慌了神，不知怎么办才好。当了几十年校长，从未碰上过这种事。

老婆也急了。怎么办？门是万万开不得的，同那些人没有道理可讲。

这话提醒了苏校长，他忙交代钟师傅，你快去传达室观察情况，叫几个年轻教师帮你。我去给派出所打电话。

苏校长急忙跑去办公室。摇把电话摇了半天才接上，派出所的没听完情况，就来火了。你们学校要好好教育一下学生！

苏校长也火了，说，你这是什么态度？情况没弄清就……

没等苏校长说完，那边放了电话。苏校长对着嗡嗡作响的电话筒叫了几声，才无可奈何地放下电话。这就是人民警察？

这时，门外传来烂仔吆喝声。苏几何，你出来！苏几何你出来！大门被烂仔们擂得山响。

苏校长气极了。平日县里大小头儿都尊敬地叫他苏校长，只有个别私交颇深的人才叫他几何。他仗着一股气，直冲传达室。几个年轻教师摩拳擦掌，说，只要他们敢跨进学校一步，叫他们竖着进来，横着出去！

苏校长喊道，没教养的东西！你们的大人都还是我的学生哩！轮到你们对我大喊大叫的？钟师傅，你把门打开，看他们敢把我怎么样！

苏校长见钟师傅不动，自己跑上去就要扛门闩，严阵以待的教师们忙上前拦着说，苏校长开不得，苏校长开不得！

这时，门外响起了警车声。听得外面乱了一阵，很快平息下来。

钟师傅开了门，马所长进来说，苏校长，你们要好好教育一下学生。今天晚了，我们明天再来。

第二天，马所长黑着脸来到学校，把案情说了一遍。苏校长十分气恼。了一被打的事还没处理，白秋又惹出这么大的祸。马所长说，这是一起恶性案件，不处理几个人是过不了关的。

马所长也没讲怎么办，仍黑着脸走了，苏校长没想到自己儿子竟然变得这么不听话了。他们兄妹三人本是最让人羡慕的，却出了这么一个不争气的弟弟。他感到很没有面子，便同老婆商量，说，白秋你不让他受受教育，今后不得了的。送他到派出所去，关他几天！

老婆不依，说，派出所是个好进的地方？进去之后再出来，就不是好人了！

苏校长就是固执，非送儿子上派出所不可。老婆死活不让，说，白秋也只是参加了这事，要说起来，最先提起要打三猴子的，是朱又文。为什么你硬要送自己儿子去？苏校长发火了，说，我是校长，自己儿子都管不住,怎么去教育别人的儿子?别人家孩子在学校没学好,都是我校长的责任!

他不顾老婆苦苦哀求,亲自送白秋去了派出所。马所长这一次倒是很客气,热情接待了苏校长,说,要是所有家长都像你苏校长这样配合我们工作,严格要求自己孩子,社会治安就好了。苏校长苦笑道,自己孩子做了错事,就要让他受受教育,这是为他好啊!

两人说好,将白秋拘留一个星期。

苏校长一个人从派出所出来,总觉得所有的人都望着他,脸上辣辣的。城里没有几个人不认识他的。一路上便都是熟人。似乎所有熟人的脸色都很神秘。他便私下安慰自己:我从严要求孩子,问心无愧。所有家长都该这样啊!想起马所长今天的热情,他便原谅了这人平日的无礼。

老两口在家火急火燎地熬过了一个星期,苏校长去收容所接儿子。不料收容所的人说,人暂时不能放。苏校长一听蒙了,忙跑到派出所问马所长。马所长说,情况不妙啊!三猴子和红眼珠的伤都很重。特别是三猴子,人都被废了。医生说他不会有生育能力了。

苏校长嘴巴张得天大。这么严重?这么严重?

苏校长只得回去了。老婆哭着问他要人。这个时候,他才意识到自己送白秋进去也许是个错误。

临近高考了,苏校长四处活动,都未能将儿子领出来。老两口没办法想了,去找了朱又文的父亲朱开福。心想凭朱局长的面子,说话还是有人听的。苏校长转弯抹角把事情原委说了一通,暗示白秋实际上是为他们家孩子朱又文背了过。

朱开福却说,我这儿子学习成绩的确不好,这我知道。但他听话倒是听话,从不惹人撩人。

苏校长见朱开福有意装糊涂,只好直说了,要请他帮忙,将白秋弄出来。朱开福满口答应,说,这事好说,我同公安局说声就是了。小孩子嘛,谁没个打打闹闹的?

可是左等右等，白秋还是没有出来，这是苏校长平生感觉最闷热的一个夏月。

这天，他又去收容所看望儿子。白秋痛哭着，求父亲领他出去参加高考，说今后一定听爸爸妈妈的话，一定考上北京大学。苏校长老泪纵横。他这辈子除了老父老母过世时哭过，记不得什么时候这么哭过了。

白秋到底还是被判三年劳教。

苏校长平生第一次感到了极大的惶惑。“文化大革命”中，他受到那么大的打击，也没有这么痛苦和迷惘过。那时他真的以为自己是从旧社会过来的知识分子，身上的罪孽是先天的，必须好好改造。当时天下通行的逻辑就是如此。现在是清平世界了，怎么叫他更加不明白了呢？

这事成了白河县城最大的热门话题。都说太可惜了，太可惜了。谁想得到呢？他哥哥姐姐那么有出息，他一个人到笼子里去了。真是一娘生九子，连娘十条心！

三年之后，白秋回到白河县城。他发现县城只是多了几栋高房子，没有其他变化。他的那些同学，考上大学的还没有毕业，没考上的多半参加工作了。了一还在上海交大上大四。朱又文已在银行上班。

白秋成天在家没事干。爸爸妈妈都已退休，成天也在家里。姐姐和哥哥都留在了北京。白秋一直记恨爸爸，不太同爸爸说话。妈妈总望着他们父子的脸色，只巴望他们脸上能有一丝笑容。但父子俩总是阴着脸，老太太终日只能叹息。

白秋天天在床上躺着，脑子里乱七八糟。他根本无法理清自己的思绪。劳教农场那漫无边际的芦苇总是在他的脑子里海一般汹涌。在刚去的头几个月，他几乎没有一天不在设法逃跑。初冬的一个晴天，芦苇在风中摇曳。白秋同大家在油菜地里除草。这里的油菜地也一望无涯，几百号人在这里排开极不显眼。快到中午，白秋偷偷钻进了芦苇里。他先是慢慢前行，估计外面听不见声音了，他就拼命跑了起来。他知道，只要一直往南跑，跑出这片芦苇地，再渡过那片湖水，就可以回家了。他飞跑着，什么也不顾，听凭芦苇叶刮得脸和手脚生生作痛。不知跑了多久，也不知跑了多远，他跑不动了，倒了下来。他闭着眼睛，脑子里满是妈妈的影子。他曾无数次梦见妈妈哭泣的样子。他想自己只要能出去，一定百倍地孝敬妈妈。他又想起了白一，那个清纯可爱的小妹妹。

躺了好久，他睁开了眼睛。正刮着北风，芦花被轻轻扬起，飘飘荡荡，似乎同白云一道在飞翔。芦花和白云所指的方向就是家乡。

白一妹妹的眼睛那么清亮，那么爱人，可就是什么也看不见。

太阳快掉下去了，他还没有跑出这片芦苇。他估计不出还要跑多远才到湖边。要是在夏天，他现在奔跑的这一片都是白水渺渺，芦苇便在水里荡漾。想着要在芦苇地里过一夜，他并不觉得恐惧，反而还有一种快意。

天黑下来了，他到了湖边。四周黑咕隆咚，天上连一颗星星都没有。他不知应往哪边走。东南方的天际闪着微弱的光亮，他想渡口也许就在那里。他便望着那一线光亮奔跑。

天将拂晓，他终于摸到了渡口边。望见汽车轮渡那灰暗的灯光，他心跳加剧了，说不清是激动还是害怕。他爬上轮渡，找了一个背亮的地方躲了起来。听不见一丝动静，只有湖水轻轻拍打着船底，开轮渡的工人都在睡觉。他多希望马上开船！但天色未明，没有过渡的汽车。

天亮了，终于听见了汽车声。他抬眼一望，吓出了冷汗。来的正是劳教农场的警车。

他被抓了回去，挨了一顿死揍。后来他又好几次逃跑，都没有成功。

说来也怪，在漫长的三年里，他时时想起的竟是白一。起初他也想过日后怎么样去孝敬妈妈，但日子久了，妈妈在他的脑子里越来越淡薄了。他不愿意去想父亲，纵然想起父亲，心里也充满了敌意。他总以为自己的灾难来自于父亲的天真。

白秋谁也不理，一个人出了门。妈妈望着他的背影抹眼泪。

他双手插进裤兜里，横着眼睛在街上行走，见了谁都仇人似的。走着

走着，就到白一家附近了。他也不知道自己是怎么走到这里来的。迟疑片刻，他便去了白一家门口。门关着，不知屋里是不是有人。他敲了几声门，听得有人在里面答应，好像是白一的声音。

是白一吗？

不见回音。可过了一会儿，门开了。一位漂亮的女孩倚门而立。白秋吃了一惊。眼前的白一不再是小妹妹了，而是位风姿绰约的美人了。

是白秋哥吗？

白秋更是惊奇了。白一你怎么知道是我？

听爸爸说你回来了。我就想你一定会来我家玩的。怎么今天才来呢？快进来吧。

白秋进屋坐下，说，我回来之后，什么地方都没有去过，今天是第一次出门。白一你好吗？

我很好。你吃苦了，都是为了我哥哥。我哥哥回家总说起你哩。

白秋说，这都是我自己的命不好。不说这个吧。

两人就说着一些无关紧要的话。白一的大眼睛向着白秋一闪一闪的。因为这双眼睛什么也看不见，白秋便大胆地迎着它们。白秋不明白自己这几年怎么总是想念这位小妹妹，想着这双美丽而毫无意义的大眼睛。白一高兴地说着话儿，有时候脸上会突然飞起红云。白秋便莫名其妙地心乱。

很快就到中午了，白一爸爸下班回来了。白秋马上站了起来，叫王叔叔好。王亦哲愣了一下，才认出白秋。啊呀啊呀，是白秋呀！快坐快坐。知道你回来了，也没来看你。这几天有点忙。

哪里呢？白秋说着，就望了一眼白一。只见白一脸上不好，低下了头。她是怪爸爸没有去看白秋。白秋隐约感觉出了一点，只是放在心里。

一会儿，白一妈妈也回来了。见了白秋，忍不住抹了一阵眼泪。

一家人留白秋吃晚饭，白秋推辞了。

白秋勾着头，独自走在街上，心里的滋味说不清楚。突然有人在他肩上重重拍了一板。白秋本能地回过头，气汹汹地瞪着眼睛。却见是老虎。老虎是他在劳教农场的兄弟，一年前放出来的。

白秀才，回来了怎么不来找我？我俩可是早就约好了，出来之后有福同享，有难同当啊。白秀才是白秋在劳教农场的外号。

天天在家睡觉，还没睡醒哩。白秋说。

闲扯了一会儿，老虎要请白秋下馆子。两人找了一家馆子坐下，老虎请白秋点菜。随便点吧，兄弟我不算发财，请你吃顿饭的钱还是有的。

喝了几杯酒，话也多了。老虎说到出来一年多的经历，酸甜苦辣都有。他说他指望白秋早点出来，大家在一块捞碗饭吃。我们自己不相互照顾，还有谁管我们？我们这种人谁瞧得起？

在里面的时候，老虎最服的就是白秋。白秋人聪明，又最不怕事。刚去的时候，里面的霸头欺负他，但他就是不低头。霸头叫元帅，元帅下面是几个将军，将军下面的叫打手，最下面的就是喽啰了。元帅是个大胖子，是里面的皇帝。喽啰们得把好吃的菜孝敬给他，还得为他洗衣服，捶背搔痒。睡觉也有讲究，冬天元帅睡最里面的角落，依次是将军、打手和喽啰，最倒霉的喽啰就睡马桶边上。到了夏天，元帅就睡中间电扇下面，将军和打手围在外面，喽啰们一律挨墙睡，同元帅、将军和打手们分开，免得热着他们。白秋刚去，当然要睡在马桶边。白秋心想，这里本来就拥挤，人家先来先占，轮到他只好睡马桶边，也没什么说的。可元帅有意整他，一定要他头朝马桶睡。他不干，元帅一挥手，几个打手围了上来，将他一顿死揍。那天深夜，他偷偷爬起来，狠狠地揍了元帅，元帅的脸被打肿了。这还了得，白秋被打手们打昏死过去，还给他灌了尿喝。过后白秋平静了几天。元帅以为他服了，一会儿对他冷笑，一会儿又恶狠狠地瞪他。其实他只是恢复了几天。等他身体稍稍好些了，又找机会打了元帅。当时老虎是头号将军，兄弟们叫他五星上将。里面就只有他和白秋是同县的老乡，他有心要帮白秋，但又怕元帅手下的人太多了。后来他发现白秋真的是条好汉，就暗中联络几个贴心的兄弟，帮助白秋，把元帅死死打了一

顿。元帅只得服输。老虎就做了元帅,白秋一下子从喽啰坐到了将军的位置。老虎出来后,白秋又做了元帅。

馆子里的客人走得差不多了,他两人还在喝酒。眼看菜凉了,老虎说加个菜。来个一蛇四吃怎么样?白秋本是不吃蛇的,这会儿酒壮人胆,又不想显得那么怯弱,就说好吧。又问怎么个吃法?老虎说,就是清炖蛇肉,凉拌蛇皮,蛇血和蛇胆拿酒泡了生吃。老虎说着就叫来老板,问,你们这里最拿手的一蛇四吃还有吗?

老板弓腰搓手道,蛇是有,只是这会儿师傅不在,没有人敢杀蛇。

蛇在当地人眼中向来是恐惧而神秘的,老辈人都忌讳说起它,一般只叫它冷物或长物。见了蛇一定要将它打死,说是见蛇不打三分罪。吃蛇只是近几年的事,也不是所有的人都敢吃。原先要是谁打死了一条蛇,就找个僻静地方将它埋了。胆子大的人就将蛇煮了喂猪。蛇万万不可放在家里煮,说是瓦檐上的楼墨要是掉进锅里,那蛇肉就成了剧毒,人只要沾一点就会七窍流血而死。白秋记得他小时候,城里同现在的乡下也差不多,很多人家都喂了猪。有回剃头匠李师傅打了一条蛇,就在城外的土坎上掏了一个灶,架起锅子煮蛇。白秋和一帮小家伙远远地围着看热闹,不停地吐着口水。事后小家伙都不敢让李师傅剃头发,总觉得他那双碰过蛇的手冰凉而恶心。那时候城里的小孩也同乡下小孩一样,吃饭时端了碗出来同人家换菜吃。可李师傅儿子碗里的肉谁都不敢同他换,都说他家的猪是吃了蛇肉的。

白秋听说杀蛇的师傅不在,就问老虎,你敢吗?老虎忙摇了摇头。白秋笑了笑,说,我来。

店老板对白秋马上敬畏起来,带他去了厨房后面。老虎也蹑手蹑脚跟了去。老板递给白秋一个长把铁夹子,指指墙角边的一个大铁笼,说,那里。

白秋就见好几条大蛇蜷伏在笼子里,只把头昂着,信子飞快地闪动,成了一条可怕的红叉叉。都说七蜂八蛇,毒性最大,现在正是阴历八月,白秋揭开笼盖,只觉大腿内侧麻酥酥的。他记起了打蛇打七寸的老话,便故作镇定,对准一条大蛇的七寸叉去,然后用力一夹,扯了出来。蛇便顺着铁夹缠了起来,蛇尾扫了一下白秋的手背,一阵死冷死冷的感觉顺着手臂直蹿背脊。这时白秋才想起不知怎么杀死这条蛇。他只知道蛇皮是要剥的,就问,是剥活的还是怎么的?

老板对白秋更是肃然起敬了,说,你老兄还真有本事,还敢剥活蛇?英雄英雄!不过一蛇四吃是要蛇血的,还是杀了再剥吧。老板说着就拿了刀和碗来。

白秋却不在厨房里杀蛇,举着蛇到了店子外面。老板和老虎跟了出来。白秋操了刀,心想这同杀鸡不是一回事?就割开了蛇脖子。蛇血喷射而出,溅在手上冰凉冰凉。白秋全身发麻,真想马上丢掉手中这长物。他怕自己胆怯,反而将蛇抓紧了。蛇在挣扎,将白秋的手臂死死缠了起来,这时围拢了许多人,一片啧啧声。

血流得差不多了,蛇便从白秋手臂上滑了下来,白秋这会儿不紧张了。却又想,怎么剥这蛇皮呢?他记得自己小时候剥过一只兔子。他便将蛇钉在一棵梧桐树上,小心地将蛇脖子处割开一圈,按照他剥兔子的经验,小心地将蛇皮往下拉。蛇肉就一截一截露了出来,先是白的,立即就渗出了血色。

皮剥完了,白秋接过老板递过的小刮刀开膛。他先摘下蛇胆,脖子一仰生吞了下去。围观的人轰的一声,退了一步。有的人不停地吐口水。白秋越发得意,收拾内脏的动作更加麻利。

弄完了,老板拿盘子端走了蛇肉。围观的人才摇头晃脑,啧啧而去。

老板越发殷勤了,亲自倒了水来让白秋洗手,还高声大气招呼服务员快拿肥皂来。

蛇肉很快弄好了,端了上来。老板笑道,蛇胆这位兄弟先吃了,就只是一蛇三吃了。白秋和老虎一齐笑了起来。两人重新添酒,对饮起来。

老板忙了一阵,出来同两人搭话,说,老虎兄弟是常客,这位兄弟有点面生。我还没请教尊姓大名哩。

小弟姓苏，苏白秋。

老板忙说，苏白秋，这名字好听。也是城里人吗？怎么不曾见过？

老虎说话了。我这兄弟受了点委屈，同我一样，也在里面待了几年，才出来的。他是绝顶聪明的人，一肚子书。不是他仗义替朋友出气，早上名牌大学了。

老板一下拘谨起来，说，对不起，对不起。我是有眼不识泰山。我要是不猜错的话，这位苏老弟一定是一中苏老校长的公子？

白秋笑道，什么公子？落难公子，落难公子。

老板叫服务员取了酒杯来，自己酌上一杯酒，说，对这位苏老弟我是久仰了，我也是你爸爸的学生哩，我姓龙，叫龙小东。你爸爸还记得我哩。来来，我敬二位一杯，算是我为苏老弟接风洗尘吧。

三人一同干了。龙小东又说，难得有这样的机会结识苏老弟，这一蛇四吃就算我送的菜了。

酒喝得差不多了，两人买了单，起身要走。老板见蛇血还没吃，就说，这是好东西，莫浪费了。刚才白秋本是要老虎喝的，老虎说他不敢喝生血，就谦让白秋。后来只顾说话，也就忘了。这会儿老板一提醒，白秋回头端起蛇血，一口喝了。

两人出了门，又说了些酒话，约好明天见面，这才分了手。

酒喝得有些过量，白秋心里像有团火在焚烧。他嘴里喷着蛇的血腥味，白河县城在他的脚下摇晃。

也许因为苏家太知名，白秋杀蛇的事很快在白河县城流传开来，而且越传越神。有人说，白秋关了几年，胆子更加大了，心也更加狠了，手也更加辣了，杀了蛇吃生的。好心的人就为白秋可惜，说一个好苗子，就这么毁了。

过了一阵，种种传言终于到了苏老两口的耳朵里。苏老一言不发，只把头低低地埋着。林老太太却是泪眼涟涟，哭道，这个儿子只怕是没救了,没救了。都怪你啊,你做事太猪了。白秋本可以不进去的,你偏相信公安那些人。

林老太太说中了苏校长的痛处,令他心如刀绞。但他只是脸上的肌肉微微抽了一下,什么表情也没有。儿子的遭遇已完全改变了老人的个性,他总是那么孤独、忧郁和冷漠。

这天下午,白秋在家睡了一觉起来,洗了脸就往外走,林老太太想同他说话,但林老太太只望了他一眼就不敢开言了。他的脸色阴得可怕,目光冷冷的。林老太太想起大家说儿子吃蛇的事,不禁打了一个寒战。白秋下楼去了。林老太太走到阳台上,让晾着的衣服遮着脸,偷偷地看着儿子。只见儿子从校园里一路走过,前面的人就纷纷让路,背后的人就指指戳戳。儿子拐了弯,往大门口去了,马上就有一帮男生躲在拐弯处偷看。似乎校园里走过的是人见人怕的大煞星。林老太太脚有些发软了,扶着墙壁回了屋里。

白秋径直去找了老虎。老虎带白秋来到城西的桃花酒家,进了一间包厢。一会儿,六位水灵灵的姑娘笑着进来了。老虎同她们挨个儿打招呼。见了这场面,白秋猜着是怎么回事了。一会儿老板也来了,是一位极风致的少妇,老虎叫她芳姐。芳姐笑眯眯望着白秋说,老虎兄弟真是不吹牛,这位白老弟果然仪表堂堂,一表人才!白秋竟然一下子红了脸。所有女人都瞅着他。芳姐拍拍白秋的肩说,我请客,兄弟便玩个开心,芳姐暂时失陪了。这女人刚要出门,又回过头来,说,白老弟今后可要常来芳姐这里玩啊。白秋点点头,心都跳到嘴巴里衔着了。肩头叫芳姐拍了一下的感觉久萦不散。

刚才这么久,白秋一直只是拘谨地笑,不曾说过一句话。

老虎说,这些姐妹们都是出来混碗饭吃的。可有些男人玩过之后要赖,不肯给钱。有回小春姑娘没得钱还不说,还叫那家伙打了。小春找到我,我让几个兄弟教训了那小子,让那小子乖乖地给了双倍的钱。后来,这些姐妹们就都来找我了。这些姐妹们也可怜,我就帮了她们。

那位叫小春的姑娘就扭了扭身子，说，我们都搭帮了老虎大哥，不然就要吃尽苦头了。众姐妹一齐附和，是的是的。

很快菜上来了，就开始喝酒。白秋还有些不适，老虎同小春做出的动作他看不入眼。女人们却你拍我，我拍你，笑声不绝。他怕人笑话，就只好陪他们笑。老虎见白秋总是不动，就说，你别太君子了，放开一点。香香，你去陪白大哥。叫香香的女人走了过来，手往白秋肩上一搭，身子就到了白秋腿上。白秋还从未经历过这事，禁不住浑身发抖。

白秋不知说什么好，就随口问道，香香贵姓？他这一问，大伙儿都笑了起来。

香香嫣然一笑，说，我们是没有姓的，你只叫我香香就是了。白哥要是喜欢，就叫我香儿吧。香香把脸凑得很近，眼睛笑成了两弯新月。白秋见这女人模样儿还不错，只是鼻子略嫌小了点。

白秋就叫了一声香儿。香香颤颤哆哆地应了。在座的齐声鼓掌。

香香在白秋身上放肆风情，弄得别的女人都吃醋了。小春玩笑道，白哥是黄花儿，香香有艳福，你可要请客哩。香香越发像捏糖人似的，往白秋怀里钻，擦得白秋口干舌燥。

香儿，我口渴死了。白秋说。

香香抿了一口茶，对着嘴儿送到白秋嘴里。大家轰然而笑，都说香香这骚精真会来事，香香也不管他们笑不笑，又抿了口茶送到白秋嘴里。

白秋酒喝得很多，不知不觉就醉了。醒来时已睡在床上，身边躺着一个女人。他知道是香香，心便狂跳起来。他开始害怕自己荒唐了，想要起床。女人见白秋醒了，就转过脸来，问，好些了吗？白秋仔细一看，却是芳姐。芳姐捧着白秋的头，说，他们都走了。你喝得太多了，不省人事，把我吓死了。我把你留下了，又叫车送到这里来了。不是酒店，是在我家里，就我一个人，你放心休息吧。

芳姐只穿了件宽松的睡衣，露着一条深深的乳沟。白秋心乱，忍不住打战。芳姐问，冷吗？是发酒寒吧。来，芳姐抱着你。不等白秋说什么，芳姐早把他搂在怀里了。白秋不好意思把下身贴过去,便拱着屁股。

芳姐说,白秋你是干净身子,不要跟她们去玩,免得染病。老虎爱和她们玩,迟早要吃亏的。

白秋问,她们不是你请的吗?

芳姐说,哪是我请的?我听老虎说了,你原来还是个学生,这几年也不在家,不知道现在社会变到哪一步了。人都变鬼了。你开酒店,没有女人陪酒,客人就不会来,生意就做不下去,请女人吗?公安的又三天两头地来找碴。这些女人都是自己找上门来的,我不给她们开工资,但也不收她们伙食费。她们就像一群赶食的鸟,哪里食多就往哪里飞。你这里要是生意不好,她们又找别的店子去了。她们只凭自己本事去陪客人喝酒,客人开的小费归她们自己。要是有人带她们出去睡觉,我也不管,出事我不负责。但是有一条是死的,决不允许她们同男人在我店子里乱来。就是这样,公安的也常来找麻烦。后来全靠老虎帮忙,公安那边算是摆平了。老虎在公安有朋友,也常带他们来这里玩玩。

白秋听着这些,全是新鲜事,但他也不怎么感叹,只是阴了一下脸。芳姐就问,怎么?不高兴了是吗?芳姐说着,就一手搂着白秋的屁股往自己身上贴,白秋再也拗不过了,就硬邦邦地顶了过去。芳姐的肚皮被戳得生痛,就爱怜地揉揉白秋的脸,噘嘴咬牙地说,好老弟,你真傻呀!说罢就脱下了睡裙。

白秋醒来,只是一个人孤零零躺在床上。脑子里像是灌满了糨糊,把昨夜经历过的事情稀里糊涂粘在一起,怎么也想不清白。起了床,就见芳姐留了一张条子:你起床以后,洗脸吃饭,饭在锅里。

条子没有开头,也没有落款。白秋这下好像突然清醒了,满心羞愧,脸也没洗,拉上门就出来了。

出了门,才知芳姐住的是三楼,下楼估了下方向,又知这是城东。他马上就想起白一了,她的家就在附近,他这会儿想不到应去哪里,家是不想回的。在外同朋友们还有说有笑,只要回到家里,他就说不出一句话

来。他也想过父母的难过，但就是开不了心。

白秋这么一路烦躁着，就到白一家门口了。他在外面站了一会儿，才上前敲了门。门开了，白一歪着头探了出来，微笑着问，是白秋哥吗？

白秋又是一惊。你怎么知道是我？你未必有特异功能？

我是神仙啊！白一把白秋让进屋来，才说，你敲门的声音我听得出来。

两人就找一些话来说，白秋尽量显得愉快些。白一却说，白秋哥，你好像精神不太好？

哪里？我很好的。

白一脸朝白秋，默然一会儿，说，你精神是不太好。我看不见，但我感觉得出，你是一副没精打采的样子，就像那些没睡醒的人，脸也没洗，头也没梳就出门了。你去洗个冷水脸，会清醒些的。

白秋被弄得蒙头蒙脑，去厨房倒水洗了脸，还梳了下头发。

白秋回到客厅，白一已坐在风琴边了。白秋哥，我想弹个曲子给你听，你要吗？

当然要，当然要。白秋忙说。

白一低了一会儿头，再慢慢抬手，弹了起来。曲子低回，沉滞，像是夏夜芦苇下面静谧的湖水。起风了。天上的星星隐去了，四野一片漆黑。风越来越大，惊雷裂地，浊浪排空。芦苇没了依靠，要被汹涌的湖水吞噬了。但芦苇的根是结实而坚韧的，牢牢咬住湖底的泥土，任凭湖水在兴风作浪，风势渐渐弱了，天际露出曙色。又是晨风习习，湖面平展如镜。芦苇荡里，渔歌起处，小船吱呀摇来……

白一弹完了，理了理搭下来的头发，半天不说话，白秋说，真好。是什么曲子？白一这才转过脸来，说，没有曲名。你在外面这几年，我和哥哥总是记起你。哥哥又不能去看你。他只要回来，我俩总爱说你。哥哥知道你去的地方是湖区，那里有大片大片的芦苇。芦苇是什么样的，我不知道。我只是从哥哥讲的去猜测，琢磨。我想那该像女儿的头发吧，长长的软软的，在风中飘啊飘啊。有时一个人在家没事，就想起你在那里受苦。那里有很多芦苇，哥哥不在家，我又不能同别人说你，就一个人坐着由着性子弹曲子。

白秋很感动。他似乎意识到自己同白一存有某种灵犀。这是非常奇妙的事。但他没有说出来。白一见他不作声了就问，你在想什么？白秋说，不哩。我在想，你这架风琴太破旧了。我今后要是赚钱了，买一架钢琴送你，你要吗？白一脸一下子红了，说，我哪当得起？白秋说，你白一妹妹当不起谁当得起？

闲话着，白一爸爸回来了。一见白秋，把眼睛瞪得老大，说，哎呀呀，白秋你在这里呀！你爸爸妈妈找你找得发疯了。你昨晚家也不回，哪里去了？

白秋脸上顿时发烧，说，昨天跟朋友喝酒，晚了就没有回去了。

王亦哲转身对女儿说，你女儿家的，一个人在家里小心，来了生人不要随便开门。白秋便手足无措了。王亦哲说罢停一会儿，又说，就是白秋来了，也要听清楚是他才开门。

白秋听出了白一爸爸的意思，就起身说，王叔叔我回去了。白一爸爸客气几句，就进屋去了，白一站在门口，叫住白秋，说，我爸爸这几天心情不好，一定是他工艺美术社生意不好。要么就是碰到什么麻烦了。你常来玩啊。白秋答应常来看她。原来白一爸爸他们文化馆日子不好过了，县里只拨一半工资，少的自己想办法。白一爸爸就开了家“亦哲工艺美术社”。

从白一家出来，碰上西装革履的朱又文。朱又文好像老远就看见白秋了，目光却躲了一下，白秋就目不斜视，挺着身子走自己的路。两人本已擦肩而过的，朱又文似乎又觉得过意不去，猛然回头，说，这不是白秋吗？白秋也佯装认不出了，迟疑片刻，说，哦哦，是又文。这么风光，真是认不出了。两人客套几句就分手了。当年袭击三猴子，本是朱又文最先出的主意。要是白秋把他顶出来，说不定他也要关三年。但白秋没有说出他来。白秋今天见朱又文对他是这个样子，心里很不舒服。

白秋回到家里，妈妈像是见了陌生人样地望着他，半天不回眼。爸爸望他一眼就埋了头。白秋根本不听妈妈爸爸说什么，也不想吃中饭，只想回房睡觉。刚要去房间，爸爸说话了。你回来了几个月了，天天像鬼魂一样满街游荡。今后到底怎么办，你想过没有？白秋本来不想搭腔的，但爸爸嚷个不停，他也就喊了起来。怎么办？我知道怎么办？是我愿意变成这个样子吗？难道我就不会做人上人？我本来可以体体面面过一辈子的，是你！是你这个迂夫子毁了我一生！白秋说罢，转身进房，砰地关上了门。

妈妈被吓得嘴巴半天合不拢。父亲深沉地叹了一声，颓然瘫在了沙发里。迂夫子？我真是迂夫子吗？是啊，我真的很迂啊！老人想起前几天在街上碰上的一位男生。这学生原来读高中时最调皮，成绩最差。现在他混得最好。自己办起了公司，当了不大不小的老板。这学生见了老师，格外尊重，硬是要请老师下馆子喝几杯。老人心里闷，也就随他去了，喝了几杯酒，老人问他怎么这么有出息了？学生哈哈一笑，说，这个容易啊！只要把学校里老师教的大道理全部反过来用，就放之四海而皆准！老人被弄糊涂了，望着学生那张过早发福的胖脸，觉得这个世界真的很陌生了。

白秋在家要死不活地睡了几天，出来到街上闲逛。正巧碰上老虎。老虎请白秋喝茶。两人坐下之后，老虎说，你不够朋友，这么多天都不出来玩一下，我又不敢到你家去。白秋说，有什么不敢的？我家又没有老虎。老虎说，我怕你爸爸，他老人家蛮有股煞气哩。白秋就不说什么了，只问他有什么事吗？老虎说，事倒没什么事。只是芳姐要找你，说要你帮什么忙。白秋脸就红了，胸口狂跳不已，支吾道，知道了。

白秋岔开话题，问老虎靠什么发财。老虎神色有些得意，说，也不一定。那天你见的那些妹子，我保护她们的安全，她们每人每月给我两百块。这钱在她们不算多。我也不多要，凑在一起也有千把块了。再就是帮别人催账。有些人借了钱耍无赖，不肯还，我一出面，他们老老实实还钱。你借人家一万，我要你还一万五你也得还。这些事都用不着我自己出面，我手下的兄弟都很铁的。

白秋听罢，摇了摇头。老虎觉得奇怪，问，怎么了？白秋说，你这么搞不行哩。老虎板了脸，说，听你这口气，就像公安。白秋笑道，老虎，你我是患难之交，千金难买。我这不是教训你，我这么说是有道理的。我们这些人出来之后是没有人帮助的，但人人都瞪着我们。我们就得聪明些，既要讨碗饭吃，又不能让人抓了把柄。不然，我们要是再出事，就不是送去劳教，而是正儿八经坐牢！

老虎一副不信邪的样子，说，那你说我们怎么活？去招工？有人要我们吗？要么干脆当干部去？笑话。

白秋摆摆手，说，你听我讲完吧。就说你帮的那几个妹子，你说是做好事，她们也要你撑腰。但人就怕背时，一旦有人要弄你，你就成了胁迫妇女卖淫了。

老虎发火了，红着脸说，谁胁迫她们了？是她们找上我的。她们找上我时×都生茧了！

白秋不火，仍只是笑笑，又说，你发什么火呢？我是说，要是有人整你，没边的事都可以给你编出来，还莫说你这事到底还有些影子呢？还有你帮人催账的事，弄不好人家就告你敲诈勒索。

老虎不服，说，你的意思是要我去拉板车？这是我老虎做的事吗？

白秋说，不是这意思。

老虎想想，觉得也对，就说，我先按你说的试试。你知道我一向是信你的，你读的书比我多。反正你的事就是我的事，我的事就是你的事。我就是赚了钱，也不急着买棺材，还不是朋友们大家花？

老虎的这股豪爽劲，白秋是相信的。在里面同住了两年，老虎对白秋像亲兄弟一样。但老虎对别人也是心狠手辣的。白秋想劝他别太过分，都是难兄难弟。又怕老虎说他怕事，看不起他，就始终没说。老虎出来之前，专门交代白秋，心要狠一点，不然别人就不听你的，你自己就会吃亏。白秋想这是老虎的经验之谈，一定有道理。但轮到他做元帅了，狠也照样狠，却做得艺术些。他只是不时让几个大家都不喜欢的人吃些苦头，威慑

一下手下的喽啰。

老虎问白秋，你自己想过要干些什么吗？

白秋说，没想过。我现在天天睡觉，总是睡不醒。老虎，你知道三猴子现在怎么样了吗？

老虎说，三猴子现在更会玩了。看上去他不在外面混了，正儿八经开了家酒家，其实他身后仍有一帮弟兄。三角坪的天霸酒家就是他开的，生意很好，日进斗金啊！他那个东西叫你废了，身边的女人照样日新月异。听说他现在是变态，女人他消受不了，就把人家往死里整。女人图他钱的，或是上了他当的，跟了他一段就受不了啦，拼死拼活要同他闹翻。可是凡跟过他的女人，别的男人你就别想沾，不然你就倒霉。白秋你也绝，怎么偏偏把人家的行头废了呢？

白秋笑道，也不是有意要废他。只是他把我同学那地方捏肿了，我们一伙同学都往那地方下手，哪有不废的？嗯，原来跟他的那个秀儿呢？

老虎叹道，秀儿也惨。她不跟三猴子了，又不敢找人。去年国土局有个男的追她，羊肉没得吃，反沾一身臊，结果被人打得要死还不知是谁下的手。秀儿他妈的长得硬是好，只怕也快三十岁的人了，还嫩得少女样的。这几年县城里也有舞厅了，秀儿原来就是唱戏的，就去舞厅做主持，也唱歌。人就越加风韵了。馋她的人很多，就是再也没人敢下手。

白秋又故作漫不经心的样子，问，芳姐这人怎么样？

老虎说，芳姐的命运同秀儿差不多。她的丈夫你可能不知道，就是前些年大名鼎鼎的马天王，他出名比三猴子还早几天。马天王好上别的女人后，同她离了婚。可也没有人敢同她好，怕马天王找麻烦，后来马天王骑摩托车撞死了，不知为什么，她仍没有找人。不过她开酒店也没人敢欺负她，她娘家有好几个哥哥。

白秋说，其实马天王我也听说过。有人说马天王的哥哥就是城关派出所的马所长？那会儿社会上的事我不清楚，连他马什么名字都不知道。

他叫马有道，现在是县公安局的副局长了。老虎说。

白秋又说，芳姐说公安的老找她们酒店的麻烦，马有道这个情面都不讲？

老虎哼哼鼻子，说，马有道是个混蛋，哪看她是弟媳妇？还想占她的便宜呢！芳姐恨死他了。

白秋本想再打听一些芳姐的事，但怕老虎看出什么，就忍住了。这事说来到底不好听。他也不准备再上芳姐那里去。这几天一想起自己同芳姐那样，心里就堵得难受。

他现在不想别的，只想找个办法去报复三猴子和马有道。要不是这两个人，他这一辈子也是另一个活法了。其实在里面三年，他没有想过出来以后要做别的事，总是想着怎么去报复这两个人。

喝了一会儿茶，老虎说，反正快到晚饭时间了，干脆到桃花酒家去喝几杯吧，芳姐正要找你哩。白秋不想去，就说，你要去就自己去吧，老娘要我早点回去有事哩。两人就分手了。

晚上，白秋怎么也睡不着。他想自己这一辈子反正完了，父母也别指望他什么了。他今后要做的事就是复仇！复仇！他设计了许多方案，往往把自己弄得很激愤。可冷静一想，都不太理想。

夜深了，他却想起了芳姐。那天晚上同芳姐的事情简直是稀里糊涂。这是他第一次同女人睡觉，一切都在慌乱之中。现在想来，芳姐没有给他特别的印象，只有那对雪白的大乳房，劈头盖脸地朝他晃个不停。

白秋心里躁得慌，坐了起来。屋里黑咕隆咚，可芳姐的乳房却分明在他眼前晃来晃去。他受不了啦，起身穿了衣服出门了。

已经入冬，外面很冷，白秋跑了起来。县城本来就不大，晚上又不要让人，一下就到芳姐楼下了。他径直上了三楼，敲了门，谁呀？芳姐醒了。他不作声，又敲了几声，谁呀？声音近了，芳姐像是到了门背后。白秋有些心跳了，声音也颤了起来，说，是我，白秋。

门先开了一条小缝，扣着安全链。见是白秋，芳姐马上睁大了眼睛，稀里哗啦摘下铁链，手伸了过来。

白秋一进屋，芳姐就忙替他脱衣服，说，快上床，这么冷的天。芳姐把手脚冰凉的白秋搂进怀里，心肝肉儿地喊个不停，边喊边问冷不冷。白秋只是喘着粗气，也不搭话，手却在芳姐身上乱抓起来。芳姐就用她那湿润的小嘴衔着白秋的耳附儿，柔柔地说，好弟弟别急，好弟弟别急，慢慢来慢慢来，让芳姐好好教你，芳姐会叫你离不开她的。

白秋在芳姐那里一睡就是一个星期，一日三餐都是芳姐从酒家送来。芳姐很会风情，叫他销魂不已。但当他独自躺在床上时，心里便说不出的沮丧，甚至黯然落泪。他好几次起身要离开这里，却又觉得没有地方可去。

这天清早醒来，白秋说想回家去。芳姐很是不舍，白秋忍了半天才问，我们的事别人会知道吗?芳姐说，你我自己不说，别人怎么会知道?怎么?你怕是吗?白秋说，怕有什么怕的?只是……白秋说了半句又不说了，芳姐就抚摸着白秋说，马天王死了五年了，这五年我是从来没有碰过男人。我等到你这样一个棒男人，是我的福气。但我到底比你大十来岁，传出去也不好听。我也要面子，我不会让人知道我们的事的。

白秋枕着芳姐的胸脯问，芳姐你怎么知道我会对你好呢?

芳姐妩媚一笑，说，刚见到你时，一眼就见你真的很帅。但只当你是小弟弟，没别的心思。再说，你是老虎的兄弟，我也就不把你放在心上。不瞒你说，老虎这人我是不喜欢的。我要用他对付烂仔和公安，他来了我就逢场作戏，让他喝一顿了事。那天你喝得醉如烂泥了，他们那些人都不可能留下来看着你，就只有我了。我让他们都走了，我一个人守着你，用热毛巾为你敷头。我死死望着你，眼睛都不想眨一下。没有别人在场，我偷偷舔了你的嘴唇。这下我像着了魔，实在控制不了自己了。我也就不顾那么多，叫来出租车，把你送回来了。你知道吗?我是一个人把你从下面一口气背上三楼的。我一辈子还没有背过这么重的东西啊。

白秋很是感动，撑起身子望了一会儿芳姐，伏下去吻了她。芳姐也激动起来，咬着白秋的嘴唇热烈地吮着。白秋想自己真的很爱这女人了。但他很清楚,知道这种事是见不得天日的。爱情是势利的,这种事要是发生在某些有地位有脸面的大人物身上,说不定会成为爱情佳话流传千古,而发生在他苏白秋身上,只能是鬼混!

白秋要起床,芳姐按住他的肩头,不让他起来。她说,我先起来,你再睡一会儿吧。

芳姐刚穿好一件羊毛衫,白秋突然感到胸口一阵空落落的味道,忍不住一把抱住芳姐。芳姐不再去穿衣,停下手来搂着白秋。白秋将手伸进芳姐怀里,轻轻地抚摸。芳姐的乳房丰满而酥软,这几天白秋总是抚摸着它们。它们时而叫他激动万分,逗得他很雄壮地做着非常快人的事情;时而叫他安详无比,催他沉入深深的梦乡。

不知是激动还是寒冷,芳姐浑身颤抖了起来。白秋正要问她是不是很冷,感觉脸上一阵温热。芳姐在流泪。白秋马上把她拥进被窝里,一边亲着她,一边脱了她的衣服。

白秋尽情地甜蜜了一回,就摸着芳姐的乳房,酣然入睡了。醒来已是上午十一点了。芳姐在床头放了一张字条:

秋:

我过去了。你睡得很好看,像个孩子。你休息好了就回去看看吧。我留了一把钥匙在桌上,我随时都等着你来。吻你的嘴唇和鼻子!

白秋把钥匙放进口袋,心便跳了一下。

白秋出了门,猛然想起要经过白一家门口,就转身绕了道。他说不清自己的心情,反正不想从她家门口走。想到白一,他无端地感到胸口发闷。

回到家里,已是十二点钟了。妈妈问他这几天哪里去了,叫妈妈好担心。白秋说,你不用担心,死不了的。爸爸黑着脸,说,问你一句,你就是这个口气。你成天在外面混,硬是要再进去一回才心甘是吗?这话惹火了白

秋，他吼道，你还想送我进去？告诉你，没那么容易！你们口口声声是为了我好，不就是嫌我扫了你们的面子吗？我不高兴呢，就这么玩一天算一天；高兴了呢，就去做个什么事情。我要是做起事来，五年之内不发大财，不捞个政协委员的帽子戴戴，我就不是人！

白秋说完，就自个儿进厨房找东西吃去了，也不顾父母气成什么样子。

吃了碗饭，白秋坐下来看电视，旁若无人的样子。没有好的节目，他便将台换来换去。两位老人坐在一边，像两只受了惊的老猫。白秋猛然想起自己一个小时之前还沉醉在温柔之乡，而真实的世界却是在这里！他觉得很没有意思，丢掉手中的遥控器，进了房里，蜷到床上去了。

父亲望着儿子那扇紧闭的门，目光呆滞而灰暗。他一直想心平气和地同儿子说说话，可话一出口就变味了。他知道自己刚才的话刺痛了儿子，心里有些后悔。他的确又说不出别的什么话来，似乎自己的观念、思维、语言和表达方式都已属于另一个时代了，他无法同这个陌生的世界交流了。

这天下午，白秋来到上次同老虎吃蛇的馆子，老板龙小东很客气地招呼他。白秋问有没有活蛇，想买一条。龙小东觉得奇怪，问他买活蛇干什么？苏老弟自己也开馆子？白秋笑道，哪里。我是想自己回去做了吃。只要你这里弄蛇肉，我就是以后开了馆子也不会弄的。做朋友啊，就不要抢朋友的生意是不是？龙小东拍拍白秋的肩膀，说，老弟够意思！这蛇算我送了！说着就叫师傅捉了一条大活蛇来。白秋硬要过秤付钱，说，这不行这不行。说不定我吃上瘾了，天天要来买，我怎么好意思？这么一说，龙小东才勉强收了钱。

当夜，白秋睡到深夜两点多钟，爬了起来，提着蛇出了门。他来到天霸酒家门前，将蛇从门旁的花窗放了进去，然后径直去了芳姐那里，悄悄开了门。他钻进被窝，芳姐才惊醒，喜得她欢叫起来。

第二天中午，天霸酒家的吧台下钻出一条蛇来，吓得几个小姐尖叫起来,慌慌张张爬到吧台上。客人们不知发生了什么事,却见那蛇向厅中央逶迤而来。全场大惊,纷纷夺路而逃。厨房师傅跑了出来,壮着胆子想去打,那蛇又出了大门,向街上爬游。街上人见了,轰地散到一边,立即有许多人远远地围着看热闹。几个胆大的后生捡了石头去打,手法又不准。一会儿,那蛇就钻进下水道里去了。人们半天不敢上前看个究竟。

不多时,很多人都知道天霸酒家钻出一条蛇来,有说从吧台出来的,有说从服务员被窝里出来的,还有说从酱油缸子里钻出来的。

次日上午十点多钟,天霸酒家浸药酒的大酒缸后面又爬出一条蛇来。这时还没有客人,只把一个服务员吓瘫在地上起不来。厨房师傅这回毫不犹豫,操起棍子就朝蛇头打去,几下就把那蛇打死了,大家都说是昨天跑了的那条蛇。里面搞得闹哄哄的,门口便挤了许多人。有人就说,蛇是灵物,昨天来了,今天又来,只怕有怪。今天三猴子自己在场,听人这么说,他将眼一横,吼道,少讲些鬼话!今天我吃了这条蛇,看有没有怪!别人也就不敢说什么了。这天中午和晚上的客人却少了许多。三猴子叫师傅炖了这条蛇,自己同红眼珠他们几个兄弟喝了几杯。三猴子有意张扬,说这清炖蛇的味道真好,汤特别鲜美。

第三天,三猴子自己一早就到了酒家。他心情不好,龙睛虎眼的样子,说,我就要看是不是硬出鬼了。那条蛇叫我一口一口地嚼碎了,看它是不是从我肚子里爬出来了!他坐在厅中间抽了一会儿烟,发现墙角边那两张圆桌面子,就叫来服务员,骂道,你们是怎么回事?我昨天讲了,叫你们把那两张桌面收到里面去,就是没人收!两个服务员就低着头,去搬桌面。两人刚拿开桌面,立马叫了起来。一位服务员倒了下来,叫桌面压着,全身发软。

墙角蜷着一条大蛇!

三猴子脸都吓青了。厨师跑了出来,手脚抖个不停。三猴子叫厨师快打快打!厨师只是摇头,不敢近前。半天才说,我完了,我完了。三猴子怔了一会儿,见所有人都跑出去了,自己也忙跑了,感觉脚底有股冷飕飕的

阴风在追着他。

外面早围了许多人。厨师一脸死气，说，我只怕要倒霉了。蛇明明是我昨天打死的那条，我们还吃了它。今天它怎么又出来呢？厨师说着就摸着自己的喉头，直想呕吐。这回三猴子不怪别人说什么了，他不停地摸着肚子，好像生怕那里再钻出一条蛇来。

一位民警以为出了什么事，过来问情况。一听这怪事，就严肃起来。不要乱说，哪会有这种事？说罢一个人进去看个究竟。一会儿出来了，说，哪有什么蛇？鬼话！

三猴子和厨师却更加害怕了。刚才大家都看见了的，怎么就不见了呢？民警轰了一阵，看热闹的人才慢慢散了。

三猴子的脸还没有恢复血色。他叫厨师同他一道进去看看。厨师死都不肯，说他不敢再在这里干了，他得找个法师解一解，祛邪消灾。服务员们更是个个哭丧着脸，都说要回去了，不想干了。她们惦记着自己放在里面的衣服，却又不敢进去取，急死人了。

不几天，天霸的怪事就敷衍成有枝有叶的神话了，似乎白河县城的街街巷巷都弥漫着一层令人心悸的迷雾。有一种说法，讲的是三猴子作恶太多，说不定手上有血案，那蛇定是仇人化身而来的。

天霸关了几天之后，贴出了门面转租的启事。白秋找老虎商量，说他想接了天霸的门面。老虎一听，说，白秋你是不是傻了？天霸的牌子臭了，你还去租它？白秋说，人嘛，各是各的运气。他三猴子在那里出怪事，我苏白秋去干也出怪事？不一定吧！我同三猴子不好见面，拜托你出面。既然牌子臭了，你就放肆压价。老虎见白秋硬是要租这个门面，就答应同三猴子去谈谈。

因为再没有别的人想租，老虎出面压价，很快就谈下来了。半个月之后，天霸酒家更名天都酒家，重新开张了。老虎在县城各种关系都有，请了许多人来捧场。这一顿反正是白吃，一请都来了。白秋请了在县城的所有同学，差不多也都到了，只是朱又文没来。就有同学说朱又文不够朋友。什么了不起的?不就是搭帮他老子,捞了个银行工作吗?听说他老子马上要当副县长了,今后这小子不更加目中无人了!白秋笑笑,说,不要这么说,人家说不定有事走不开呢?

龙小东不请自到,放着鞭炮来贺喜。他拍拍白秋的肩膀,说,苏老弟,大哥我佩服你!你不像三猴子,他妈的不够意思!说着又捏捏白秋的肩头,目光别有意味。白秋就拉了拉他的手,也捏了捏,两人会意而笑。

三猴子也来了,他是老虎请来的。三猴子进门就拱手,说老虎兄弟,恭喜恭喜!老虎迎过去,握着三猴子的手说,你得恭喜我们老板啊!说着就叫过白秋。

三猴子早不认识白秋了,只见站在他面前的是个高出他一头的壮实汉子。三猴子脸上一时不知是什么表情,白秋却若无其事,过来同他握了手,说感谢光临。

三猴子坐不是立不是,转了一圈就走了,饭也没吃。白秋脸上掠过一丝冷笑。

天都酒家头几天有些冷清,但白秋人很活泛,又有芳姐指点,老虎又四处拉客。过不了几天,生意就慢慢好起来了。

白秋名声越来越大,县城几乎所有人都知道天都酒家的白秀才。又有在里面同他共过患难的兄弟出来了,都投到他的门下。城里烂仔有很多派系,有些老大不仁义,他们的手下也来投靠白秋。白秋对他们兄弟相待,并没有充老大的意思。他越是这样,人家越是服他。老虎名义上带着一帮兄弟,可连老虎在内,都听白秋的。

白秋花三天工夫就钓上了秀儿,秀儿认不得他,同他上过床之后,才知道他就是几年前废了三猴子的那个人。秀儿吓得要死,赤裸裸坐在床上,半天不知道穿衣服。这女人大难临头的样子,将两只丰满的乳房紧紧抱着,脸作灰色,说,我完了,三猴子要打死我的。你也要倒霉的。

白秋揉着秀儿的脸蛋蛋,冷笑说,不见得吧。

白秋觉得这秀儿真的韵味无穷,事后还很叫人咀嚼。但他只同她玩

一次就不准备来第二次了。他不想让芳姐伤心,只是想刺刺三猴子。想起芳姐,他真的后悔不该同秀儿那样了。是否这样就算报复了三猴子呢?真是无聊!

一天,秀儿亡命往天都跑,神色慌张地问白秋在吗?白秋听见有人找,就出来了。秀儿将白秋拉到一边,白着脸说,三猴子说要我的命。他的两个兄弟追我一直追到这里,他们在门外候着哩。白秋叫秀儿别怕,让她坐着别动,自己出去了。白秋站在门口一看,就见两个年轻人靠在电线杆上抽烟。白秋走过去,那两个人就警觉起来。见白秋块头大,两人递了眼色就想走。白秋却笑呵呵地,说,兄弟莫走,说句话。我是白秀才,拜托两位给三猴子带个话。秀儿我喜欢,他要是吓着秀儿,会有人把他的蔫茄子摘下来喂狗!

当天晚上,白秋专门叫老虎和几个兄弟去秀儿唱歌的金皇后歌舞厅玩,他知道那是三猴子也常去的地方。果然三猴子同他的一帮兄弟也在那里。秀儿点唱时间,白秋同她合作一首《刘海砍樵》,有意改了词,把秀大姐,你是我的妻呵唱得山响。秀儿唱完了,白秋就搂着秀儿跳舞,两人总是面贴着面。三猴子看不过去,带着手下先走了。

白秋觉得不对劲,就对老虎说,你告诉兄弟们,等会儿出去要小心。

大家玩得尽兴了,就动身走人。白秋料定今晚会有事,就带着秀儿一块儿走。果然出门不远,三猴子带着人上来了。老虎拍拍白秋,说,你站在一边莫动手,兄弟们上就是了。老虎上前叫三猴子,说,我的面子也不给?三猴子手一指,叫道,你也弄耍老子!老虎先下手为强,飞起一脚将三猴子打了个踉跄。混战就在这一瞬间拉开了。老虎只死死擒着三猴子打,三猴子毕竟快四十岁的人了,哪是老虎的对手?白秋在一边看着,见自己的人明显占着优势。眼看打得差不多了,白秋喊道,算了算了!两边人马再扭了一阵,就放手了。白秋站在台阶上居高临下,说,我们兄弟做人的原则是:不惹事,不怕事。今天这事是你们先起头的,我们想就这么算了,我们不追究了。今后谁想在我们兄弟面前充爷爷,阉了他!

三猴子还在骂骂咧咧，却让他的兄弟们拉着走了。老虎听三猴子骂得难听，又来火了，想追上去再教训他几下。白秋拉住他，说，他这是给自己梯子下，随他去吧。

秀儿还在发抖。老虎朝白秋挤挤眼，说，你负责秀儿安全，我们走了。

白秋要送秀儿回去，秀儿死活不肯，说怕三猴子晚上去找麻烦。女人哆哆嗦嗦的，样子很让人怜，白秋没办法，只好带她上了酒家，刚一进门，秀儿就瘫软起来。白秋便搂起她。这女人就像抽尽了筋骨，浑身酥酥软软的。白秋将秀儿放上床，脖子却被女人的双臂死死缠住了。女人的双臂刚才一直无力地耷拉着，此时竟如两条赤链蛇，叫白秋怎么也挣不脱。

女人怪怪地呻吟着，双手又要在白秋身上狂抓乱摸，又要脱自己的衣服，恨不能长出十只手来。

白秋心头翻江倒海，猛然掀开女人。女人正惊愕着，就被白秋三两下脱光了。

暴风雨之后，白秋脸朝里面睡下，女人却还在很风情地舔着他的背。白秋心情无端的沮丧起来。他想起了芳姐，心里就不好受。他发誓同秀儿真的是最后一次了。

第二天晚上，白秋去芳姐那里。门却半天开不了，像是从里面反锁了。白秋就敲门，敲了半天不见动静，就想回去算了。正要转身，门却开了。芳姐望着白秋，目光郁郁的。白秋心想，芳姐一定怪他好久没来了。他进屋就嬉皮笑脸的样子，抱着芳姐亲了起来。芳姐嘴唇却僵僵的没有反应。白秋说，怎么了嘛！芳姐钻进被窝里，说，你有人了，还记得我？还为人家去打架！

白秋这回明白是怎么回事了，心里歉歉的。但他不想说真话，就说，你知道的，三猴子是我的仇人，不是三猴子，我也不是这个样子了。三猴子太霸道，凡是同他好过的女人，别人沾都沾不得，这些女人也就再没有出头之日。我就是要碰碰秀儿，教训一下他，免得他再在我面前充人样。我和秀儿其实也没什么，只是同她一块跳跳舞，有意刺激一下三猴子。

芳姐不信，说，人家是县里两朵半花中的一朵啊，你舍得？我又算什么？

白秋死皮赖脸地压着芳姐，在她身上一顿乱吻。吻得芳姐的舌头开始伸出来了，他才说，我就是喜欢芳姐！芳姐就笑了，说，是真的吗？你就会哄人！白秋说，是不是真的，你还不知道？芳姐就轻轻拍着白秋的背，像呵护着一个孩子。

白秋伏在芳姐胸脯上摩挲着，心里很是感慨。出来这一年多，他在这女人身上得到过太多的温存。他同芳姐的感情，细想起来也很有意味。当他在芳姐身上做着甜蜜事情的时候，他是一个成熟的男人，因为他高大而壮实；当他枕着芳姐的酥胸沉睡或说话时，他又像一个孩子，因为芳姐比他大十一岁。他俩在一起，就这么自然而不断地变换着感觉和角色，真有些水乳交融的意思。白秋在一边独自想起芳姐时，脑海里总是一个敞开胸怀作拥抱状的女人形象。他感觉特别温馨，特别醉人。

白秋知道马有道好色，就问老虎，手中有没有马有道的把柄。老虎有些顾虑，怕弄不倒这个人。白秋说，不弄倒这个人，我死不瞑目！我也不想栽他的赃，只是看有没有他的把柄。

老虎说，这人既贪财，又好色。贪财你一时搞他不倒，好色倒可以利用一下。去年香香找到我，说有个姓李的男人玩了她不给钱，只说有朋友会付的。但是没有人给。她过后指给我看，我见是马有道。我想一定是有人请客，但不知哪个环节出了差错，没有给香香付钱。马有道当副局长以后，不太穿制服，香香又不认得他。我只好同香香说，这个姓李的是我一个朋友，就算我请客吧。这马有道同香香玩过之后，对香香还很上心，常去找她。总不给钱，又耽误人家生意，香香也有些烦躁。但碍着我的面子，只好应付。

白秋听了拍手叫好，说，下次他再来找香香，你可以让香香通个信吗？

老虎说,这当然可以。说罢又玩笑道,香香你也可以找她哩,这女人对你可有真心哩。

白秋脸红了,说,你别开我的玩笑了。自从去年我们同香香吃了顿饭,我再没见到过她哩。这女人的确会来事。

老虎仍有些担心,说,马有道现在是公安局副局长了,有谁敢下手?再说这么一来,把香香也弄出来了。

白秋说,香香我们可以想办法不让她吃苦。只要她愿意,今后就不再干这种事了,可以到我天都来做服务员。抓人我也可以负责,总有人敢去抓他的。

原来,城关派出所的副所长老刘,同马有道共事多年,有些摩擦。马有道升副局长,没有推荐老刘当所长,而是从上面派了人来。老刘对马有道就更加恨之入骨了。白秋回来后,有天老刘碰到他,专门拉他到一边,说,当年送你劳教,全是马有道一手搞的。所里所有人都不同意这么做,马有道要巴结三猴子在地公安处的姐夫,一定要送你去。马有道他妈的真不是东西,领导就是看重这种人。他也别太猖狂,这么忘乎所以,迟早要倒霉的。白秋相信老刘的话。见老刘那激愤的样子,白秋就猜想他巴不得早一天把马有道整倒。

十多天之后,县里传出爆炸性新闻:县公安局副局长马有道在宏达宾馆嫖娼,被城关派出所当场抓获。听说县有线电视台的记者周明也跟了去,将整个过程都录了像。周明时不时弄些个叫县里头儿脸上不好过的新闻,领导们说起他就皱眉头。宣传部早就想将他调离电视台,但碍着他是省里的优秀记者,在新闻界小有名气,只好忍着。

人们正在议论这事是真是假,省里电视台将这丑闻曝了光。小道消息说,这中间还有些曲折。说是分管公安的副县长朱开福批评了周明,怪他不该录像,损害了公安形象。我们干部犯了错误,有组织上处理,要你们电视台凑什么热闹?他还要周明交出录像带。周明被惹火了,说,到底是谁损害了公安形象?他本来就是天不怕地不怕的,索性把录像带送到

省电视台。省台的人都很熟,对他明说,这类批评性报道最不好弄,搞不好就出麻烦。周明便大肆渲染了朱开福的混蛋和个别县领导的袒护。省台的朋友也被说得很激愤了,表示非曝光不可,杀头也要曝光!

马有道在省电视台一亮相,就算彻底完了。他立即被开除党籍,调离公安战线。县委还决定以此为契机,在全县公安战线进行了一次作风整顿。朱开福在会上义正词严的样子,说,一定要把纯洁公安队伍作为长抓不懈的大事。只要他胆敢给公安战线抹黑,就要从严查处,决不姑息!

白秋将这事做得很机密,可过了一段,还是有人知道了。大家想不到马有道英雄一世,最后会栽在白秀才手里。马有道平时口碑不太好,人们便很佩服白秋。

社会上的各派兄弟对他更是尊重。有人提议,将各派联合起来,推选一个头儿。这天晚上,各派头儿在城外河边的草坪上开会。白秋是让老虎硬拉着去的。他不想去凑这个热闹。他从来就不承认自己是哪个派的头儿,只是拥有一些很好的兄弟。但白秋一去,大家一致推选他做头。三猴子没有来,说是生病了,他们那派来的是红眼珠。红眼珠做人乖巧些,同白秋在表面客套上还过得去。他见大家都推举白秋,也说只有白秋合适些。

白秋却说,感谢各位兄弟的抬举。但这个头我不能当,我也劝各位兄弟都不要当这个头。白秋这么一说,大家都不明白。有人还怪他怎么一下子这么胆小了。

白秋说,我讲个道理,大家在社会上混,靠的是有几个好兄弟。我们若有意识地搞个组织,要是出了个什么事,公安会说我们是团伙,甚至是黑社会。这是要从重处理的。我们自己就要聪明些,不要搞什么帮呀派呀。只要朋友们贴心,有事大家关照就行了。不是我讲得难听,兄弟们谁的屁股上没有一点屎?要是搞个帮派,不倒霉大家平安,一倒霉事就大了,这个当头的头上就要开花!我反正不当这个头。不过有句话,既然大家这么看得起我,我今后有事拜托各位的话,还请给我面子。

于是这次草坪会议没有产生盟主。尽管白秋死活不就，但这次碰头以后，他还是成了城里各派兄弟心目中事实上的领袖。只是没有正式拜把，他自己不承认而已。

兄弟们的推崇并没有给白秋带来好的心情。三猴子和马有道他都报复过了，这也只是让他有过一时半刻的得意。他现在感到的是从未有过的空虚和无奈。想命运竟是这般无常！人们公认的白河才子，如今竟成了人们公认的流氓头子！想着这些，白秋甚至憎恨自己所受的教育了。他想假如自己愚鲁无知，就会守着这龙头老大的交椅耀武扬威了，绝无如此细腻而复杂的感受。但他毕竟是苏白秋！

白秋的天都酒家生意很红火。晚上多半是兄弟们看店子，他总是在芳姐那里过夜。只是时时感到四顾茫然。他从一开始就明白自己同芳姐不会长久的。毕竟不现实。但芳姐的温情他是无法舍弃的。芳姐不及秀儿漂亮，可他后来真的再也没有同秀儿睡过觉。秀儿也常来找他，他都借故脱身了。只要躺在芳姐的床上，他就叫自己什么也别去想。也不像以前那样总是醉心甜蜜事情了，他总是在芳姐的呢喃中昏睡。似乎要了结的事情都了结了，是否以后的日子就是这么昏睡？

白秋时不时回家里看看，给妈妈一些钱，或是带点东西回去。妈妈见白秋正经做事了，心也宽了些。他同妈妈倒是有些话说了，同爸爸仍说不到一块儿去。有回猛然见爸爸背有些驼了，胡子拉碴，很有些落魄的样子。他心里就隐隐沉了一下，想今后对爸爸好些。可一见爸爸那阴着脸的样子，就什么话也说不出了。

那天晚上他很早就去了芳姐那里。路过白一家门口，又听见白一在弹那支无名曲子。他禁不住停了下来，感觉身子在一阵一阵往下沉。犹豫了半天，他还是硬着头皮敲了门。正好是白一爸爸开的门，笑着说声稀客，脸上的皮肉就僵着了。白一听说是白秋，立即停下弹琴，转过脸来。白一脸有些发红，说，白秋哥怎么这么久都不来玩呢？白一爸爸就说，白秋是大老板了，哪有时间来陪你说瞎话？

白秋听了瞎话二字，非常刺耳，就望了一眼白一，白一也有些不高兴，但只是低了一下头，又笑笑地望着白秋。

白秋总是发生错觉，不相信这双美丽的大眼睛原是一片漆黑。

说了一会儿闲话，白一爸爸就开始大声打哈欠。白秋就告辞了。

一路上就总想着白一的眼睛。他想这双眼睛是最纯洁的一双眼睛，因为它们没有看见过这个肮脏的世界。似乎也只有在这双眼睛里，白秋还是原来的白秋。

这个晚上，芳姐在他身下像只白嫩的蚕，风情地蠕动着，他的眼前却总是晃动着白一的眼睛。那是一双什么都看不见，似乎又什么都能透穿的眼睛！

他发誓自己今后一定要娶白一！

今晚月色很好。月光水一般从窗户漫过来，白秋恍惚间觉得自己飘浮在梦境里。芳姐睡着了，丰腴而白嫩的脸盘在月光下无比温馨。白秋感觉胸口骤然紧缩一阵。心想终生依偎着这样一个女人，是多么美妙的事啊！

可是这样的月光，又令他想起了白一。白一多像这月光，静谧而纯洁。

自己配和白一在一起吗？既然已经同芳姐这样了，还是同这女人厮守终生吧，白秋想到这一层，突然对芳姐愧疚起来，觉得自己无意间亵渎了芳姐。他想自己既然要同芳姐在一起，就不能有退而求其次的想法。

正想着这两个女人，父亲的影子忽然出现在他的脑海里，父亲佝偻着腰，一脸凄苦地在那窄窄的蜗居里走动，动作迟缓得近于痴呆。父亲现在很少出门了，总是把自己关在屋里。从前，老人家喜欢背着手在外面散步，逢人便慈祥地笑。现在老人家怕出门了，怕好心的人十分同情地同他说起他的满儿子。

白秋似乎第一次想到父亲已是这般模样了，又似乎父亲是一夜之间衰老的。他深沉地叹了一声。芳姐醒了，问，你怎么了？又睡不着了是吗？

说着就爱怜地搂了白秋，轻轻拍着他的背，像呵护着孩子。白秋闭上眼睛，佯装入睡。心里却想，明天要回去一下，喊声爸爸。今后一定对爸爸好些。就算想娶了芳姐，别人怎么说可以不顾及，但必须慢慢劝顺了父母。再也不能这么荒唐了，非活出个人模人样来不可，让人刮目相看，叫父母有一份安慰！

第二天，白秋同芳姐起得迟。白秋洗了脸，猛然记起昨天酒家厨房的下水道堵了，还得叫人疏通，便同芳姐说了声，早饭也不吃就走了。也许是想清了一些事情，白秋的心情很好。路上见了熟人，他便颔首而笑。

一到酒家，就见朱又文等在那里。白秋就玩笑道，朱衙内今天怎么屈尊寒店？

朱又文就说，老同学别开玩笑了，我是有事求你帮忙哩。说着就拖着白秋往一边走。

是你在开玩笑哩，你朱先生还有事求我？白秋说。

朱又文轻声说，真的有事要求你。我爸爸的枪被人偷了，这是天大的事，找不回来一定要挨处分。

白秋说，你真会开玩笑，你爸爸是管公安的副县长，丢了枪还用得着找我？那么多刑警干什么吃的？

朱又文说，这事我知道，请你们道上的朋友帮忙去找还靠得住些。这事我爸爸暂时还不敢报案哩。

白秋本来不想帮这个忙，因朱又文这人不够朋友。但朱又文反复恳求，他就答应试试。

白秋这天晚上回家去了。他给爸爸买了两瓶五粮液酒，说，爸爸你今后不要喝那些低档酒，伤身子。要喝就喝点好酒，年纪大了，每餐就少喝点。

爸爸点头应了几声嗯嗯，竟独自去了里屋。儿子已很多年没有叫他了，老人家觉得喉头有些发哽，眼睛有些发涩。

妈妈说，白秋，你爸爸是疼你的，你今天喊了他，他……他会流眼泪

的啊。今年他看到你正经做事了，嘴上不说什么，心里高兴。你有空就多回来看看。

白秋也觉得鼻子里有些发热。但不好意思哭出来，笑了笑忍过去了。

这几天芳姐觉得白秋像是变了一个人，不再老是苦着脸，话也特别多。他总说我们的生意会越来越好，我们今后一定会垄断白河县的餐饮业。见白秋口口声声说我们，芳姐很开心，就说，我们这我们那，我们俩的事你想过吗？芳姐也早不顾及别人怎么说了，只一心想同白秋厮守一辈子。白秋听芳姐问他，就笑笑，捏捏芳姐的脸蛋儿，说，放心吧，反正我白秋不会负人，不负你，不负父母，不负朋友。我在父母面前发过誓的，我就不相信我做不出个样子来。

几天以后，朱又文家的人清早起来，在自家阳台上发现了丢失的手枪。

白秋那天只同一个兄弟说过一声，让他去外面关照一声，谁拿了人家的枪就送回去。事后他再没同谁说过这事，也没想过枪会不会有人送回来。他并不把这事太放在心上。朱又文家找回了丢失的枪，他也不知道。他这天上午很忙，晚上有人来酒家办婚宴，他同大伙儿在做准备。尽管很忙，他还是同爸爸妈妈说了，晚上回去吃晚饭，只是得稍晚一点。他想陪父亲喝几杯酒。他问了芳姐，是不是同他一块回家去吃餐饭？芳姐听了高兴极了。白秋还从未明说过要娶她，但今天邀她一同回家去，分明是一种暗示。但她不想马上去他家，就说，我还是等一段再去看他们老人家吧。现在就去，太冒失了。

可是谁也没有料到的事情发生了。就在这天下午，刑警队来人带走了白秋。老虎和红眼珠也被抓了起来。

原来，朱开福见自己的枪果然被送了回来，大吃了一惊。他同几个县领导碰了下头，说，黑社会势力竟然发展到这一步了，翻手为云，覆手为雨，这还了得？

预审一开始，白秋就明白自己不小心做了傻事。他不该帮朱开福找回手枪。他很愤怒，骂着政客、流氓，过河拆桥，恩将仇报。从预审提问中，白秋发现他们完全把他当成了白河县城黑社会的头号老大，而且有严密的组织，似乎很多起犯罪都与他有关，还涉嫌几桩命案。他知道，一旦罪名成立，他必死无疑。

总是在黑夜里，他的关押地不断地转移。他便总不知自己被关在哪里。过了几个黑夜，他就没有了时间概念，不知自己被关了多久了。车轮式的提审弄得他精疲力竭。他的脑子完全木了，同芳姐一道反复设计过的那些美事，这会儿也没有心力去想起了。终日缠绕在脑海里的是对死亡的恐惧。他相信自己没有任何罪行，但他分明感觉到有一只看不见的手在将他往死里推。他的辩白没有人相信。

不知过了多少天，看守说有人来看他来了。他想象不出谁会来看他，也不愿去想，只是木然地跟着看守出去。来的却是泪流满面的芳姐。就在这一刹那，白秋的心猛然震动了。他想，自己只要有可能出去，立即同这女人结婚！

芳姐拉着白秋的手，说不出一句话，只是哭个不停。芳姐憔悴了许多，像老了十岁。

白秋见芳姐总是泪流不止，就故作欢颜，说，芳姐你好吗？

芳姐不知是点头还是摇头，只呆呆望着白秋，半天才说，我找你找得都要发疯了。他们打你了吗？

白秋说，没什么哩。反正是天天睡觉。这是哪里？

听芳姐这一说，才知自己是被关在外县。他被换了好几个地方，芳姐就成天四处跑，设法打听他的下落。托了好多人，费了好多周折，芳姐才找到他。白秋望着这个痴情的女人，鼻子有些发酸。

芳姐说，我去看了你爸爸妈妈，两位老人不像样子了。你妈妈只是哭，说那天你说回去没回去。可怜你父亲，眼巴巴守着桌上的酒杯等你等到深夜。他老人家总是说你这辈子叫他害了。我陪了两位老人一天，又急着找你，就托付了我店里的人招呼他们二老。白秋听着，先是神色戚戚，

马上就泪下如注，捶着头说自己不孝。芳姐劝慰道，你别这样子，我知道你没有罪，你一定会出去的。他们不就是认钱吗？我就算倾家荡产，也要把你弄出去。你放心，我会照顾老人家，等着你出来。

自从那天白秋喊了爸爸，他对爸爸的看法好像完全改变了。他开始想到爸爸原来并没有错。他老人家只是为了让儿子变好，让儿子受到应有的教育或者惩罚。但是老人家太善良、太正派，也太轻信。他以为全世界的人，都会按他在课堂上教的那样去做。结果他被愚弄了。白秋越来越体会到，父亲有自己一套人生原则，这也正是他老人家受人尊重的地方。但到了晚年，老人家蓦然回首，发现一切早不再是他熟稔的了。爸爸为自己害了儿子而悔恨，可老人家知道自己分明没有做错！白秋太了解爸爸了，他老人家太习惯理性思维了，总希望按他认定的那一套把事情想清楚。可这是一个想不清楚的死结，只能让爸爸痛苦终生。按爸爸的思维方式，他会碰上太多的死结。因而爸爸的晚年会有很多的痛苦。白秋早就不准备再责怪这样一位善良而孤独的老人了。只要自己能出去，一定做个大孝子。可他担心自己只怕出不去。说不定芳姐白白拼尽了全部家产，也不能救他一命。

芳姐说，告诉你，三猴子死了，同人打架打死的。他终于得到报应了。

白秋听了却没有什么反应，只说，没有意思了。我现在只希望你好好的，希望爸爸妈妈好好的。

芳姐擦了一下眼泪，脸上微露喜色，说，白秋，我们有孩子了。芳姐说着就摸摸自己的肚子。

白秋眼睛睁得老大，说不清自己的心情。芳姐就问，你想要这孩子吗？白秋忙点头，要要，一定要。芳姐终于笑了，拉着白秋的手使劲地揉着。

探视时间到了。芳姐眼泪又滚下来了。白秋本想交代芳姐，自己万一出去不了，请她一定拿他的钱买一架钢琴送给白一，但怕芳姐听了伤心，就忍住了。

夜里,白秋怎么也睡不着。最近一些日子,他本来都是昏昏沉沉的,很容易入睡。似乎对死亡也不再恐惧了。可今天见了芳姐,他又十分渴望外面的阳光了。他很想马上能够出去。直到深夜,他才迷迷糊糊睡去。刚一睡着,咣当咣当的铁门声吵醒了他。恍恍惚惚间,他听得来人宣判了他的死刑。刑场是一片漫无边际的芦苇,开着雪一样白的花。他站在一边,看着自己被押着在芦苇地里走啊走啊。芳姐呼天抢地,在后面拼命地追,总是追不上他。他想上去拉着芳姐一块儿去追自己,却怎么也走不动。又见白一无助地站在那里哭,眼泪映着阳光,亮晶晶的刺眼。枪响了,他看见自己倒下去了,惊起一群飞鸟,大团大团芦花被抖落了,随风飘起来。天地一片雪白。

无头无尾的故事

一

偶然的一件小事，没想到竟引出那么多的是是非非来。

黄之楚本来是不逛成衣市场的，他总觉得那是娘们儿的事。那天鬼使神差，偏偏去转了转，偏偏又碰上了李市长的夫人。市长夫人买衣服差八元钱，正愁没人借，自然找黄之楚借。黄之楚没带钱，正手足无措，却瞥见了另一处摆成衣摊的女邻居，向她借了八元钱给市长夫人。这确实是小事一桩，谁都有可能碰上的。

事就出在这里。也许是贵人多忘事，市长夫人过后几次碰到他，都只是像往常一样微微颔首，丝毫没有还钱的意思。一个市长夫人决不会为了区区八元钱而有失身份，一定是忘记了。黄之楚当然也不便为那八元钱向市长夫人讨债。其实，自己垫上八元还给那女邻居也就行了，就算倒霉遭了扒窃吧。但黄之楚的老婆却是会计出纳兼采购，他只是领工资时那百几十元钱在口袋里热上半天，平时不名一文。他往常都以此开导同事，那油盐酱醋的事让娘们儿管去，乐得自在。今天才觉得多少应有点财政自主权。

因还不出钱，每次碰上那女邻居就只好搭讪赔笑。做邻居虽有三年了，却不曾知道隔壁这家姓甚名谁。黄之楚以往也不屑于同这些暴发户打交道，尤其这女人，描眉抹红的，还常牵着一条黄狗，简直像一个没落贵族，或是一个女嬉皮士。她吹泡泡糖时，总让他联想到避孕套，很恶心。她那男人黑咕隆咚，腰围起码三尺五，时常凶神恶煞的样子，一看便是社会不安定因素。那女人有时似有同黄之楚夫妇打招呼的意思，只是他们有些清高，别人也不好太热乎。如今这黄之楚主动开腔搭话，那女人自然满面春风。黑男子却一直阴着脸，黄之楚见了便不免有些心虚。

既然打招呼就得有个称谓，不然见面就喂，也不像话。黄之楚便向老婆肖琳打听隔壁那女人的名字。肖琳立即火了：我早就发现你这几天不正常，坐在家里像只瘟鸡，一见那骚货就眉来眼去，嬉皮笑脸。问她名字干什么？想写情书？

这正是做晚饭的时候，左邻右舍正在为塞饱肚子团团转。他们住的是旧式木板房，一家连着一家，中间只隔着一层壁板，连炒菜的锅铲声都听得清清楚楚，想必这边的说话声音也能一字不漏地传过去。黄之楚只得压着嗓子叫老婆，轻点、轻点。

晚饭吃得没声没响，没滋没味。儿子柳儿稍晓人事，眼珠子在父母脸上飞来飞去，比平时安静多了。不到十点，一家人便上床睡了。儿子本是独自盖一床被子，今天肖琳有气，就钻进儿子的被窝。

记得新婚之夜干完那事之后，黄之楚咬着肖琳的耳朵说：今后我若睡别的女人，雷打火烧。肖琳立即封住了他的嘴，娇嗔道：什么话不可以讲，偏讲这鬼话！谅你也没这胆量！确实也没这胆量。他一个大学生，堂堂市府办干部，前程似锦。总不能为了那几分钟的神魂颠倒毁了自己。再说妻也不错，说不上楚楚动人，却也有几分娇媚。按他的理论，老婆不能太漂亮，这样安全系数大些，老婆若是太漂亮，即使本身正派，别的男人也要进行侵袭。他相信自己作为一个男士比女人更了解男人。于是他便把老婆长相平平的优越性无限夸张。想调动自己的激情时，他便饱含爱意地琢磨老婆那两条修长的腿。那腿确实漂亮，使老婆显得高挑，尤其从

后面看。老婆在本市最气派的宏利商业大厦当会计，也算是管理人员了，收入比黄之楚还高些。

黄之楚觉得老这么僵着也不好，便考虑向老婆解释一下。他知道她的脾气，弄不好一句话又会上火，就反复设计措辞，先讲哪一句，后讲哪一句。隔壁那两口子正上劲，女人哎哟哎哟地呻吟，男人呼哧呼哧喘粗气，肖琳猛然转过脸来，骂道：怎么还不睡着？专门等着听这骚货的味！告诉你吧，那骚货叫曾薇，别人都叫她真味！黄之楚回了一句：什么味不味的，你不也听着！便用被子蒙住了头。

往常听到这响动，黄之楚总向肖琳做个鬼脸，道：又是唐山大地震了。有时他们本来累了，但在这响动的挑拨下又激动起来。只是不敢太放肆，生怕隔壁听见。黄之楚就想：这也许正是斯文人和粗鲁人的区别，于是更加瞧不起隔壁那对男女，尤其那女人。但黄之楚夫妇每次都不满足，那可是千真万确。有次肖琳说：真像炒了好菜，饭却做少了。黄之楚说：比这还恼火！肖琳狠狠拧了男人一把，说，怪谁呢？黄之楚听了就长吁短叹。当然怪自己，没长进，若能提拔个副主任、主任之类的干干，也可在机关大院住上一套好房子，怎么会流落到这居民区来，同鸡鸣狗盗三教九流打交道。今天两口子闹得不愉快，他更加气愤。最后找到的原因是自己不会拍马，倒不是没能力。于是恨死了那些拍马的。便觉得自己很清高，并决定一辈子守住这清高。还想到了孔子的名言：芝兰生于空谷，不以无人而不芳；君子修身立德，不以穷困而改节。这样一想，感到自己高尚了许多，甚至激动起来，近乎一种慷慨赴死的悲壮。床底下老鼠打架的吱吱声却将他神游八极的思维拉回这破败的居室。于是开始想那老鼠们，它们终夜窜来窜去，一刻也不停歇，时时还自相残杀，通常也只是为一只死鸡或一条臭鱼，有时甚至无任何理由也大动干戈，不就是为了活得好些！人又同老鼠何异？妈的，恨别人拍马有什么用？只恨自己中孔老二的毒太深了！这样痛心疾首地自责着，便觉倦了，蒙眬睡去。做了个梦，梦见这房子的底层被老鼠钻空了，房子轰然倒塌，自己被瓦砾埋了，怎么叫也没人救。一急,也就醒了,发现自己原来还蒙在被子里。一看表,快到八点了。不见妻儿。他胡乱洗了把脸,口也不想漱,就拿着公文包想出门。这时看见桌上放着个纸条,是老婆留的,用的是商标纸:让你装死睡去,没有饭到隔壁真味家去吃,她正想着你!黄之楚恶恶地把那纸抓作一团,扔了出去。

二

机关工会分了三十元钱,不知是什么费。黄之楚想:管他是什么费,可以还那邻居的八元钱了。以后照旧不同她搭理,免得和肖琳扯麻纱。

中午回家的路上,便一心想着还钱的事。他想,应落落大方地同她招呼一声,不能叫曾薇,免得人家听后误解,只叫小曾。然后说,你看你看,那八元钱,有时我记起了,见了你又忘记了,我这个人真糊涂。再把钱给她,说声谢谢,马上走开。动作要快,不让老婆看见。这时他突然想到了一个不好处理的细节。他手中的是三张工农兵,若等着她找钱,那得站一会儿,很尴尬,老婆看见了又怎么办?若说不要她找钱,她肯定不依,还会将两元钱送到家里来,更麻烦。再说两元钱差不多是半天的工资,一家三口可以吃一餐菜。想来想去还是认为先应将钱换零了。

他走到一家商店,彬彬有礼地问营业员:同志,请帮忙换换钱行吗?

营业员看都不看他一眼,冷冷道:本店不承揽人民币换零业务。那娘们儿还自以为聪明,得意地阴笑。

他蒙受了极大的侮辱,尽量潇洒地甩手走出商店。愤愤地想:什么了不起的,你知道老子是谁!等老子管你的那天再说!忽又想起不应同这种人计较,自己还是革命干部,知识分子,哪能计较得那么多?这些人就那么个层次,愚顽不可救药。这也计较那也计较不把人计较死了?所以又很舒坦了。

但钱还是要换散的。看来只有买点什么东西了。买什么呢?他为家

里也采办过几次东西，但每次老婆都说他上当了。所以他觉得每一个商店，每一个摊铺都是一个骗局，也就发誓不再做费力不讨好的事。反正老婆乐意自己买东西。今天却是不得已而为之。他想，还是买包烟算了，就说是下基层时别人送的，自己虽不抽烟，来客时倒也用得上，老婆也就不会说什么。于是他又钻进一家商店，想道，不必那么客气，同这些人讲礼貌简直是自作多情，浪费感情。便大声叫道：来包烟！

谁知道你要什么烟？营业员的表情极不耐烦。

这却难住了黄之楚。他因不抽烟，对烟的牌号、价格一概不知。那烟又放在两米外的货架上，怎么也看不清。见那营业员的表情越来越孤傲，他有些受不了，便硬着头皮摆出阔佬的架势：来包好的。

好烟有许多种，谁是你肚里的蛔虫！又被营业员回敬了一句。

黄之楚觉得自己在这花枝招展的泼娘们面前显得越来越笨拙，额上竟冒出汗来。他几乎有点语塞了。

就选包最好的吧。

营业员砰的一声摔过一包烟来：万宝路，六块！

妈呀，这么贵！他掏出十元钱来，好似出手大方的富翁，肚里却直骂娘。他抓起烟和找回的四元钱仓皇逃出商店。听见那娘们骂道：神经病！

黄之楚心想自己刚才的表现一定很可笑，觉得背上汗津津的。

只剩四元零钱怎么去还？还是决定再找个商店买包万宝路，反正到这一步了。他放慢脚步，整理一下自己的情绪，又钻进一家商店，只见几个营业员凑成一团谈笑风生。一个嚷道：昨天上晚班的真走运，才上一个多小时就停电了。轮到我上晚班总是灯火辉煌。黄之楚心想：妈的，哪有这么干社会主义的，有了刚才买烟的经验，他心里踏实多了，大大方方地喊：

来包万宝路！

那位说自己不走运的营业员慢吞吞走过来，递过烟：五块八！

怎么五块八？黄之楚想起刚才是六块钱一包。

嫌贵到别的地方去。营业员说着就想收回烟去。

黄之楚连忙说:不是这个意思,不是这个意思。

黄之楚将两包万宝路放进公文包,将八元钱整齐叠好,对折起来放进口袋,并试了试能否以最快的速度取出来。

刚才换钱买烟的不快还缠绕在他心头。特别是这鬼物价,乱七八糟。又想那靠漫天要价发达起来的暴发户,颇愤愤然。早春多阴雨,刚才还是灰蒙蒙的,这时突然出了太阳,自己身上的旧西装被照得不堪入目。他忽然感到自己很寒酸,难怪营业员都看不起。这种感觉似乎还是头一次。往常也时时发现自己的装束早已不合潮流了,但总以为自己还是一个革命干部,怎么能那么讲究?国家还不富裕,初级阶段嘛,还是朴素些好。我也那么赶时髦去,岂不成了二流子了?况且自己长得还对得起观众,所以一直自我感觉良好。今天不知为啥,竟有些自惭形秽起来了。

回到家,老婆还没回来,锅台冰凉。早饭不曾吃过,中饭又没着落,刚才又受了气,他气愤地往沙发上一顿。自己一个七尺汉子,怎么落到这步田地!想自己这也克制,那也谨慎,连烟酒都不想去沾,只想做个里里外外都讨人喜欢的人,到头来却是这样!他狠狠地拉开公文包,掏出烟来。抽!抽!抽!管他三七二十一!却怎么也找不到火柴。他在屋里急急地转了几圈,钻进厨房在蜂窝煤炉上点了烟。烟很冲,煤也呛人,弄得他眼泪直流。但还是拼命地抽,拼命地咳嗽。屋里立即烟雾弥漫。

这时老婆回来了。黄之楚顿时有点心虚,但还是壮着胆子躺在沙发上抽烟。老婆铁青着脸,瞪了他半天,骂道:哎呀呀,你还真的像个男子汉了,一本正经地抽烟了。你一个月有多少钱?能养活自己吗?平时不抽烟,今天怎么抽烟了?有心事啦?想那骚货啦?有胆量去呀。

是可忍,孰不可忍。黄之楚腾身飞过一巴掌去,老婆立即倒地,哭得脸盘子五彩斑斓。有人便在门口探头探脑地看热闹。黄之楚把门砰的一声带上,朝市府机关走去。

黄之楚整个下午都在想自己和老婆的事。想起老婆的许多好处和可

爱之处，觉得她只是心眼小些，其他哪样都好，很体贴人，家务事从不要他沾边，只想让他好好工作。巴望他有个出人头地的一天。哪知自己这么叫人失望。那两包万宝路真的不该买，十一块八角钱，可以买只鸡了。老婆常说头晕，不就是营养不良吗？可她总是舍不得吃，只知道死节约。其实给儿子买点什么吃的，也可以找散十块钱，照样可以说是别人给的，老婆怎么知道？当时却是聪明一世，糊涂一时，偏想着买烟。越想越觉得自己理亏，对不起老婆。于是找事请了个假，提前回到家。老婆不在家，哭过之后又上班去了。她单位旷工半天扣五天奖金，她怎么会不上班呢？

老婆领着孩子回来时，黄之楚已把饭菜做好了，端上了桌子。他先是没事似的逗逗儿子，调节一下气氛，再同老婆搭腔。老婆表情冷淡，并不作声，黄之楚只管笑，说算了算了，都是人民内部矛盾，你想出气就打我一巴掌。谁想打你！别脏了我的手！老婆回一句，忍不住笑了。晚餐气氛还马马虎虎。

吃过晚饭，收拾停当后，儿子睡了。黄之楚便看电视，肖琳坐在他身边打毛线衣。肖琳突然问：不是我多心，你同小曾这几天怎么有点那个？

什么那个？不就是打个招呼嘛！黄之楚一副无所谓的表情。

正在这时，有人敲门，敲得很响。黄之楚忙起身开门。进来的是隔壁那黑汉子，气呼呼地抖着一张纸：这是你们家谁写的吧？

黄之楚接过一看，天哪，汗毛都直了。正是肖琳早上写的关于真味的条子。肖琳见状心也麻了，只知看着自己的男人。黄之楚镇静一下自己，笑着说：你老兄看看，我两口子谁写得出这种条子？

这时曾薇进来了，连拉带骂把自己男人弄回家，边走边嚷：你这死东西，人家黄主任两口子怎么会呢？只知道乱猜乱叫。

曾薇送走男人，又赶回来道歉：你们别见怪，他就是直性子，人可是一个好人。不知谁这么缺德，写了那样的话。我儿子喜欢捡商标纸玩，捡回来让他看见了。一问，儿子说是在你们门口捡的。他就跑来问，我拦都拦不住。他就是头脑简单，不像黄主任，是有学问的人。

肖琳因曾薇无意间解了自己的围，有些感激，便劝慰了几句。曾薇也借机会表示了不平，说人心比什么都黑，人口比什么都毒，我们不就是多赚了几个钱，穿着时兴些，就有人嚼泡子呕血地乱讲！

曾薇走后，黄之楚轻轻警告老婆：以后别捕风捉影，小心那黑汉子揍扁你！

肖琳像侥幸躲过了大难，软软地瘫在沙发上。

黄之楚见她这样很可怜，不忍心再说她，便开玩笑：人家肖会计知书达理，怎么会写那下作的条子？

肖琳不好意思地笑了。上床睡觉时，肖琳问：你什么时候当主任啦？未必是秘密提拔？你可别在外面吹牛！

黄之楚道：谁吹牛？这些人以为在市府机关坐办公室的都是当官的，不是主任就是什么长。

不管怎样，有人叫主任，黄之楚心里还感到畅快。至少是个好兆头，也还说明这些人没有看轻他。肖琳虽然心头疑云不散，但看那曾薇也是个精细人，自己猜的事毕竟无根据，也稍稍宽下心来。黄之楚也很快就睡着了，一宿无话。

三

第二天晚饭后，黄之楚要去办公室加班。见曾薇正牵着狗出去玩，便打了招呼，夸这狗漂亮，然后按事先设计好的程序把八元钱还了。又正好与曾薇同路，便不得不与她一同走。他原来想从此以后再不搭理她的，但又觉得有点忘恩负义，况这女人也算明白事理，并不是那种市侩小人。至于穿着打扮，那是个人的生活方式问题。穿衣戴帽，各有所好，他似乎觉得自己有些观念也应更新了。于是一路上相互间也谈些无关紧要的话题，半是寒暄，半是奉承。

却不知肖琳打烂醋缸子。她在厨房洗碗时，隐约听见隔壁曾薇对她

男人讲,同小黄去玩一下。她连忙跑到客厅,正看见黄之楚在门外,给曾薇递了个东西,然后有说有笑地一同走了。肖琳禁不住眼泪汪汪,在心里骂道:这人面兽心的东西,难怪天天晚上加班!那骚货外出同野男人玩怎么还告诉自己男人?恐怕有什么阴谋?

黄之楚晚上十一点才回家。这时曾薇也刚回来,相互招呼了一声,那黑男人还在放录像,音量开得很大。黄之楚取出钥匙开门,怎么也开不了。拿钥匙就着路灯一照,并没有拿错。又继续开,还是开不了。便以为可能是锁有毛病了。于是敲门,喊琳琳。没有动静。再用力敲门,大声喊琳琳,还是不见响动。是不是串门去了,就在门口站着。这时,门突然开了,黑洞洞的屋里传来老婆的吼叫:怎么一个人回来,可以带到家里来呀!

黄之楚丈二和尚摸不着头脑。他开了灯,见肖琳眼皮红肿,像刚哭过,便诧异地问:今天又怎么啦?是不是神经有毛病?

我当然有毛病,没有毛病你怎么会到外面去玩女人!肖琳叫着。

黄之楚急得说不出话,半天才迸出一句:谁玩女人?你别血口喷人!

黄之楚知道隔壁录像声音大,听不见这吼声,也喊得雷霆万钧。

肖琳冷冷一笑,说:别以为世界上的人就你最聪明,做了事别人会不知道。你反正会写,写情书是小菜一碟,一天十封都写得出。谁知道你在单位是个什么形象,只怕是个色鬼!难怪提拔来提拔去都轮不上你。也有那种混账夫妇,还以为你了不起,两口子串通了来勾引你。

肖琳骂起来像放鞭炮,黄之楚一句也听不明白。他最先只想从她的骂话里听出误会在什么地方,哪知她越骂越离谱,竟骂到提拔不提拔的事上来,太伤他的自尊心了。他心想自己当个二十四级干部,还经常加班加点,连老婆都瞧不起,顿时火上心头,重重扇去一个耳光。肖琳颠了几步,倒了,恰又碰倒了开水瓶,砸得粉碎。开水烫得肖琳尖叫起来。黄之楚见出了事,连忙上去扶。

曾薇夫妇闻声过来了,问:怎么了,怎么了?

肖琳见来了人，也不便再骂，只管哭。

黄之楚掩饰道：我刚加班回来，她忙着给我做夜宵，不料碰倒开水瓶烫了手。

那黑汉子忙问，烫得重不重，重的话快去医院，不然就用鸡蛋清涂一下。黄之楚把肖琳扶到床上躺下，忙去找鸡蛋，找了半天没找着。那黑男人说声莫忙莫忙，跑到自己家取了两个鸡蛋来。

涂上蛋清后，曾薇说：黄主任，好好侍奉小肖，女人嘛，就是娇些。又对自己男人说：取包方便面来给黄主任消夜。自己就别弄了。

黄之楚连忙摇手，说：不麻烦，不麻烦，现在也没胃口了。

那黑男人却已三步并作两步取来了，说：别分心，都是邻居。

曾薇夫妇走后，黄之楚凑到老婆面前问：痛不痛？

肖琳扭一下身子，轻轻嚷道：我才不会娇！

黄之楚知道这话是对着曾薇来说的，就说：你别疑神疑鬼。

肖琳说：谁疑神疑鬼？不看见她多体贴你，生怕你累了，还送来夜宵。世上也有那种甘戴绿帽子的男人！

黄之楚压着喉咙叫道：你有没有个了断？按你的逻辑，那黑鬼给你取鸡蛋那么真心，你同他也那个？

肖琳立刻提高了嗓门：你有什么把柄？我可是看见你们了。你加个什么鬼班，明明看见你递封信给她还不承认？

这时，隔壁电视录像放完了，四周鸦雀无声。黄之楚夫妇不便再吵，背靠背睡下了。黄之楚满心不快，只想做个梦，梦见曾薇，却没有。

四

次日醒来，见老婆早已起床，正在准备午饭，猛然想起昨晚临睡时的念头，觉得对不起老婆，也对不起曾薇。于是庆幸：幸好没有梦见和曾薇做那种事。

今天是星期天，黄之楚休息，肖琳也轮休了。

黄之楚不想继续昨天的争吵，打算用这难得碰到一起的休息日缓和一下夫妻关系。

吃过早饭，黄之楚提出到公园玩玩，儿子也有几个星期天不曾到外面去玩了。肖琳却坐着不动，问：怎么？你想蒙混过关？昨天的事你不打算解释了？

黄之楚低声道：何必又来纠缠，让别人听见怎么好？说着，便用手指指隔壁。

肖琳说：放心，人家早摆摊子发财去了。听见了又怎么样？

无可奈何，黄之楚只好如实讲出借钱、工会发钱、买烟、还钱等事来。这本来可以了结的，谁料想却更加麻烦了。

你黄之楚心里没有鬼，何必同曾薇那么鬼鬼祟祟？她还亲口跟自己男人说，同小黄去玩玩，我可是看见了的。那市长夫人谁不知道，四十多岁的人了，穿得那么花哨，她还没有生过小孩哩！你同她用钱那么随便，还与不还都不在乎，谁知道你俩是什么关系？你黄之楚一个堂堂男子汉为什么同娘儿们一样存私房钱？你一不抽烟，二不喝酒，吃穿家里都是现成的，这私房钱用来做什么？既然是光明正大，又何必瞒着我？

十万个为什么问得黄之楚睁不开眼，红着脸，坐在沙发上喘粗气。

骂到最后，肖琳冷笑了，说：算你有本事，走投无路了，倒想牵着女人的裤带往上爬！

看来一切解释都无济于事了。若是别的误会还可以找人对证，偏偏又是这种事！

以后的许多日子里，两口子都不搭理，吃饭归吃饭，睡觉归睡觉。隔壁有响动时，肖琳就骂骚货，黄之楚就蒙着头。

日子就这么过也相安无事，只是晚上艰苦些。但黄之楚仍然不安。他担心肖琳那张嘴会在外面乱扇，那些没来由的事儿张扬出去，自己彻底完了。中国这鬼地方，你当干部的若是犯了别的错误还可以惩前毖后，治病救人，若说是男女关系，那便是道德品质败坏了。他想到这点便心惊肉跳，毛骨悚然，似乎自己真有那事了。便常留心同事们的脸色，特别注意市长的表情。

一天上班时，有人叫黄之楚到市长办公室去一下，又没说有什么事。市长单独召见黄之楚可是头一次，他的心一下子提到喉咙上了。莫非市长听到什么了？

黄之楚强作镇定，朝市长办公室走去。市长正在批阅文件，见他来了，满面春风地叫他坐下。市长从未这样热情地接待过他，这使他更加捉摸不透，更加紧张。

市长说道：我有件私事，请你帮个忙。明天是清明，小马想去给她父亲上坟，我要开常委会，去不了，再说我去也不便。烦你陪一下。本来司机可以陪，但要守车子。这社会治安真乱。

原来是这样！小马便是市长夫人。市长一直叫自己的夫人为小马，可见这市长对夫人何等宠爱！黄之楚想：万幸万幸，老婆的胡言乱语未曾传出去。

庆幸之后，似乎又觉得自己胆子太小了，不像个男子汉。于是恶恶地想：有那么回事又怎么样？谁让你自己不中用，一个儿子都弄不出！这时，市长望着小车从他身边经过，朝他招手致意。他又觉得不该生出这样的坏心思。市长也是个厚道人，为全市人民日夜操劳。

黄之楚想：市长怎么想到要我陪她夫人呢？一定是夫人点将了。他听说这市长因自己没有生育能力，在娇妻面前百依百顺。如今有他夫人看得起，恐怕也能沾些光。所以喜不自禁。

第二天一上班，黄之楚就叫了车子径直开到市长家门口。市长已去办公室，只有夫人在家。他落落大方地喊：马姐，我陪你一起去。

以后，马姐就成了黄之楚对市长夫人的称呼。

上车后，马姐问黄之楚：你贵姓？

黄之楚连忙回道：姓黄，叫我小黄吧。

怎么连我的姓都不知道？黄之楚想。

马姐很优雅地笑了笑，说：你可别在意。市府办的人多，我记性又不好，见了只觉面熟，知道不是市府办的也是市机关的。同志们看见我都打招呼，我也笑笑。有次我在街上买衣服差八元钱，见一个人面熟，就向他借了，至今记不起是谁。唉，我这鬼记性。我同老李讲了，老李狠狠批评了我，说弄不好别人还会说我贪小便宜。

黄之楚赔笑着，说：那谁会怪你呢？八元钱又不是个大事，反正人民币贬值得不像钱了。

他妈的，那八元钱几乎弄得我妻离子散了，黄之楚想。

之后，马姐的兴致全在早春的田园风光上，不多说话。

黄之楚想到昨天领命时的沾沾自喜，便感到像是受了羞辱，只怨自己太简单，太天真。转眼一想：市长为何单单叫他呢？只有两种可能，要么是乱点鸳鸯谱，要么是看到办公室只有他黄之楚无事可干，可有可无，正好来当这侍候夫人的差事。越想越觉得自己是天下最不幸的人。于是发誓要用一种公事公办的态度来对待这次任务，甚至在心里给市长上纲上线，说这纯粹是贵族老爷们的特权主义表现，还白白浪费了青年干部的一天生命。

小车到了不能再开的地方停下来，接着要走一段小路。司机征求黄之楚的意见，谁留下守小车。黄之楚似乎忘了刚才的愤愤然，立即声明：对汽车这玩意儿还是老兄你有感情，我想看看山野风光，领略一下清明民俗，还是陪马姐上山去。

这么决定后，黄之楚暗暗地骂自己没有骨头。

五

黄之楚同马姐混得很熟了。李市长成天忙忙碌碌，马姐又娇娇艳艳的，家里的许多事做不了，常常请市府办的同志帮忙。谁都乐意帮忙。以后便常叫黄之楚了。黄之楚给市长买煤、买米或做其他什么事时，都觉得自己活像旧官府的家奴，很可怜，可又总表演得自自然然，像朋友之间的相互关照，不像有些人显得那样猥猥琐琐，故作殷勤。这样，马姐也感到自在些，于是有事便叫：小黄，给我帮个忙。

有意无意之间，黄之楚每次帮马姐做了事，都要在办公室感叹一番，宣扬一番。说李市长这个官当得真辛苦，家里的事一点也管不了，可把马姐累坏了。我们办公室的同志也真该多替市长家帮帮忙，让他安心工作。他妈的就地方官难当，若是在部队，当个小连长，衣服都有人洗了。

黄之楚这看似泛泛的议论，其实也并不是无故而发。他既向同志们炫耀了自己同市长夫妇的关系，又为自己卖苦力找到了堂而皇之的理论依据，还平衡了同事们的心态。因为既然办公室的同志们都要多给市长帮忙，不是我黄之楚去也是你去呀！这样说来，他三天两头往市长家跑，倒是替全体同志分担责任了。

同志们也见怪不怪，只是羡慕他同市长夫妇相处得那么融洽。不过那位以前常在市长家做事的赵秘书多少有些嫉妒，但这又是说不出口的。黄之楚看出了这一点，只装作若无其事。

偏偏那市府办的向主任是个久历世事的人，他那近视眼镜厚厚的镜片后面的小眼珠不易让人看清，却时刻清楚地看着别人。他觉得市长似乎很赏识黄之楚，对黄之楚也关心起来，在办公室的几次会议上都表扬他，说一个青年人，一个知识分子，就应像黄之楚那样。有次还当着市长的面夸奖了他，李市长也说小黄不错。黄之楚十分激动，甚至有点想哭。他想感激涕零这个成语确实发明得好。于是有人私下议论：黄之楚要走运了。因为同志们通过认真总结经验，发现一条规律：向主任在向领导和组织部门提名之前，都要先在办公室造造舆论，宣传宣传，免得提拔起来大家感到突然。当然啦，重视舆论宣传本来就是党的工作法宝嘛。但同事们谁都不挑明了说，因为这毕竟是组织原则问题。在原则问题上，向主任从来是严肃的。不过黄之楚还是感觉出来了。所以精神更加抖擞，工作更

加出色。这又换来了向主任更多的表扬,有次李市长还亲自表扬了他。同事们对他更加刮目相看。那些平时很随便的哥们儿开玩笑也有些忌讳了。黄之楚自我感觉处于历史最佳状态,似乎已经是个准副主任了。

家庭生活却是另外一番景象。肖琳同他进行了一次近似心平气和的谈话:你现在真像个国民党军官的副官了,专门陪太太玩。我是想通了,丈夫丈夫,只管得一丈,管你是管不住的。离婚吗?又可怜柳儿。我自己命苦,认了。以后我俩就这么过,互不相干。

所以,家庭生活悄无声息地过着,像块电子表,一切都是先编了程序的,有条不紊,却死气沉沉。黄之楚在单位生龙活虎,春风得意,回到家就垂头丧气,如丧考妣。他觉得外面和家里是两个世界,自己也是两个人。

两口子睡在一起,感情上充其量也只是阶级兄弟了。夜里更加饥渴难熬。隔壁曾薇夫妇既不节制也无规律,黄之楚只好每天晚饭后就跑办公室去,以躲避那黄色录音,所以每晚都是深夜十二点以后回家,好在曾薇夫妇都在十二点以前入睡。领导都说黄之楚工作实在肯干,天天加班。他几乎成了机关干部的表率了。黄之楚虽然心里苦,意外地却获得这种好评价,也有了些安慰。肖琳却更加心冷了,心想,黄之楚天天约会,肯定不会只同一个女人鬼混,市长夫人和曾薇大约都是。这畜生!

六

这日子怎么过?黄之楚有时真想提出离婚。但那本来就不存在的离婚理由无论如何是不能抖出来的。就算离了,不翻出那事,别人也会说自己要发迹了,眼光高了,可见是个只可共患难,不能同安乐的人。这样的人哪能重用?提拔也就是泡影了。再想那肖琳也是无辜的,全部的错误只在于误会。

这误会何日才能真相大白?看这阵势,只怕这一辈子都将冤沉海底了。

黄之楚希望家里发生一件什么事,哪怕是自己被汽车撞了,老婆病了,或者是来了远方的朋友,都可以缓冲一下生活的节律。

终究没有发生什么事。一切如旧。

有次,黄之楚偶然听见曾薇对男人讲:我带小黄去玩一下。

黄之楚恍然大悟。原来曾薇一家称那只小黄狗为小黄,难怪老婆说听见曾薇说同小黄去玩。他觉得真有几分幽默,就以此为借口,向老婆解释。老婆只作不听见,依然不搭腔。

黄之楚心灰意冷,正儿八经地抽烟了。肖琳也不干涉。

今晚曾薇夫妇突然来访了。黑男人提着一个纸盒子。他们主动来访还是第一次。进门便是客嘛,肖琳也是最要面子的人,便做着场面上的应酬。

曾薇坐下就问:柳儿睡了?我们到深圳进货,带了两个玩具车回来,带遥控的,我儿子和柳儿各一部。又指着她男人,说:他呀,别看凶得像个雷公,就喜欢孩子。

那么讲礼,真是的。肖琳说。

是哩,太讲礼了。黄之楚附和着。

黑男人豪爽地笑笑,说:都是邻居,柳儿和我儿子又喜欢一起玩。

于是曾薇便讲了许多恭维奉承话,有讲肖琳的,多是讲黄之楚的。肖琳脸色便不自在起来,只有黄之楚察觉到。

黄之楚给黑男人递烟,黑男人道:黄主任原是不抽烟的,怎么也上了瘾?抽的话我还有几条云烟,拿条来抽。

黄之楚说别客气,留着自己抽吧。

曾薇把话题扯到这居房上来,说这房子太差了,又湿又脏,老鼠又多,住久了真会短命。说她两口子拼死拼活赚了些钱,想自己修栋房子,但手续太难办了,最后一关卡在建委了。

黄之楚这才知道曾薇夫妇的来意,便说,我明天去建委看看。

曾薇夫妇立即表示了感谢,再应酬了几句,起身回家。黄之楚夫妇硬

要把玩具车退了，曾薇夫妇怎么也不依，只好收下。

客人走后，肖琳嘀咕道：不见世面的东西，一部玩具车可以买得你变猴子钻，成得了什么气候。

黄之楚本想发作，但一想，这毕竟是老婆好久以来同他说的第一句话，只好缓和了语气，说：不能那么讲，不送这车也应帮忙嘛。

那当然啦，又不是别人。肖琳的语气有些怪。

黄之楚知道此话特有所指，只好装聋作哑。

第二天，黄之楚处理完几个文稿就往建委去。若是在以前，这个忙他是不敢慷慨承诺下来的，因考虑到自己缺乏分量，怕别人不买账，落得没趣。现在不同了，尽管尚未提拔，但早已风声在外，知道他即将提拔，又是市长的红人，怎会不给面子？于是他找了建委主任，主任吩咐了承办人，事情顺利办好。离开建委时，他觉得那主任同他握手时特别有力，似乎在传递一种无言的信息，使他有些飘飘然。

中午回家，就把办好的手续给了曾薇，曾薇千谢万谢，笑得很媚。黄之楚不由得想到她晚上的劲头，也笑了。

晚上曾薇夫妇又来道谢，带来两套衣服，一套全毛西装，给黄之楚的，一套全毛西服套裙，给肖琳的，还有一条云烟。黄之楚夫妇说不好不好，邻居间帮个忙还这样，太见外了。

曾薇说得极随便：没什么，就六百多块钱的事，我们坐火车逃几回票就包在里面了。

实在执拗不过，别人也是真心相送，便收下了。

黄之楚是真心不想收这东西的，他想还是干干净净地做人好。但还是收了。他另有一番用意。便对老婆说：那件事我解释也是白解释，但你也是有头脑的人。俗话说，商人重利，婊子爱钱，我和她真有那事，别人还会送这么贵重的东西给我们？只要给我个媚眼，只怕要跑得翻筋斗！

肖琳一想，似也有些道理，就问：那么你那位马姐呢？

黄之楚说：告诉你吧，市长已找我谈了，要提我当市府办副主任。我若睡了他老婆，还会提拔我？不整死我才怪哩！那种事又是瞒不住的。

肖琳听了这解释似乎都合乎逻辑，心也宽了许多。收下那将近半年工资的非分之财，尽管有些难为情，但毕竟心里畅快。又想自己的男人也许真的要熬出头了，也是大大的好事。于是她郁结多日的心开朗起来。黄之楚因老婆消除了疑虑，自然也高兴。二人和好如初。今晚不曾听见隔壁的动静，二人都有那意思，也就亲亲热热地做了。

之后肖琳睡着了，黄之楚依然亢奋。便想到今天第一次用权，还只是稍稍施加影响，事情就办得那么顺当，且得到重谢。权力这东西真好，他想。此念一出，又觉得自己心思不对劲，几乎有点堕落，就搜肠刮肚，想找一些先贤的警语来自勉。但已倦了，大脑木木的，一时竟找不出，就睡着了。

七

黄之楚早就嫌自己的衣服太寒碜了，就想试试曾薇送的那套西装。又总不好意思穿，似乎是偷来的。忽又想到曾薇说的逃票的事，便觉得这些生意人的钱反正是骗来的，他们骗的钱可以修房子，自己连件像样的衣服都买不起。他妈的，管他哩，就算收了他们的东西也是均贫富。肖琳也劝他穿上算了，不然到夏天了。恰好这天曾薇碰上黄之楚也问合不合身，他觉得也是个借口，马上应道，很合身，明天我穿上你看看。肖琳那套却舍不得穿，说过生日时再穿。

那西装面料精良，款式大方，做工考究，黄之楚感觉自己是个英国绅士，正走在伦敦大街上。他在家里的穿衣镜前仔细端详过，确实漂亮。只是背影未能好好欣赏，但他自信一定很伟岸。工作起来精力也格外充沛，为市长起草的几个讲话稿都得到了市长的嘉许。

肖琳恢复正常之后好像漂亮了许多，经常神采飞扬。她同曾薇相处得也如姊妹一样。黑男人常逗柳儿，柳儿叫他猪八戒也并不生气，只说柳

儿乖。黄之楚觉得人们其实是善良的,生活多美好!

市府机关却悄悄地传播着一条小道消息:李市长夫人怀孕了!

市府办也有人议论此事,表情都很神秘,很隐讳,几乎像地下党人讲暗语。只有赵秘书放肆些,讲得很露骨:他做了十几年的荒工,颗粒无收,谁知道这回是哪一位下的种?

赵秘书说这话的时候,眼光朝黄之楚闪了一下。黄之楚早知此人嫉妒自己,今天是借题发挥。黄之楚这时立即意识到自己已是快当副主任的人了,觉得有责任制止这种议论,便正色道:同志们注意点,不能随便议论领导,影响不好。若是五七年,不得了的。

马姐有了身孕,黄之楚也觉奇怪。他当然知道不干自己的事,但中国人就是喜欢搞冤假错案,自己同市长夫人过从甚密,前段同老婆肖琳的误会也有少数人知道,自己不成了重要嫌疑者?十分害怕,而马姐有事照样叫他,别人就用异样的眼光看,他很难堪。这样倒像自己真的有问题似的,非常心虚。

有天肖琳问:听说市长夫人的肚子被谁弄大了?

你怎么知道的?黄之楚问。

肖琳道:全市人民都知道了,这是头号马路新闻!

黄之楚十分惊愕,说:外面都是怎么传的?有些人真是吃多了尽放屁!

肖琳头一歪,问:你生什么气?干你什么事?莫非是你?

不像话!黄之楚提高了嗓门。

肖琳见黄之楚不理,也不争了,一个人生闷气。

黄之楚今晚怎么也睡不着。他越想越胆怯。那赵秘书心术最不正,肯定会到外面乱讲,肯定还会点到我黄之楚。这话传到市长耳里怎么得了?自己的副主任不就泡汤了?女人真是怪物,马姐平时看上去也只是打扮入时些,并不见得风流轻浮,怎么干出这种事呢?最怪的还是市长,这一段还是一如常态,叫老婆还是小马小马,亲热不过了,难道不知道自己戴了绿帽子?老婆的肚子大了竟视而不见?你当市长的大事不糊涂,这也不是小事呀!看来市长大人是难得糊涂了。于是,黄之楚又调动自己的全部智力开展了逻辑推理。第一,市长对娇妻爱不胜爱,不敢得罪;第二,相信老婆怀孕是石破天惊,功在自己;第三,即使不是自己的,也不追究,既保住了自己的体面和威信,又不让自己知道那不想知道的第三者,含混含混算了,免得徒增烦恼。

黄之楚仔细一想,觉得真的还合乎逻辑。并且来了个设身处地,想象自己处于这个位置,恐怕也会这么处理。这样,心里踏实了许多。倦了,长长地舒了一口气,想:这可以安安心心地睡了。又想:他妈的,本来就可以安心睡的,又不是你下的种!

第二天前往上班的路上,又进行了一次心理调适,为自己壮胆:君子坦荡荡,怕什么!

上班不久,有人叫:黄之楚,市长找你。

这一叫,黄之楚已筑好的心理堡垒又有些土崩瓦解了,只觉得双脚发软。为了掩饰,他不马上起身,慢条斯理地整理着抽屉的资料,说:就来,就来。

未进市长办公室的门,就听见市长哈哈大笑,像在跟别人谈笑。一进门,才知是市中医院的周院长。此公年老资深,名气很大,与市长交游甚好。市长介绍说:这是周院长;这是市府办的黄之楚同志,笔杆子。

坐下之后,市长说,市中医院研究的治疗男性不育的药,效果本来不错的,治愈率在百分之八十五,但那百分之十五的王八蛋却到处告状,告到《人民日报》,告到卫生部。弄得周院长他们头痛,医院的效益也差了。小黄你牵头组织力量调查一下,写篇有分量的文章,争取上省报,上《人民日报》,为中医院正正名,也可提高本市的知名度。市长拍拍自己的胸脯说,我就是一个例子嘛,同小马结婚十六年了从未有过。从去年起我吃了这种药,小马不是怀上了?

原来如此。

黄之楚领回任务，觉得很幽默，忍不住笑了。之后，又怨自己真他妈的胆小鬼。为什么越来越胆小呢？自己也说不清。

做了为期一周的调查，黄之楚开始动笔。他知道这文章的意义，除了市长讲的，还事关市长和马姐的名誉，甚至包括自己的名誉。所以调动了自己的全部才情，写得很认真。又好像在为自己写法律诉状。

半个月后，黄之楚的文章发表了。

市长说：好文笔。

肖琳鼻子里哼了一声，冷笑着说：此地无银三百两。

眼睛一眨，又过了几个月，黄之楚当市府办副主任的事还迟迟不见宣布，能否搬进机关大院、住两室一厅呢？前景不很明朗。

他们夫妇关系如何？外人也不甚了了。

平常日子

姚天明和妻子向吉月结婚十三年了，儿子姚涛也已十二岁。日子一直很平常地过着。天明是汽车发动机厂的工人，吉月在南天商厦当营业员。也没有老人在身边，就只是一家三口。天明厂里效益一年不如一年，今年发工资也困难了。但两口子还算是想得开的人，大不了日子紧过一点吧。那么多人领不到工资，人家要过，我们不照样要过？再说吉月那里工资虽然不多，到底还是月月有拿的。有时手头实在太紧了，两口子也叹几口气，或是发几句牢骚。这也并不影响一家人生活的平静。每天一早，吉月起床做饭，天明带儿子晨跑。吃了早饭，上班的上班去，上学的上学去。中午各自买盒饭吃。要到晚上，全家人在饭桌上才又重新会面。吃饭的时候，开了电视，让儿子看他喜欢的卡通片。饭吃完了，卡通片也完了，接着就是新闻联播。吉月就去关了电视。老百姓看什么新闻联播？儿子洗了脸，就去自己的小房做功课。吉月就满屋子收拾。她像是总有做不完的事。天明有些无聊，可能又会打开电视。可找不到好看的节目，就将遥控器按来按去。吉月见了，就说，别浪费电了，关了吧。

一会儿也就九点多了，吉月对男人说，你看涛涛作业完了不？睡觉了。天明一去，有时撞见涛涛在看闲书，就轻轻骂道，你又不专心了。下次再发现，我就告诉你妈妈。

多年的平静生活，最近却因儿子有了些变化。涛涛参加国际奥林匹克数学竞赛荣获了金牌，成了全市的新闻人物。李市长和主管教育的王副市长等领导同志亲切接见了姚天明一家。李市长还亲自为涛涛题了词：世上无神童，勤奋出天才。一再勉励涛涛要更加发愤，好好学习，长大成为祖国有用的人。还询问天明夫妇，有什么困难吗？有困难就尽管去找他。天明夫妇感激不尽，一时也没想到需要李市长解决什么困难。

那天晚饭后，一家三口都坐在电视机前等着看新闻。中央电视台的新闻之后才是本市的新闻节目。先报道了一个重要会议，接着就播李市长接见天明一家的新闻。天明夫妇屏息静气地看着，说不出是激动还是紧张，感觉心跳有些快。看完之后，两人都禁不住吐了一口气。两人又都不满意自己在电视里的形象，怎么像个乡巴佬似的？那么缩头缩脑的！我们涛涛还自然些，你看涛涛向李市长行队礼行得好标准！涛涛就一脸孩子气地笑。

新闻完了，一家人还沉浸在一种说不清的情绪里。天明说，当市长也真忙的。你看整个新闻节目，李市长都是主角，真是俗话说的，九处打锣，十处在场。

吉月笑话道，你连一句日理万机都不会说？幸好不要你跟领导当秘书。你看李市长好有风度！那头发，油光水亮的。

天明说，人就是怪。我们这平头百姓，要是成天头发亮光光的，别人不在背后说你不正经才怪。换了我们车间主任这样油头粉面的，别人也会说他当了个小小萝卜头，就人模人样了。到了马厂长这份上，勉强可以把头发收拾得讲究些了，但最好不要打摩丝，不然你厂子搞得不好，人家一定说就是你花花样子花掉了。可是李市长他们就不同了，他们如果不修边幅，别人又会说他们一点儿领导干部的风度都没有。想象不出他们蓬头垢面地出现在电视上是个什么效果？

吉月听了笑了起来，说你倒总结一套理论了。说话间发现儿子涛涛还坐在这里，张着耳朵听大人谈白话，就说，涛涛怎么也在这里傻听？快做作业去。天明接腔道,你要记住市长李爷爷的话,好好学习,刻苦学习,不要偷懒!涛涛只得去了自己的房间。

天明找了一家裱字店,将李市长的题词裱好。两口子反复琢磨,不知将这题词挂在哪里好。吉月说还是挂在涛涛房里吧,这是李市长专门为他写的,也好让他天天看着,更加努力。天明却坚持要挂在客厅。这可是李市长的题词啊,当然应挂在客厅,还要挂在正面墙上。不光涛涛要时刻记住李市长的教诲,我们做大人的也要记住。当然这是专门针对涛涛题的,但其中勤奋这个精髓对我俩同样重要。依我领会,李市长这八个字,其精神实质就在勤奋二字。吉月听着笑了起来,说,你这话我怎么越听越觉得像领导做报告?吉月这么一说,天明也笑了起来,说,是啊,像领导做报告吗?我这不是有意拿腔拿调啊。我想人要是说到严肃的事,可能都是这个味道。难怪大家都说领导讲话是打官腔,可能就因为领导们讲的大多都是严肃事情。

说了这么一阵子,还没有定下来是不是挂在客厅的正面墙上。因为那里已设了神龛。如今神龛也现代化了,通上电,成天都香火缭绕的。

见吉月不作声了,天明就问她,是不是将神龛撤了,挂李市长的题词?别相信你那一套,还是相信领导相信政府吧。

挂市长的题词的确也是个大事,吉月就说,你要撤就撤吧,嘴还是要干净些,不要乱讲。信则有,不信则无哩。

天明没想到吉月这么容易就同意撤了神龛。吉月这几年是越来越迷信,把烧香拜佛看得比孝顺老娘还重,那一套套的路数还学得很里手。他不信这个,但也不说吉月。这事反正劳不着他,都只是吉月独自磕头作揖。他只是有时感到奇怪:这吉月也是读过书的人,早些年见了睁眼的罗汉闭眼的菩萨还直恶心,现在却是顶礼膜拜了。世界就这么怪,很多小时候相信的事,长大了就不相信了;而很多小时候不相信的事,长大后反而不得不相信了。不过吉月今天的开通,说明她在大事上还是明白的,在领导和神明之间,毅然选择了领导。天明架起凳子取下了神龛,放到阳台的一角。再找来圈尺，在墙上左量右量，样子很认真。弄了半天，在墙的正中间钉了一颗钉子，再把那题词挂上去。挂好之后，又要吉月在下面仔细看看，是不是挂正了。

天明站在客厅中央，望着题词，久久回不过眼来。吉月说，挂好了就好了，老站在那里干什么？天明啧啧道，李市长硬是个才子，这笔字，多漂亮！

吉月听男人这么一说，也过来认真看了一会儿。男人这点眼力，她还是相信的。当初她同天明谈恋爱，就看着他有些才气，歌也唱得，琴也弹得，还写得一手好字。那时就没想过他只是一个普通工人。结婚以后，一切都真实了。天明的那些小聪明当不得油，也当不得盐，只不过为他们花前月下的日子增添过一些浪漫色彩而已。吉月在结婚不久的一段日子，心里似有淡淡的失意。日子一久，也就不在意了。到底还认为天明这人不蠢。

吉月问，裱这字花多少钱？

天明说，花了八十元。人家说，按他们的标准要收一百二十元，见是李市长的字，优惠一点。

八十？还是优惠？吉月心里有些不舍，却又不好怎么说。天明看出吉月的心思，也只作不知道。

吉月忙别的事去了，天明就走到门外，装作从外面回来的样子。一到门口，就看见李市长的题词，赫然悬挂在那里。心里就很得意。

这天吃了晚饭，全家又在看新闻。现在他们三口人每天都看新闻。到底想看到什么，谁也不说。但只要李市长一露面，一家人都会感到格外亲切。李市长的名字也时常挂在一家人的嘴上。吉月很细心，看了一段时间新闻，连李市长有几套西装也数得清清楚楚的了。吉月的家务活也等看完了新闻再去做。涛涛也习惯看了新闻再去做功课。爸爸妈妈也不催他。爸爸还会时不时就新闻中讲的一些事情问问涛涛。涛涛人是聪明，但毕竟太小，有些国家大事他不清楚，父亲就教给孩子。涛涛听得似懂非懂，懵里懵懂啊啊点头。

涛涛进去之后，天明很郑重地告诉吉月，马厂长同他说了，想调他到工会去当干事，征求他的意见。

吉月问，你怎么同厂长说的？

天明说，我说很感谢马厂长。但没有思想准备，也不知干得好干不好，还是让我考虑一下。

吉月想了想，说，去工会，虽说只是个干事，到底也是以工代干，人也体面些。我说你还是去。说不定到时候有机会转个干呢？

天明说，我也想去，工会轻松些。转不转干，就那么回事。其实天明怎么不想转干？只是不想表现得这么急切。

吉月又说，平时听你说，你们马厂长对你不怎么样，怎么一下子关心起你来了？

天明轻声道，还不是托儿子的福？说着便回头望望儿子的房门，像是生怕儿子听见。天明的确不想让儿子这么小就看出父母沾了他的光，这样既显得大人没面子，又不利于儿子成长。天明回过头来，又说，说真的，我原来一直以为马厂长不认识我的。我平时同他打招呼，他都不怎么搭理。他在厂里不论走到哪里，都是昂着头，眼睛不太望人的。我想这厂里千多人，我们自己也认不全，怎么能要求人家马厂长人人都认得呢？所以有时自己热脸碰冷脸，也还算想得通。没想到他原来是认得我的。今天早上去上班，他一见我就很热情地招呼我过去他办公室。

吉月说，也是的，我们那个刘经理，平时也不太理人的，现在好像对我也不同了。

天明笑笑，说，是吗？真有意思。不过你们那刘经理，可是现在红得发紫的女强人，人家有资本摆摆格。

吉月说，你还别说什么女强人哩。去年她评上劳模，报纸上大肆宣传她，口口声声称她是女强人，把她气死了。她最不喜欢人家说她是女强人。她喜欢人家讲她温柔。别看她快四十岁的人了，人家在场面上还扭屁股翘嘴巴哩。

天明一听，就说了吉月，不要像别人那样乱说人家，人家到底是你的领导哩！不过天明说是这么说，自己也相信那女人就是那样的人，他听过她的不少坏话，说她同谁又怎么样，同谁又怎么样，都说得有鼻子有眼的。有人就说她跟李市长有两手。原先天明两口子在外听了类似的传言，回家偶尔也说说。但现在他俩谁也不提这话题了。

可吉月像是同刘经理有意见似的，又说，就论资本，她的资本总比不过李市长吧。人家李市长一个堂堂市长，在我们面前也不显得有架子，那么平易近人。说话间，吉月的脸上就洋溢着幸福的神色。天明也感慨起来，抬头望着墙上李市长的题词，说，说来说去，现在有人看得起我们，到底还是搭帮李市长。吉月也说是的是的。两人便又说起了李市长。说是这位领导不论走到哪里，都显得那么有风度，有魄力，有水平，又是那么和气。真是一位难得的好领导啊！

天明还没有去工会，消息在车间早传开了。天明去上班，大家围着他，硬说他当官了，要他请客。真叫他不知怎么办才好。不请吗？人家说你得了好处，忘了兄弟。请吗？这又不是个什么大事，就只是去工会当个干事，说不定哪天厂长叫你回车间你就回车间了。为这事兴冲冲地请客，不是落得人家背后说你吗？还是车间主任老王替他解了围，说，别为难天明了。他一个月有几个钱？你们这伙山吃海嚼的家伙，谁又请得起？我做主了，我们车间明天中午会个餐，算是欢送天明。有人玩笑道，老王就开始巴结天明了。老王说，我是代表大家巴结他哩。我们车间的福利，还要靠天明日后多关照哩，我们大家的主人翁地位，还靠天明给我们维护哩。玩笑间，事情就这么定了。

天明回到家里，正好吉月买菜回来，嚷着物价涨得不像话了，只怕过一段我们吃白菜都吃不起了。天明就说，政府正准备采取措施哩。昨天晚上，李市长不是专门讲了物价问题了吗？吉月还是有气，就说，政府还是急的，只是那些小贩，谁听政府的？要是人人都按李市长说的去做，天下就太平了。天明本想讲讲车间说请客的事,见吉月心情不太好,就暂时忍住不说了。

吃了晚饭,看完新闻,吉月就叫儿子,涛涛怎么还不去做作业?

涛涛说,明天是星期六。原来星期五晚上涛涛不做功课,爸爸妈妈准他看看电视。

吉月叹了一声,说,日子过得真快,一眨眼又是一个星期了。

天明却是另外一番感慨,说,人的日子过得快,要么就是太忙,要么就是好过。

吉月就望着天明,问,你是忙呢? 还是好过呢?

天明笑笑说,说,我忙什么?在家有你这好老婆,在厂里就那么回事。

吉月就说,那么你就是日子好过了?

天明把头极舒服地靠在沙发上,目光就自然而然地投在李市长的题词上了,说,最近我还真的感到日子好过些了。家里尽是喜事,儿子为我们家争了光,李市长又接见了我们,我们俩在单位也人模人样了。我成天走起路来脚步都轻松些。

一说起这事,吉月心情一下子就好了起来,却不说什么,只摸摸儿子的头顶,说,涛涛要更加听话,记住李爷爷的话,好好学习。涛涛很懂事地点了头。

今晚的电视节目也不错,一家三口看得乐陶陶的。

临睡前,涛涛说,几个同学明天邀了去郊游。吉月一听,不让儿子去。休息日也不能全顾玩呀? 你忘了李爷爷的话了?

涛涛分辩道,也要适当活动一下嘛,不能一天到晚蹲在家里死读书。

吉月生气了,说,你就是这个毛病,总以为自己脑瓜子好用,学习不认真,只顾贪玩。这几天大家心情好,我不说你,你就不认得自己了。你看看李爷爷写的,世上无神童,勤奋出天才。你以为你就是神童了? 你要是还这么自满,不勤奋学习,迟早要成蠢材的!

涛涛很委屈,噘着嘴巴去房间睡去了。

天明刚才一直不说话，吉月就怪他，说，你好歹不讲涛涛，就是我一个的儿子？你看他这脾气！其实天明以为儿子休息日出去玩玩也没什么不好，原先他两口儿还专门带儿子出去玩哩。他不想在儿子面前说吉月的不是，就只好不说话算了。这会儿想说，吉月又在生气，他也不好说了。

睡在床上，天明想起同事讲的请客的事，一时不知怎么提起。扯了别的一些话题，才说及这事。吉月说，既然老王说他们请，就他们请吧。

天明说，请是他们请，但我没有任何表示也过意不去。

吉月说，我不是说你不可以请，问题是你请得起吗？你们车间可是八十多号人啦！

天明想了想，说，我当然请不起。但兄弟们在一起快二十年了，多少有些感情。大家这么热热闹闹地欢送我，我总觉得不好太不够朋友了。我想是不是买几条烟，等车间欢送我的时候，我给大家每人发一包，算是答谢。你说呢？

吉月算了算账，说，就是买一般档次的烟，也要花四五百元。这是我们一个月的工资啊。

天明不作声。四五百元还是吉月的工资，他自己一个月还拿不到这么多钱。不是说经济地位决定政治地位吗？自己钱少，就不便多说。吉月见天明这样子好为难，就说，好吧。俗话说的，借钱买米，留客吃饭，要紧就紧我们自己吧。

工会办公室只是一间大房子，摆了七八张办公桌。天明去工会报到，马厂长和工会吴主席一起，很客气地找他谈了话。马厂长说，我同吴主席商量，考虑你能弹能唱，政治上又可靠，就调你来工会，主要负责职工文化生活。天明一再表示感谢厂领导的关心，但心里清楚，他定是沾了李市长的光。

上班几天，没有什么具体任务。吴主席说，先看看一些文件资料，熟悉熟悉政策和有关情况。工会工作，政策性强，事关职工切身利益，很重要啊。天明便天天看文件，看报纸。可坐一会儿就想瞌睡。他就在心里笑自己命中注定是个贱人，天生是在车间里使牛劲流大汗的。看同事们都在悠闲地喝茶看报，就想自己怎么不也拿个茶杯来呢?原来在车间，他上班从来没有喝茶。总是下班回家才咕噜咕噜喝一大缸，像是驴饮。今天早晨来的时候，也想起要带一个茶杯来，又总觉得不该这么太像回事，就没有带了。这会儿想，如果有一杯滚烫的浓茶在手，就不会打瞌睡了。没有办法，就老是去厕所。为的是走动走动，消除疲劳。

坐机关的成天看报谁也没有这个本事，总得扯扯谈谈。天明新来，大家不免要夸他的儿子涛涛，自然也就说到李市长。话题一到李市长身上，说话的多是天明，那样子很神往。同事们听着也满心羡慕。

马厂长的办公室同工会办公室隔壁，他有时也过来坐坐。这天，同事们不知怎么又说到李市长了。天明到工会上班有一段日子了，早习惯端着一个紫砂芯的磁化杯慢慢悠悠地喝茶了。天明喝了一口滚开的浓茶，深深地吐着气，像是陶醉茶的清香，又像是在感慨什么，说，李市长，你们同他多打几次交道就知道了，对人很随便的。天明没有用平易近人这个词，一来觉得这么说太官方味了，二为这么说也没有说随便来得亲近。

大家正谈论着李市长，马厂长过来了。大家忙起身给马厂长让座。马厂长坐下，笑道，大家又在谈论国家大事?说着就把脸转向天明，问，李市长很好打交道是吗?天明笑道，是的是的，很随便的。马厂长像是见过很多领导的人，感慨道，是啊！越是大领导，越是没有架子。

马厂长坐了一会儿，起身去了自己办公室。上班时间，他一般不同大家闲坐太久。马厂长一走，大家立即意识到要正经办一会儿公了。于是大家又开始认认真真地看报。天明斯斯文文地喝着茶翻到报纸的末版。他一个做工的，越是重要新闻越是看了打瞌睡。所以他看报总是从末版开始，头版都只是瞄几眼就过了。他正准备另外拿一张报纸看，听见吴主席说，李市长还是很廉洁的哩。天明知道这是在同自己说话，就抬头望着吴主席，答道，是的是的，很廉洁的。吴主席显得很有兴趣，又问了天明许多李市长的事，看样子把天明当作同李市长过从甚密的人了。他问的有些

事情叫人不好回答，但天明像是要护住自己的面子，尽量敷衍得圆滑些。吴主席五十多岁的人了，一辈子在工厂当领导，也算是在工厂搞政治的，只要说到政治人物，他的脸色就亮得特别不同。但毕竟又未曾干过真正的政治，便总是带着几分神往侧着耳朵听别人谈论当地政坛。

这天晚上，吉月避着涛涛对天明说，我在单位听到小张讲李市长的不是，说他又贪又色。小张同我关系不太好，见我在那里，专门大声讲这事，像是有意讲给我听的。

天明问，她讲到具体细节吗？

吉月说，那倒没有。贪不贪谁讲得清楚？除非抓了。倒是她讲他好色，大家听她那口气，都知道是怎么回事了。这小张是个怪人，同谁都搞不好关系，跟刘经理也像是仇人似的。大家知道她是对刘经理含沙射影，就不好附和，任她一个人讲。

天明交代吉月，不要同人家一起说三道四。别人讲是别人的事，我们可不能讲李市长。不是我说得怎么，人家李市长到了这份儿上，就是有个情人，又怎么样？只要他真心真意为老百姓办事，我没意见！人是有个层次，不同层次的人得有不同的标准去看。比方说，张学良同赵四小姐的事，要是发生在我们老百姓身上，说轻一点也是陈世美，说重一点就是道德品质败坏了。可人家是张学良，他俩的事就成了流传千古的爱情佳话了，还同爱国主义联在一起哩。

吉月却笑着问天明，这是你的理论？你有朝一日发达了，不是也要养个人？

天明也笑了，说，又叫你抓了把柄了。你相信我会吗？

吉月说，反正你们男人，就是富贵不得。

天明回道，不是我自暴自弃，我这一辈子也富贵不到哪里去。

说话间，电视上推出了特别新闻，播放李市长在全市廉政建设工作会议上的讲话。李市长表情严肃，一会儿语重心长，苦口婆心，一会儿情绪激昂，慷慨陈词。讲到某些领导干部的腐败问题时，李市长气愤地拍了桌子，惊得桌上的茶杯盖子都跳了起来。天明夫妇受到了感染，觉得特别痛快。天明说，你看，李市长对腐败问题是深恶痛绝。我就是不相信人家说的鬼话，这也是老话说的，谤随名高。

吉月说，也是，人一出众，只好随人说了。

次日天明上班，在办公室看报纸，见市里日报的头版赫然登着李市长怒斥腐败的新闻。天明便浏览了一下，心想现在新闻手段倒真快。

吴主席像是也看到了这条新闻，说，你昨天看了李市长那个讲话了吗？

天明忙抬头望着吴主席，回道，看了看了。李市长讲得很激动，可见市政府抓廉政建设的决心是大的。

两人便感叹一会儿，说是上面对廉政建设还是非常重视的，就是下面的人搞乱了，中央是三令五申啊！

一会儿发工资了。工资是以科室为单位统一去财会室领的。工会的工资都是老熊领来，各自再到老熊那里去签字。天明这是头一次在工会领工资，一边看了工资表一边签了字，发现工资倒比在车间少了差不多五十元。工资本来就不多，这会儿又少了这么些，心中难免不是滋味。可又不好说什么。老熊却随口问道，听说李市长是天明的亲戚？

天明不想老熊竟问起这话，几乎有些口吃，忙说，不不不，哪里哪里……

老熊微微笑道，你别谦虚嘛！大家便都望着天明，各是各的心思。天明觉得鼻子上直冒汗。心想老熊这人真是的，还叫我别谦虚，好像如果是李市长的亲戚，就是什么了不起的事了。天明这会儿不知说什么好，就信口说道，到工会来，工资倒少了几十块了。

正说着，马厂长进来了，说，同一线工人比，我们是要少拿些。说着就叫天明到他办公室去一下。

天明不知何事，木头木脑跟了去。马厂长很客气地叫天明坐，天明便

坐下了。马厂长也不说有什么事,只是漫无边际地扯着厂里的困难,说最大的困难是资金困难。银行又是嫌贫爱富的,我们是个亏损大户,就贷不到款,除非有领导指示。市里领导又忙,我们总是碰不上。天明你同李市长关系不错,能不能找一找李市长?

天明万万没有想到马厂长为这事找他,心里很为难。他想也许马厂长也以为他同李市长是亲戚了。但不想失自己的面子,就说,私人关系是私人关系,这公对公的事,我只怕不太好去找他吧。我不是厂里的领导,名不正言不顺的。天明说到这里,又怕马厂长误会他是伸手要官,就说,我可以先试探一下。

马厂长就说,好好,你先试试。要是贷到款,你就是大功臣了,全厂员工都会感谢你哩。马厂长说完就递给天明一个请求贷款的报告,让他带在身上,随机应变。

天明回家,同吉月说起这事。吉月说,也怪,他自己是厂长,就不可以去找找李市长?难道他也相信李市长是我们的亲戚?

天明说,他没明问,但我想他也许也相信这事,要不就不会叫我去了。我想了,一定是他在李市长那里没面子。亏损企业的领导,市长们肯定不感兴趣的。

吉月说,你说先试试,怎么试?

天明说,我这只是一时的推脱话,真的就要去找李市长?

吉月却说,话不是这么说的,人家马厂长是三岁小孩?你在厂里也不是一天两天的事,怎么可能搪塞过去?

天明感到为难了,说,你的意思,我还是要去找找李市长?这个事情……

吉月说,李市长不是说过,我们有事就去找他吗?

天明抬头望着李市长的题词,心里拿不定主意。自从受到李市长的接见以来,总是感到李市长是多么平易近人。可如今真的有事要去找人家,感觉又有些不同了。墙上那平日里让他备觉亲切和温暖的几个大字,现在似乎也透着威严。天明半天才说,就这么去找他,合适吗?两人便反复商量该不该去找,怎么去找。吉月说,我说还是去找找。有没有结果,都不去管它。退一万步讲,你一个人民政府的市长,人民当然要找你是不是?

天明还是觉得没把握,琢磨道,要是人家见都不见怎么办?

这有什么?吉月显得无所谓,说,要是不见,大不了不去见他就是了。再说这是为工厂,也不是失你自己的面子。

事情本来这么商量好了,等到天明把今天发的工资一交,吉月改变了主意。她说,我说天明,这么一点点工资,我们怎么过?这些年家里还算平安,假如家里有什么大事,手头没有钱,不是走投无路?

天明显得有些无奈,问,你说怎么办?

吉月说,李市长不是说,让我们有困难就找他吗? 我说,反正你要去找他,干脆找他关心一下我们的生活,给你调一个好一点的单位。

天明听了马上摇头,说,这怎么开口? 不行不行!

吉月说,现在有门路的谁不在走门路?只要卖一回脸皮,说不定就换来一生的自在,有什么不行的? 吉月便反复劝天明脑瓜子开窍些。

天明拗不过吉月,就勉强答应了。当晚就起草了一个请求调动工作的报告。心里就把贷款的事放在一边了。

次日,天明先到办公室,同马厂长和吴主席打了一个招呼,就去了市政府。他晚上就想好了,先找李市长的秘书小伍。小伍给他的印象很客气。

他从来没有来过市政府,不免有些紧张。就在心里镇定自己。这是人民政府,是人民群众该来的地方,紧张什么? 在一楼大厅,他看见了墙上悬挂着办公楼示意图。仔细一看,见市政府办设在二楼。他屏静了一下自己的呼吸,向二楼爬去。本想问问小伍在哪间办公室的,可见各间办公室门都开着,就自己一间一间找过去。正找着,一个年轻干部迎面走来,正是小伍。天明便笑着点头。但小伍像是不认识他,同他擦肩而过,去了厕所。天明不好意思回头,就径直往前走,从另一头楼梯下了楼。

天明没有勇气再上楼了,就往回走。走出办公大楼,感觉大脑木木

的,像是吃错了什么药。直到上了公共汽车,被那些极不友好的劳苦大众一挤,才稍稍清醒些。想自己真的没用,人民群众上人民政府有什么怕的? 这么灰溜溜地就出来了。

回到单位,他先去了马厂长那里,说,李市长下基层了。

马厂长说,是啊,市长不好当啊,太忙了。不急,你注意盯着吧。

晚上回家里,天明同吉月不好说真话,只说李市长不在办公室,下基层去了。涛涛对看新闻渐渐失去了兴趣,看完了卡通片就去了自己的小房。吉月这才说,李市长同我们刘经理的关系只怕是不一般。

天明觉得吉月这话古怪,就问,你又有什么新的发现?

吉月说,听你这话,像是我很多事样的。我能有什么发现? 我是听我们单位同事说的。老宋你记得吗?就是那个胖胖的男子,外地口音。他说昨天他在名人俱乐部玩,看见李市长带着刘经理,那样子就是不一般。

天明就问,你们那位老宋口袋里有几个钱?去得起名人俱乐部?那里是会员制,听说消费贵得吓人。

吉月说,老宋是去不起。他有一个堂兄,在老家是做大生意的,这回来了,请他到里面开了下洋荤。不巧就看见李市长和刘经理了。老宋眼尖,远远见了刘经理,马上避开了。

天明说,也不见得就有什么事。他们都是在场面上走的人,在一起就有事了?天明嘴上这么说,心里却想,就算刘经理是李市长的情妇也没什么大不了的。中国历史上留下名的女人,不就是几个名妓? 什么苏小小呀,李香君呀,小凤仙呀。他不说出来,是不想让吉月也懂得这个道理。倒不是担心吉月怎么样,他了解自己的女人。

两人说着,中央台的新闻完了,接着就是本市新闻,头一条重要新闻就是李市长看望困难职工。李市长今天没有穿西装,而是穿了一件夹克衫,显得很朴素。李市长深入到几户困难职工家里,问寒问暖。一户职工老少六口挤在一间不足十五平方米的小房里,全家月生活费只有三百多元。李市长心情十分沉重,恳切地表示自己这个市长没有当好,当场拿出自己刚发的八百多元工资放在他们手里。这一家人感动得声泪俱下，要下跪叩谢。李市长连忙扶起他们。看到这里，吉月忍不住流下了眼泪。

次日两口子要出门的时候，吉月说，还是不要去为自己的事找李市长了，比起那些特别困难的人，我们还是好的。你要找就为厂里的事找找李市长吧。

好些日子，天明都对人说去找李市长，其实都没有去。吉月妈妈生病住了医院，他每天都去医院看一下才回到办公室，再编些话来敷衍一下。

这天下班回家，吉月神秘兮兮地告诉天明，好几天都没有见刘经理来上班，听说是被隔离审查了。天明觉得不可信。说不定人家出差去了呢？不要信谣传谣。天明心想，都说刘经理同李市长有些那个，今天看看新闻，看李市长是不是还露面。

吃了晚饭，坐下来看新闻。李市长照样在新闻节目中出现了，神采奕奕的，天明和吉月像是各自有各自的心思，谁也没提起李市长怎么的。只是像是终于放了心，起身交代涛涛好好在家做作业，两人去了医院看吉月妈妈。

这天，天明照样去上班，他又准备同人说去找找李市长试试，却感觉同事们的表情有些异样。他也是有心眼的人，就坐下来老老实实办公了。今天气氛好像不对，大家不怎么说话。他去了厕所回来，就见大家正说着什么。他一进办公室，大家就不说了。他只当这些天自己总是往医院跑，有谁知道了。他当然不好问什么，就没事似的看报纸。无意间发现今天报纸上没有李市长的任何消息。再翻翻前几天的报纸，才发现好几天报纸上都没有李市长的名字。这几天岳母的病有些加重了，他和吉月一下班就往医院去，没有看新闻。

下了班，天明径直去了医院。他先去医生值班室，想问问岳母的病情。几个医生却在兴致勃勃地议论什么。一听，天明脸上轰地发起烧来。原来是说李市长被抓起来了。

天明退了回来，不想问岳母的病情了。他静静地坐在岳母病床边。岳

母这会儿正睡着了。他想自己真是奇怪，又不是说你怎么了，脸烧什么？可又觉得李市长真同自己有什么关系似的。过一会儿，吉月来了，天明见吉月的脸色不太好，就问她怎么了？吉月说没什么。

服侍老人家吃了晚饭，洗漱完了，吉月的弟弟和弟媳来接班，天明夫妇就回去了。

公共车上，吉月说，你听说了吗？

天明一听就明白了，说，听说了，会不会是谣言？

是谣言就好了。吉月像是很难过。

两人不再说话，一声不响地回家了。

一连几天，天明夫妇都不太愉快。涛涛机灵，见大人不怎么说话，就以为大人闹了口角，他也就规矩了许多。

两人好久没说到李市长怎么的了，这天天明忍不住又说了起来。他说，吉月，现在听到的都还只是“路边社”消息，又没有权威的官方消息，说不定是谣言哩。

是谣言，怎么不见李市长露面？是谣言，这么满城风雨的怎么没有人出面辟谣？

天明说，你讲得也有道理。但是，人家要是上中央党校学习去了呢？议论这事的都是下面的老百姓，他们怎么知道上面领导的安排？说不定，他们议论来议论去，人家哪天从中央党校一回来，又官升一级了哩。

吉月说，这当然巴不得。

这回，天明像是一下子觉悟了，说，其实，他李市长怎么样，跟我们又有什么关系呢？我们用不着为人家去喜怒哀乐。

吉月却不这么看，说，你这么说就不仁义了，人家李市长对我们还不好？

以后的日子，天明夫妇尽量回避说起李市长，却都在心里指望这位领导平安无事。而外面的传闻却是沸沸扬扬，越来越像真的。有一天涛涛却突然问起，怎么好久不见李爷爷在电视里出现了？原来他偶尔也看看新闻。天明就说，怎么不看见？我昨天还看见他在电视里说话哩。你还是好好学习，大人的事，你不用管。其实天明夫妇早不看新闻了。

终于有一天，电视里播出了爆炸新闻：李市长、刘经理等一批经济犯罪分子受到了审判。往日的李市长头发乱蓬蓬的，头却直挺挺地昂着，尽量保持一种风度。刚听了几句，吉月朝天明使了个眼色，天明就关了电视。他们生怕里面做作业的儿子听到这条新闻。

关了电视，两人半天不说话。天明猛然记起自己原先说过，不知李市长蓬头垢面地出现在电视上，会是什么效果？不想今天真的就见到这场景了。

两人没看完电视，就不知李市长到底犯了多大的罪。但这事情是千真万确的。第二天清早，两人都觉得不太好出门，像是自己家什么人做出了丑事。

当天晚上，天明说，这幅字还是挂到涛涛的房里去吧。吉月不说什么，天明就把它取了下来，将这字放在涛涛房里挂好，天明又交代儿子，要记住这勤奋二字，好好学习。涛涛点头称是。

吉月轻声对天明说，这事还不能让涛涛知道，他太小了，大人的事，对他说不清楚。

是啊，这是涛涛碰上的最大的事。要是让他知道了，还真想不通，会以为大家愚弄了他哩。以后要是涛涛问起，就说他李爷爷调到外地去了。天明说。

吉月不作声，天明又说，我想还是回车间算了。做工的生就是做工的，懒得天天在办公室打瞌睡。过了好一会儿，吉月才说，我们是老百姓，还是老老实实过自己的平常日子吧。

客厅正面那堵墙便显得空落落的了，总像缺了些什么。这天休息，吉月又将阳台角落里的神龛掸去灰尘，很虔诚地安放在原来的位置上。然后点上三支高香，双手合十，缓缓跪下。

天气不好

小刘是县长的右手，但不是左臂右膀的右手。只有几位副县长才有资格被叫作县长的左臂右膀，小刘只是一般干部。这地方老百姓在一旁叫领导为舞左手的，那么当兵的自然就是动右手的了。小刘是政府办写材料的，县长大会小会上的同志们加冒号多出自他的手，小刘就是名副其实的右手了。尽管小刘起草的稿子还需政府办向主任把关才算数，但谁都知道这几年李县长真正的右手是小刘。替县长捉刀本是件值得荣耀的事，可右手毕竟只是当兵儿的，所以听别人说他是李县长的右手，他心里的味道也说不清楚。

李县长对小刘好像也还满意，但李县长马上要调到别的县任县委书记去了。今天，政府办向主任同几位副主任设宴为李县长送行。小刘给李县长写了几年报告，劳苦功高，也被破格邀请了，这是一种殊荣。气氛自然热烈，大家轮番给李县长敬酒。李县长海量，有敬必喝。况且今天又是什么日子？大家共事几年，不容易啊。李县长不论接受谁的敬酒，都要说几句热乎话，算是对下级的临别寄语。敬酒也有个次序，向主任打头，接着是几位副主任，小刘当然到最后才有资格敬酒。李县长客气了几句，说，小刘工作态度认真，文字仍须提高。这话听起来像中山先生遗嘱：革命尚未成功，同志仍须努力。领导同志肯定一个下级，不能讲过头话，那样不利于同志进步，对下级文字功夫的评价更要留有余地。文章这玩意儿本来就难有一个标准，天下没有一个天才的语文教师敢斗胆给学生的作文打满分。领导同志更应注意，若是讲下级的文章很不错，那他自己就不行了。领导哪有不行的呢？不行还要管你？小刘想想这些道理，便觉得李县长对自己的评价是不错的，心里也就高兴。一高兴，就多喝了几杯酒。晚上回家，妻子小文见他红光满面，问他有什么好事这么高兴，小刘很满足地靠在沙发上，双手摊开，自得地敲着沙发靠背，半晌才慢悠悠地说，李县长说话很贴心，对我的评价不错哩。便把李县长在酒席上说的原话告诉了小文。小文听了却风凉起来，说，你就受宠若惊了？他讲你不错，这几年给你提过一级半级没有？你没日没夜地为他爬格子，最后就得这么一句话，就这句话都还是一分为二，功过各半。他一拍屁股走了，你再激动也是枉自多情！

小文这些话听起来也很有道理，就是太伤小刘面子了。夫妻间有时是无道理可言的，小刘明知不该发火也不管三七二十一乱嚷了一通。小刘一嚷，小文就笑，说，好了好了，大人息怒。你为人民忙碌了一天，很辛苦的，我侍候你洗澡休息吧。你为人民服务，我也是人民的一员啊，现在我就来为你服务吧。小刘轻轻拧了小文的脸蛋儿，说，就奈何不了你这张嘴！说着，便满怀了爱意，伸手揽过小文就要亲热。小文嘴巴努向里屋，就挣脱了。保姆红妹子正在里屋哄儿子刚儿睡觉。

小文清了衣服出来，附在男人耳边说，我也洗个澡算了，我俩一起洗。小刘听了就咬着嘴唇儿笑。

卫生间连着厨房。厨房门一关，小文就扑向男人，轻轻一跳，双腿夹在男人腰间。小刘就这么搂着女人，进了卫生间，将衣服放好，再关了门，打火开水。试试水温可以了，再把女人送到莲蓬头下。小文闭着眼睛舒舒服服地淋了一会儿，双脚才滑到地上来。

小文身子依着男人，替男人搓背。搓着搓着，小刘就来事了，非就地解决不可。小文咯咯地笑，任男人搂了起来。

水龙头仍开着。两人疯过之后，发现壁上挂的衣服全弄湿了。小文怪小刘，你呀，一来了就什么都不管了。小刘说，管什么?别人是阅尽人间春色，我跟自己女人怎么了？想怎么样就怎么样！

上床之后，小文柔柔地偎着男人，说，我也并不想你当什么官。我们文家祖祖辈辈是皮鞋匠，不照样过日子?轮到我当了教师，家里人认为我为他们争了大光。小刘说，我也不是有官瘾的人。我家世代务农，爷爷活到九十五岁，爸爸今年七十岁了，力气比我还足。小文说，是嘛，人要随遇而安才好。只是那些当官的，把你们当马骑，他们哪管你？你也真是一个好人，别人一句漂亮话就把你感动了。好了好了，不说这个了。在外混得再好，到底还要我俩自己过得好才是。说着就抱着男人温存起来。小刘想天下所有女人都指望夫贵妻荣，只有自己女人看淡世间浮华。修得这样的女人为妻，想必自己早做过三辈子的善人了。小刘便回报女人深长的亲吻，恨刚才疯劲儿不用在浴室就好了。这会儿不疯一回真对不起小文，就又去撩女人。小文却双腿夹住了男人，说，不准来，不准来，你不要命了？今后不准你随行就市了，仍旧搞计划经济。小刘像小孩子吵奶吃似的，磨了一会儿，也不再油了。

过了几天，新任县长到了，姓张，外县调来的。张县长在向主任的陪同下与政府办的同志一一见面。向主任介绍一位，张县长就同一位握手，说声哦哦，好！同小刘握手时，哦哦好之后多说了句笔杆子，好，并拍了小刘的肩膀。似乎张县长这一拍有舒经活络之效，小刘顿时浑身爽快异常。直到整个会见结束，小刘才有暇细细琢磨刚才同张县长握手时的情景。张县长特别地叫他笔杆子，还很亲切地拍了他的肩膀，看来自己给张县长的第一印象不错。这第一印象可是太重要了。

下班回家，两口子一起忙做晚饭，红妹子带着刚儿玩。小文问，听说新来的张县长上班了？小刘说，是的，今天到办公室同大家见了面，人还不错。小文笑了笑，说，你真有味道，说什么人还不错。这算什么评价？评价领导吗，调子太低了。把他当普通人评价吧，结论又下早了。小刘叹服小文的精明，说，唉，在外面别人都说我聪明，写文章来得快。怎么一到你面前我就觉得自己比你少长了三张嘴。小刘本意是不想在小文面前流露白天同张县长握手之后的感受，只想表现得平淡一些。可这个女人呀！小刘觉得自己真的愚笨可笑。小刘并不在乎自己在小文面前的鲁钝，反觉得这样很有意思的。

小刘越来越感激小文的开朗和淡泊，这让他回到家里心情更加轻松。如今哪，不怕老婆看不起，也许是男子汉最幸福的事了。小刘在家解了领带，趿着拖鞋，松松垮垮，在小文面前甚至有点儿想撒娇的味道。这也满足了小文的爱心，她是一位母欲极强的女人，在她的怀里，丈夫和刚儿都是孩子。

可是奇怪，小刘一旦跨出家门，立即绷直了腰板，左腋下的公文包夹得紧紧的，右手摆得很风度，见人打那种很官味儿的招呼。自然天天要见到张县长，笑着喊声张县长好。张县长也亲和，回声好，或应声哦。

今天召开县长办公会，重点研究财政问题。这样的会议，小刘都被叫去听听，掌握掌握情况。这是张县长到任后第一次主持县长办公会，参加会议的同志都很严肃认真。财政、税务等部门负责人发了言，几位副县长也发表了意见。张县长最后讲，原则同意大家的意见，将同志们的意见归纳成几条，算是拍板。张县长着重讲到个体税收和其他零散税收的征收问题，说这是过去一段多有忽视的一大财源，一定要抓紧。聚少成多，滴水成河嘛！

谁知小刘一听到滴水成河，猛然想起了一个笑话，忍不住想笑。这场面是万万不可笑的啊，一失笑便成千古恨！小刘紧抿着嘴，用力咬住自己的舌头。记得心理学老师说过，这样可以止住笑。可是不奏效，他感觉出自己的脸在慢慢作莲花状，急中生智，忙低头端起茶杯喝茶，一来借来掩饰，二来想用茶将这即将脱口而出的笑冲落肚子去。这该死的笑呀，宁可让它通过肛门化作臭屁放出来，也切切不可从嘴巴里吐出来！

真是背时，茶刚进口，却被一阵爆发性的笑喷了出来。这下不好了，

小刘不敢抬头，只觉得会议室顿时鸦雀无声。好像挨过了一个世纪，才听到张县长继续讲下去。这时，小刘才发现自己的衣服叫茶水弄湿了，样子极狼狈，身子却在冒汗。

散会后，小刘隐约听见张县长轻声问向主任，穿蓝西服那个小伙子是谁？向主任告诉他，是小刘，办公室搞综合的，这几年县长报告都是他执笔。

小刘身子更加冒汗了。自从上次握手起，他一直以为张县长对自己第一印象不错，每天碰见都热情地打招呼。哪知道县长大人根本就不认识他，自己一直在自作多情。今天可好，却叫张县长这样认识了，而且印象一定很深刻！

小刘准备下班回家，向主任叫住了他。他知道为什么了，就坐在了向主任办公桌对面。向主任脸色不好，问，你在会上笑什么？小刘说，不笑什么。向主任更加不高兴了，不笑什么你笑什么？嗯？嗯？向主任嗯了好几声，好像硬是要嗯出个水落石出。小刘只好说，我只是突然想起了一件好笑的事，忍不住就笑了。向主任批评道，开会不用心，思想开小差。什么事这么好笑？你讲讲，你讲讲！小刘哪敢讲什么笑话？却讲了更不该讲的话。他说成年人的注意力集中最多三十分钟要跳跃一次，小孩子注意力集中时间更短一些，这是心理学原理。向主任发火了，嚷道，我说你是读书读多了！

小刘回到家里强打精神，却瞒不过小文。小文问怎么不舒服了？小刘硬说没什么，只是累了。小文看他一会儿，说，不像是累了，你一定有什么事。小刘死活不肯讲，小文也不多问了。小刘吃了一碗饭就放了碗。小文就认真起来了，说，这你就没用了。哪怕天大的事，饭要吃饱。什么大不了的事？你去坐牢，我天天送饭，你杀了头，我为你守寡。小文说罢，去厨房弄了一碟酸蒜薹来。这菜很开胃，小刘最喜欢吃的。小文硬盛了一碗饭端给小刘，说，你当药吃也要吃了。小刘鼻子发酸，这女人太贤德了。他只得勉强吃了这碗饭。

小文哄孩子似的搂着小刘睡。小刘情绪好些了,小文问,到底有什么事?让我也为你分担一下。小文真的这么当作一回事问起来,小刘又觉得那不是什么大不了的事,说出来,反让小文好笑。是的,什么事?不就是笑了一声吗?犯了哪一条?这么一想,也真的没有事似的,说,是没什么事,是没什么事。小文不相信,知夫莫如妻。没事你回家时脸都是白的?小刘不肯承认脸白,硬说外面风大,冷。小文温柔地开导了好一阵,小刘才说,今天下午开县长办公会时,张县长正在讲话,我却突然大声笑了,茶水喷了一地,自己的衣服也湿了。我头都不敢抬,知道大家都望着我。张县长起码十秒钟没有讲话,那十秒钟比十年还长。下班后向主任又找我谈了话,问我笑什么。向主任很生气。

小文也觉得他笑得荒唐。人家张县长会怎么想?这有犯领导尊严,是你们官场的大忌哩。是啊,你笑什么?小文又问。小刘说,不笑什么。不笑什么你发神经了?小文也有些不快了。小刘只得说,我当时想起了一个笑话,就忍不住了。小文责怪他,你也是三十多岁的人了,小孩子样的,什么笑话那么好笑?就让你忘乎所以了?说出来我听听。小刘不肯说。小文问为什么不肯说?小刘说,有个笑话,说是新婚夫妻白天听见腌菜坛子冒气泡的响声,就想起夜里的事,忍不住好笑,新娘子还会脸红。小文拧了小刘一把,说,你当时吓得要死,这会儿正经问你你又在开玩笑。小刘说,不是开玩笑,我当时想起的那个笑话也是这一类的。比这个还粗俗,真讲不出口。小文偏要他讲出来,说,夫妻之间粗的细的都做了,还有什么更粗的讲不出口?小刘无奈,只得讲了。原来上大学时,同寝室的同学无聊,炮制了许多稀奇古怪的笑话,被大家戏称为寝室文化。最经典的笑话,是全寝室集体创作的。假设全世界男人同时射精,汇聚起来到底有多少?中文系的数学都不怎么好,七八个脑袋凑在一起,在一张大纸上加减乘除,最后算出一个惊人的数字,竟同长江的流量差不多,那才真叫作白浪滔天哩!今天张县长讲到滴水成河,我鬼使神差就想到了这个笑话了,怎么也忍不住笑了。小文哭笑不得,说真无聊,你们男人真无聊。小刘说,

是无聊，这么个笑话，我怎么敢同向主任讲？

小文骂了一阵无聊，说，你笑过了就笑过了，再去哭一回也白搭。不要再作任何解释，让时间来冲淡它。小刘也觉得只有这样。不过这一笑，虽然摆到桌面上不算个事，放在人家心里只怕又是个大事了。现在还有谁愿意把事情放到桌面上来？所以小刘心里终究不踏实。

这以后，小刘很注意张县长的脸色。远远地见了张县长，他就脸作灿烂，双目注视，期待着同张县长的目光相遇，再道声张县长好。可张县长的目光不再同他相遇了，他那句张县长好就始终出不了口。这样过了好一阵，张县长好在小刘肚子里快沤臭了。他想自己在张县长心目中的印象怎么也好不起来了。

马上要开全县经济工作会议，小刘下决心抓住这次机遇，把张县长的报告写出水平来，改变一下印象。他一边很认真地搜集资料，一边等待张县长召他去面授机宜。这样忙了好些天，总不见张县长找他。最后向主任找了他，转达了张县长的指示。向主任要他按张县长指示精神，先弄个详细提纲出来。小刘忙了一天一夜，弄了个自己很满意的提纲。向主任接过提纲，说，放在这里吧。又过了几天，向主任把提纲给了小刘，说，先按张县长的意见动笔吧。小刘一看，见张县长只对提纲做了小改动，批道：原则同意此提纲，请向克友同志组织起草。提纲顺利通过，小刘心里欢喜。可张县长批示不提小刘半字，他又不太自在。

不自在归不自在，革命工作还得干。小刘开始了没日没夜的艰苦劳动。奋战了四昼夜，终于拖出了初稿。交稿那天，他头发也不梳就出门上班。小文说你头发都不梳一下？他一边用手胡乱地理了一下头发，一边匆匆走了，说来不及了，来不及了。小刘其实是最讲究发型的。

径直到向主任办公室，交了稿子。今天向主任心情可以，接过稿子，说辛苦了。见小刘满头乱发，又关切地问，昨夜又加班了吧，辛苦了辛苦了。小刘笑笑，说，没什么。这几个晚上都不怎么睡，还挺得住。今天小刘是有意不梳头的。

稿子交上去了，就天天等着张县长的意见，这比当年等大学录取通知书还要紧张。偏偏张县长这几天很忙，上面来了领导，要汇报工作，要陪同视察。不知张县长有时间看吗？眼看着会期近了，到时候稿子一旦不行，再推倒重来，时间又紧，那不要整死人？这样的事不是没碰到过。

向主任终于将稿子给了小刘，说，按张县长意见，再认真修改一次。只见张县长批示说，总体上可以，有几处要做修改，最后一部分要大动。请克友同志组织认真修改一次。

这算是万幸了，小刘终于松了口气。

这么上上下下好几个回合，最后定了稿。张县长批示：同意付印。

报告是否让张县长十分满意，小刘心里没有底。但这次起草报告，对改变他的印象好像没有什么帮助。张县长的批示批来批去，似乎都不在乎他小刘的存在。他小刘的一切辛劳对张县长似乎也没有什么意义。可是见了张县长，他照样还得笑哈哈，尽管张县长并不曾注意他笑得怎么好看。

这些天，小刘晚上开始失眠。他内心很是凄苦，县长对自己印象不好，简直太可怕了。小文总是劝慰他，叫他想开些。大不了就是不提拔，又能怎么样？小刘也愿意这么去想。只要老婆理解，还有什么说的？可是树活一张皮，人活一张脸。自己三十多岁的人了，讲起来本事天大，实际上屌都不算，心里能畅快吗？今晚还是睡不着。他怕小文担心，先是佯装入睡了，等小文睡着了，他便睁开了眼睛。他不敢闭眼，一闭眼就感觉头在胀大，大得像热气球，很难受。睁开眼睛也不好受，大脑更加活跃，许多恼人的心事一齐涌来。

小刘揉醒小文，说，让我玩一下吧。小文说，你昨天才来的，这样不好，叫你骨髓都要空的。小刘叹道，实在睡不着，让我玩疲倦了，好入睡。小文爱怜地摸一摸小刘的脸，顺从地脱了内裤，说衣就不脱了，冷。小刘心想将就点算了，就说好吧。小文伸手到下面一摸，说，你这么软软的怎么来？小刘无奈地说，就看你有没有本事让它坚挺了。小文便闷在被窝

里，一边遍体亲吻小刘，一边抚弄着那东西。看着看着小刘就来事了，小文就趴在小刘身上，说，让我先在上面玩一会儿吧。小刘闭着眼睛，一腔悲壮的心思，说道，你玩吧。

小文半眯着眼睛，在上面如风摆柳，舌头儿情不自禁地吐了出来，来回舔着自己的嘴角。

这时，小刘突然浑身一颤，一把搂紧了小文，粗声粗气地说，我要你脱脱脱了衣，脱了衣，我要你一丝不挂，一丝不挂，我要个精光的宝贝儿，不要一丝异物，不要一丝异物就这么语无伦次地嚷着，三下五除二脱光了小文的睡衣。

完了之后，小文搂着小刘，呵护小孩一般，说，好了，现在闭着眼睛，好好睡吧。

小刘将脸紧紧偎着小文的乳房，一会儿，竟暗自流起泪来。说不清是感激小文的温柔体贴，还是为自己伤心。他多想就这么偎依着，衔着甜甜的乳头睡去啊。可仍然睡不着，也许是神经衰弱了。但怕吵了小文，就强耐着一动不动，直到天明。

小文醒来，见小刘夜里一直贴着自己的胸口酣睡，内心一阵甜蜜。她动情地抚摸一会儿男人，再轻轻起床。

小刘弯在被子里又一次鼻子发酸。女人蹑手蹑脚出了房间，去准备早餐去了。多好的女人呀！小刘真想叫回女人，仍旧搂着睡，不吃不喝，永远不起来，管他什么县长省长！皇帝老子都不管！

可是今天还得去上班。

政府办值班室二十四小时得有人值班。白天是返聘的两位退休老同志轮流，晚上由办公室全体同志轮流。今晚轮到了小刘。值班室晚上很热闹，在那里玩扑克、下棋的都有。张县长有时也来下几盘棋。张县长棋艺不错，小刘好几次听向主任这么说过。向主任曾拿过县直机关象棋大赛冠军，他的评价应是权威。张县长一般也只同向主任对弈，多半是向主任输。其实小刘棋很精，只是在机关里从未露过锋芒。

今晚值班室依然集者如云，打牌的开两桌，看牌的围了两圈。小刘当班，原则上不可以打牌，只在一旁看。这时，张县长来了，喊声有人下棋吗？目光却在屋内环视。小刘明白他在找向主任，向主任晚上一般都会来看一下。在场的好像没有谁敢应战张县长，都赔笑着等待有人出面应付。小刘是当班的，似乎觉得自己有责任主动招呼一声，便说，我来领教一下张县长棋艺如何？张县长这才望了一眼小刘，说，你的棋怎么样？小刘一边摆棋，一边谦虚道，学习学习。刚摆好，向主任剔着牙进来了。小刘便谦让，向主任来？向主任摆摆手，说，你来吧，你来吧。于是小刘便同张县长对弈起来。张县长说，跟我下棋要认真啊，不准马虎了事。小刘点头，牢记牢记。向主任自然站到了张县长一边，成了张县长的啦啦队。张县长每走一着，向主任都要叫一声好棋，并做出简短评点。好棋！张县长，你这马同那车形成犄角之势，让他的炮和象动弹不得。对，好棋！你这炮是一夫当关，万夫莫开。好棋好棋！你这车进可攻，退可守。慢慢地围过好些人来观阵，没有一个人叫小刘好棋。小刘发现张县长的棋真还可以，但没有向主任吹得那么神。既然张县长指示他要认真，他就使出浑身解数。战了若干回合，向主任最后喊了一声好棋，哎呀呀！张县长败北。张县长宽厚地笑笑，年轻人不错，后生可畏呀！小刘不好意思说，张县长棋锋犀利，咄咄逼人，我是侥幸获胜，侥幸侥幸。张县长说声哪里哪里，就走了。向主任送到门口，不再玩一会儿？张县长说，不了不了，还有事。

向主任回来，说，小刘不错嘛，让我来领教领教。小刘一听这话中有话，心里就发怵。向主任一言不发，只把棋子摔得砰砰响。走了几着，小刘就发现向主任棋术果然老到，并在张县长之上。下棋的气氛好像不对劲，观阵的人便阴一个阳一个地散了。只剩老肖一人坐在一旁看报，并不关心这边的棋局。二人一共下了三局，小刘只险胜一局。最后向主任将棋盘一推，说，年轻人，谦虚点。说罢就走了，好像谁得罪了他似的。

时候不早了，打牌的人也都散去，只有老肖还在。老肖诡谲一笑，说，小刘你看，原先你同张县长下棋时，向主任一口一个好棋。我容他不得，

我在一旁打正字作记录,看他到底能喊多少声好棋。你数数,他一共喊了一百零九声好棋,最后张县长还是输了。小刘见老肖原来还这么幽默,忍不住笑了。到了老肖这个年纪,对什么都不在乎了,也不怕得罪了谁。换了别人是不敢同小刘说这些的。

不过你的确不该赢张县长的棋。老肖说。

老肖走后,小刘一个人在那里发呆。悔不该同张县长下棋,更不该赢。向主任都不敢赢张县长的棋,你小刘算老几?吃了豹子胆了?

一个人睡在值班室单人床上,翻来覆去。唉,若是小文在这里,他真会伏在她怀里哭一场。

春节将至,机关开始办年货。今天拉来了一车鱼。自然先挑一些大个的给县领导,这个大家都觉得顺理成章。有条大鲤鱼,一称竟有三十五斤,像头小猪。大家从来还没有见过这么大的鱼,啧啧称奇。这条鱼当然非张县长莫属,可是管后勤的李副主任考虑再三,还是觉得不合适。因为这鱼肚子鼓鼓的,估计光鱼子就有好几斤,张县长买了划不来。最后李主任说还是给张县长选几条没有鱼子的。这样一来,那条大鱼竟被大家冷落了。你也来提一下,他也来提一下,都觉得买了吃亏。小刘心想,鱼子虽然味道不好,营养却很丰富。最近母亲说头晕,小两口正准备接老人家到城里来调理。不如买了这条鱼,给母亲熬些鱼子汤吃。小刘说,大家都不要,我买了算了。

小刘驮回这么大条鱼来,全家人高兴得不得了。放在浴盆里开膛破肚,浴盆都放不下。鱼子果然很多,取出两大海碗,足有六七斤。这鱼现在还舍不得吃,只用盐腌着,过几天再取出来,熏成腊鱼,过年时分送两边老人家。老人家只怕这辈子都还从来没有见过这么大的鱼。两口子一商量,明天就去乡下接两位老人来。

小文学校已放了假,第二天就搭班车去乡下。小刘走不开,还得上班。一到办公室,老肖就将小刘叫到一边说,你昨天不该拿那条鱼。小刘莫名其妙。怎么了？大家不是都不要吗？老肖说，这些人患得患失，那条鱼你一拿走，有人就后悔了。你也不兴想事，就是张县长不拿，也轮不到你呀！老肖见小刘不知所措的样子，又安慰道，拿了就拿了，这些人的名堂，你不要放在心上。小刘鱼还未吃，却如鲠在喉。

老人家见儿媳接他们了，喜滋滋的，将自家养的大白鹅宰了一只，随儿媳进城来了。小文找了一位熟识的中医，看了母亲的病，开了些中药。中医说，鱼子同这中药一起熬，治老人家头晕最好不过的。小文将鱼子分成好几份，放在冰箱里，一回熬一点，叫老人家每餐吃一小碗。父亲不肯吃，说自己硬朗得很，留着母亲吃。小刘不想败了大家的兴，便不把老肖讲的话告诉小文。

母亲吃了一个星期鱼子药汤，精神好多了，脸上有了血色。鱼子果有这等奇效，小刘小文很高兴。小文说，当然啦，鱼子酱西方人可是常吃哩，看外国电影不常听说？小刘问，这鱼子到底是鱼精还是鱼孵？小文说，是鱼孵，鱼精俗称鱼白。说到这里，小文猛然想起一件事，便问，你在外面也讲了那个笑话？小刘一时反应不过来，反问，哪个笑话？还有哪个笑话？不就是全世界男人同时什么那个笑话。小刘好生奇怪，我没有讲呀，又怎么了？原来小文在外面听人说，政府大院里的干部闲得无聊，用计算机计算全世界男人同时射精，到底有多少。小刘摸不着头脑，怎么也想不起自己同别人说过这笑话。那是怎么回事呢？这世界就有些可怕了。

母亲熏腊味很里手，将鱼和鹅放在阳台上，文烟熏烤，小心照管。腊鱼腊鹅熏好了，鱼子汤也吃完了。两位老人硬要回乡下去，留也留不住。临走时，母亲抱着孙子刚儿问，宝宝说腊鱼给谁吃？刚儿说，给爸爸妈妈吃。还给谁吃？给爷爷奶奶吃。还给谁吃？给外公外婆吃。老人家乐陶陶的，亲着小孙子。小文告诉刚儿，宝宝说刚儿过年给爷爷奶奶送大腊鱼回来。刚儿便把妈妈的话学一遍。

如今像小文这样孝顺的儿媳的确不多，小刘为自己家庭的天伦之乐而备感欣慰。家和万事兴，真正幸福的家庭往往是清贫之家，管他什么功

名利禄！近来小刘两口子常常议论这样一些话题，心情就特别好。

可人的好运一来，你躲都躲不脱。小刘把什么都想淡了，向主任却找他谈了话，组织上考虑，小刘工作不错，能力不断提高，准备给他加点担子，拟任政府办副主任。向主任说，办公室党组研究时，专门征求了张县长意见，张县长也认为小刘不错。不过现在不是正式谈话，先打个招呼，今后工作要更主动些。不久县委常委会就要研究。

这大大出乎小刘的意外。他同小文讲，小文却不怎么奇怪，凭你们办公室年轻人现在的力量格局，也只有你上合适些。不过从这件事上你也要明白一些道理，不要把什么事都放在心上，该是你的就是你的。人活在世上本来就不容易，何不放松些？小刘说夫人言之有理。

小刘再见到张县长时，心情完全变了，但张县长对他似乎也没有什么特别的表示。小刘注意到，张县长不像刚来时见人就打招呼了，总是很严肃的样子。设身处地一想，小刘也理解了张县长。张县长刚来时，认得的人不多，见面就打个招呼。现在，他认得的人多了，大家也都认得他。碰到所有认识的人都要点头致意，那么张县长一天到晚不像鸡啄米一样？再说，一县之长，太随和了，总不见得好。

小刘对向主任更是感恩戴德。向主任只是要求严格些，有时批评人有些过头，人却是个好人。小文却不以为然，她说人嘛，没有绝对的好坏之分。不过做人要恩怨分明，人家对你有恩，一定要心中有数，不要好歹不分。小刘说那当然。既然说到了这个意思，两口子都觉得应该去感谢一下向主任才是。想来想去，只有把那条鱼送去合适些。可人家明知这鱼是在单位买的，自己舍不得吃，却拿去送礼，又显得太巴结了。不如再搭上腊鹅，说是家里老娘自己做的。决定之后，心里又有些不舍，腊鹅倒不稀罕，那么大的鱼，只怕今后再也难得碰上。但欠着人家情，也只有这样了。

当天晚上，小刘夫妇带着腊鱼腊鹅拜访了向主任。向主任好像有意见似的，说，同事之间，不要这么客气嘛。小刘说，不客气，不客气，家里老娘自己做的，不是什么值钱的，也让向主任尝尝，自己还留得有。客套了几句,向主任就说些贴心话,要小刘好好干,年轻人辛苦点没关系的。今后位置不同了,各方面都要注意,特别要注意尊重领导。小刘点头称是,很谦恭的样子。回家路上,小文问,你不像不尊重领导的人呀?小刘说,我听出来了,向主任讲的领导,名义上是县长们,事实上暗示我今后要听他的。这个好说。

睡在床上,小刘突然难过起来,唉声叹气。小文问他高高兴兴的,又怎么了?小刘叹道,自己没有本事,父母天生穷命。老母亲天天守在阳台上,把那条大鱼熏得漂亮不过了,却没有口福消受。刚儿还说过年给爷爷奶奶送腊鱼回去。这么一说,小文也有些伤感,一时无语。过会儿却来劝小刘,说,莫想那么多了。老人家见你有出息了,有个一官半职,比吃什么山珍海味都要高兴的。好在我平时还修了个孝顺名儿,不然,老人家还会以为我把腊鹅腊鱼送给娘家了。小刘这时像突然醒悟似的,说,其实刚才只送腊鹅给他也行了,为什么偏要腊鱼腊鹅全送了呢?是啊是啊,小文也觉得刚才两个人都懵懂了。

次日清早,刚儿起床,见阳台上的腊鹅腊鱼不见了,大喊妈妈,要哭的样子。小刘跑过来,佯作惊慌,说一定是该死的猫叼走了,这猫真坏。刚儿不相信,妈妈不是讲猫是好动物吗?猫抓老鼠的。小文说,猫也有坏的,不抓老鼠,专偷吃人家东西。好不容易才哄过了儿子。

过了一天,小刘有事从常委楼下走过,无意间一抬头,见二楼张县长阳台上挂着一条大腊鱼。小刘认得,正是他家那条。这条鱼从鲜鱼变成腊鱼,他每天都看好几回,太眼熟了。回来同小文一说,小文就笑了。你看你看,这回你想通了吧,那条鱼向主任也无福消受。

小刘送了个材料到县委办。县委办的同志拍他的肩膀,说要他请客。小刘知道是怎么回事了,只是说,别开玩笑了,我请什么客?大家都不挑明,就这么玩笑一会儿。事办完了,也应酬过了,小刘告辞。一出门,又想小便了,就上了厕所。小便完了出来,就见东头常委会议室的门开了,张县长低着头朝厕所走来。小刘知道,今天常委会在研究干部,他的事也在

这一批研究。小刘刚准备同张县长打招呼,却突然想打喷嚏了,就皱起眉头。可又半天打不出来,不打又难受。他就抬头望天,想让光线刺激一下。可今天偏是阴天,抬头望天也打不出来,望了一会儿天,打喷嚏的感觉渐渐消失了,这才想起刚才没有同张县长打招呼。张县长进去一会儿,还没有出来,可能是在大便。总不能为了同张县长打个招呼专门站在厕所门口等吧,只好走了,心里却是说不清楚的味道。

第二天,就有消息传出来,说小刘任政府办副主任的事常委会没有通过。现在开常委会也保不了密了,很快具体细节都泄露出来了。原来,会上议到小刘提拔时,张县长正好想上厕所,就说,同志们先议议吧。大家就议了一议,认为小刘任政府办副主任还比较合适。但任用政府这边的干部,主要应听听县长的意见。张县长上厕所回来,说,小刘工作可以,能力也不错,就是太骄傲了,暂时放一放吧。张县长一锤定音,小刘的提拔就泡汤了。

这让向主任在小刘面前很难堪。他找小刘推心置腹地谈了一次,叫小刘不要有情绪,要正确对待。骄傲问题,有则改之,无则加勉。当然人骄傲不骄傲,自己往往不觉得,别人看得清楚,所以还是加倍谦虚为好。特别要注意尊重领导,我同你反复讲过的。小刘听得出,这回向主任讲的尊重领导,可能是暗示他在什么地方让张县长不满意了。

小刘怎么也想不出自己在哪件事上得罪了张县长,要说只有那天打喷嚏的事了。小文一听,笑出了泪水。小文说,肯定就为这事。你打喷嚏的样子我还不晓得?皱起眉头,像跟别人血海深仇似的。这就怪不得张县长了。是人莫当官,当官都一般。换了你,你也不会提拔一个见了你就皱起眉头,昂首望天的狂妄之徒。小刘摇头晃脑,徒叹奈何。他妈的这才叫作黑色幽默!我不在那个时候送材料过去也没有事,送了材料不上厕所也没有事。到底还是怪那天天气不好,若是出太阳,我一抬头,喷嚏立即喷涌而出,张县长就知道我不是故意不理他,也不至于误会了。唉,只怪天气不好,只怪天气不好。

很想潇洒

一

汪凡上大学时，诗最好，头发最长。他决定买那本普希金的诗集，全因为扉页上的诗人肖像，长而卷曲的头发。他几乎认为自己以后就是这个模样，只是头发不会卷曲。

阴差阳错，他毕业后竟分配到市政府办公室。报到那天，他在市府大院门口朝里面望了一眼，看见许多衣冠楚楚的人，提着或夹着公文包，梗着脖子来来往往，便以为是在演木偶戏。不由得摸了摸自己扫肩的长发，几乎成了天外来客。只有忍痛割爱，剃掉这诗人气质了。他刚准备转身往理发店走时，瞥见传达室老头正望着他，目光炯炯，十分警惕。他不由得笑了笑。这一笑，传达室老头便以为是向他挑衅，眼睛立即作三角状，以示正气凛然。

汪凡理了个小平头。对着镜子仔细端详了一阵，发现自己已面目全非，无法走出理发店了。原来他天庭很高，长年被头发遮蔽着，白得像女人的脖子，与脸庞对照，竟是黑白分明。这脸谱简直就是一幅漫画。最令他冒冷汗的是自己看不见的后脑勺。他知道自己的颅底骨生下来就很不规则地崎岖着，现在头发短了，肯定原形毕露。记得有回在哪本书上读

到,大凡叛贼都有天生反骨,便不自觉地摸了摸自己的后脑勺,以为那峥嵘处便是反骨。以后就留了长发,把反骨掩盖了。并不是怕被别人认作乱臣贼子,只是为了潇洒。如今将反骨明目张胆地暴露出来,混迹到了市政府机关,是想与政府对抗么?他这么幽默地想着,收到了奇效,全身轻松起来,便仗着这轻松劲儿往外走。刚到门口,理发师傅喊了:理平头的,还没付钱!他手伸向口袋,问:多少?理发师傅大概不屑作答,只把大拇指和小指跷起。汪凡摸出六毛钱,递过去。心想,这世道真的颠倒黑白了,理平头这么大的工作量,只收六毛,以往稍微修理一下鬓角,竟收一块五。

猛然想到刚才那理发师傅称他理平头的,这口气分明有几分不敬。他想,理平头的也许是低消费层次的人,收费当然少些。对这类人还讲客气?自古礼不下庶人嘛。他很想笑。

又到了市府大院门口了。传达室老头很礼貌地问:同志您找谁?那目光很柔和。汪凡说:我是新来的大学生,今天报到。那老头的脸上立即堆上笑容,说:那好,那好,进去吧。

汪凡想,我这在理发店受到冷落的小平头,到市政府却受到这么热情的欢迎。市府机关同外面真的是两个世界。他不由得重新打量这老头。老头的目光依然柔和,甚至还有几分慈祥,全然不是原来的那种洞察敌情的目光。汪凡款步走向办公大楼。觉得自己在脱胎换骨了。

二

上班几天,汪凡立即有了小小发现:市府机关的问候不同于老百姓。中国老百姓常用的问候话是:吃饭了吗?那不光是因为牢记了毛主席他老人家吃饭是第一件大事的教导,还因为千百年来老百姓似乎从来没有吃饱过。市府机关干部见面或打电话却常常问:最近很忙吧?回答总是:不忙不忙。汪凡仔细一研究,是因为人们都不太忙,但确实应该忙才像话。所以讲你很忙就是尊重你,你讲不忙,当然是自谦。

因为确实不忙,就得找些事来打发时光。同事们有时也开开玩笑,但一见马主任那阴沉的脸,笑话马上消遁。这马主任五十开外年纪,头发大约谢去三分之一,在汪凡眼里很有几分领导的威严。不久方知马主任原来娇妻新丧,郁郁不快,这也是人之常情,知晓了这个缘故,汪凡心里很为马主任感慨了一番,五十多岁的人了,竟这么钟情,难得哪!

渐渐地见马主任开朗起来,开始轻轻地哼《国际歌》了。张大姐便说要给马主任找个伴儿。马主任却总是摆摆手:不谈这个,不谈这个。张大姐就不厌其烦地讲道理,从少年夫妻老来伴,讲到独身如何地有害身体健康。马主任终于动了心,嘴上却说,找个合适的难哪!脸色当然欢愉多了。汪凡自上班以来,还没有正式同马主任讲上几句话,多是慑于他那领导式的威严。如今也正好借开导马主任的由头,攀谈几句。但开导的话几乎都叫张大姐讲尽了,他想不出新的道道,就调侃道:别那么死心眼儿。节烈么?自古是对女人的道德规范。男人身边怎能没有女人?话没讲完,马主任立即不快了,停止了哼《国际歌》,拉长了脸,眼镜顺着鼻梁往下滑,眼珠子便跳到眼镜架子上面,白着汪凡。汪凡很不自在,像有许多蚂蚁在背上爬。整个办公室都沉闷了。

到底是张大姐有办法,笑着看了汪凡一眼说:从脸相上看,小汪很聪明的,天庭高而且饱满。汪凡却自知这高高的天庭让他看上去简直是一个半秃子,丧尽了青年人的风流倜傥。但知道张大姐是在有意开玩笑调节气氛,便故作随便,自嘲自解道:我的风度属于二十二世纪,那时年纪大了,当了大官,头发往后倒,梳得油光发亮,肯定别有风采。同事们哄然大笑。只有马主任仍旧没有笑。汪凡愈加不安:莫非刚才的话又讲错了?

这天马主任不在办公室,有同事问张大姐,为马主任找对象的事办得怎么样了?张大姐谨慎地看了看门,说:唉,讲是讲了几个,一见面,都嫌马主任太显老了,还不是因为早早地开始谢顶了?同事们不无惋惜地叹道:喔,原来这样。只有汪凡心里开始打鼓。难怪上次自己讲到老年风度时,马主任那么不高兴,原来无意之中踩着了他的鸡眼!马主任肯定以

为我是有意讥讽他的，这个人算是得罪定了！

汪凡很快就证实了自己的猜测：真的把马主任得罪了。办公室全体干部会上，马主任专门讲到了加强青年干部的教育问题。从这几年高校政治思想工作弱化淡化，一直讲到机关新来的大学生种种不良表现。尽管没有点过一次汪凡的名字，也尽管新来的大学生不止汪凡一人，但他感觉出字字句句都是批评自己。他不安了整整一个下午，然后狠狠地警告自己：不再多说一句话。

三

转眼到了教师节前夕。市委、市政府决定按惯例给全体教师发个慰问信，马主任把这慰问信的起草任务交给了汪凡。汪凡领了这个差事，真有些兴高采烈。据他近三个月的观察，发现马主任若是对你有看法，绝对不给你什么事做，总让你靠一边歇凉。越是器重你，越是把那些难办的重要工作交给你。如今起草这慰问信，虽不是十分重要的工作，但毕竟是市委、市政府的文件，新来的另两位大学生都轮不上起草，我汪凡有幸轮上了。唉，其实马主任的襟怀这么宽大，并不是我想象的那样。怎么能把党的领导干部看得那么糟呢？汪凡想着这些，甚至有些追悔莫及了。又很庆幸自己没有对任何人讲过马主任的不是。

汪凡有些激动，谦虚而恭敬地请求马主任：我从未写过这些东西，还要劳驾您指点一下。

马主任一派大家风度，说：这个东西容易写，我找几份前几年发的慰问信，你参考参考。说罢，取了几份来，汪凡双手捧接了。

汪凡把那几份慰问信放到桌上，喜滋滋地搓搓双手。但还未来得及看下去，汪凡就发现了那几份慰问信的开头都是全体教师同志们，您们好！汪凡马上评说起来：怎么能用您们好呢？马主任甚至有些惊讶了，问：不用您们好难道用你好？这是向多数人问好呀！

汪凡抽出笔,很学究地在纸上写着,说:只能在你后面加上表示复数的们,不能在您后面加们。

没等汪凡讲完,马主任极不耐烦了,红着脸,说:你还是大学生。您表示尊重,们表示多数人,这个道理谁不清楚?

汪凡还想辩解,马主任讪笑了道,我用了几十年的您们,没有人讲用错了,你小汪的才学深得与别人不一样。

望着马主任讪笑的脸,汪凡感到自己再没有勇气争辩下去了。

马主任很爱护地说了声要谦虚哪,大摇其头走了。

这时张大姐过来说:小汪也真是的,前几年的慰问信都是马主任自己动手的,今年让你写,也是对你的信任,你却挑刺来了。

听说前几年的慰问信都是马主任的手笔,汪凡立即觉得两耳嗡了一声,脸也热了起来。真他妈的该死,明明千百次地嘱咐自己不再多讲一句话,偏偏又多嘴,无意间又得罪了马主任。

汪凡内心很沮丧。但他觉得应表现得轻松些。不然别人会以为他对领导的批评有情绪了。他貌似专注地翻阅着马主任的大作,很想领略出一些什么。早就听说,马主任是本市的第一支笔杆子,权威得很。但思维无法聚集拢来。他疑心自己大脑里已不是脑髓,而是一团黏糊糊的霉豆腐了。一个上午就这样神魂颠倒地过去了。快到午休时间,张大姐很关心地走到汪凡办公桌前,说:这就对了,是得专心致志地学习一下马主任的东西了,人家可是大手笔啦!

汪凡连忙起身,双手很恭敬地叉在下腹处,说:确实确实,我钻研了半天,真的明白了不少道理。老同志手里出的东西,同我们学生腔硬是不同。汪凡这才明白,马主任讲的参考参考,原意就是学习学习。他想也许这就是机关干部讲话的特殊风格,真应该细细研究一下机关文化了。

中午休息,汪凡来到河边,在一棵樟树下坐下来。凉风吹过,身上清爽了许多,大脑也似乎慢慢地有了灵气。他决意拿出全身的文墨功夫写好这封慰问信。让马主任改变自己的看法。似乎有了灵感,脑瓜子像河水一样清澈了，词句儿哗哗涌来。什么人类灵魂的工程师蜡烛精神无私奉献等等等等。马主任看了一定很满意，老师们读了一定很激动。他亢奋了起来，几乎坐不住了。这时，他很诗人气质地想，这个中午也许就是他一生的转折点，这个地方也一定很有纪念意义。不由得庄严地望望这棵樟树。我汪凡日后若成就什么大的事业，这棵樟树也就神圣了，说不定也可以在这里修个什么亭台楼榭，警策后人。

他急不可耐了，似乎马上要去完成一项伟大的事业，匆匆往办公室走。穿行在大街上的人流中，竟也鱼行水中一般感觉不出平日的拥挤与嘈杂。离上班还有四十分钟，他开始奋笔疾书。很快，一封三千多字的慰问信写成了。那种感觉，同往日写成一首自己满意的诗相比不知要好上多少倍。他似乎发现自己天生就是写机关公文的料子。

上班铃响了，张大姐第一个进了办公室，说了声：中午也不休息呀。汪凡想，这大约相当于老外讲的日安了。这时，马主任进来了，张大姐有意让马主任听见，高声道：小汪真不错，中午也加班。年轻人精力旺盛。

汪凡微笑着说：哪里哪里，任务到头上总得争取时间完成。耳朵却竖着，想听听马主任的反应。

马主任反应冷淡，只说：我在这个年纪，经常加通宵班，那时办公室哪有这么多人！

汪凡马上应和：是的，我们这一辈人确实应该学一学老同志的作风。

刚准备交稿，汪凡想到马主任平日对同志们的谆谆教导，工作态度应严谨啦，应认真负责啦。于是又埋头细细推敲。反复琢磨之后，觉得已十分完美了，简直千金不易一字。然后工工整整地誊正，俯身交给马主任，说：我肚子里的墨水已全挤干了，自我感觉很不满意，劳您细细斧正。

马主任正在批阅文件，头也不抬，只说了声：放在这里吧。

见马主任这么不以为然，汪凡的自信心又开始动摇了。甚至有些紧张。抬腕看看表，还差两个小时才下班，就翻出一些资料，装模作样地看，眼睛的余光却瞟着马主任，始终不见马主任动那东西。临下班，见马主任把汪凡起草的大作装进了公文包。看来要晚上再看了。汪凡这时突然觉得很累。原来他中午要休息的,不然下午一定打瞌睡。今天全因那紧张劲儿才不觉困乏，不然肯定会没精打采，马主任又会怪他上班不认真了。唉,辩证法真伟大,下午虽然紧张得难受,却消除了倦意,不然在马主任的印象中岂不是雪上加霜了?

第二天一上班,马主任就叫了汪凡:昨晚我看了,修改了一下,你誊正吧。汪凡接过一看,见自己的得意之作被马主任斧正得只剩下全体教师同志们您们好了,额上顿时冒了汗。他坐下来小心地誊着,手微微地发抖。见马主任谁也不看,也不哼《国际歌》,只埋头不声不响批阅着文件,心情一定又不佳了,绝对是因为我汪凡起草的东西不如意,让他熬夜了。汪凡心里很不是滋味。一边誊着,一边极刁钻地挑剔着语法和逻辑错误,发现了两个错字四个别字,也故意将错就错地抄写不误。誊正之后,照样很恭敬地交与马主任,十分谦虚地说:看了您修改的,悟到了好多东西,那底稿我留着,与自己写的再作比较研究,进步会快些。

马主任满意地笑笑,说:互相学习嘛。你们年轻人脑子活些,想进步是容易的。

汪凡暗自却处心积虑地想:留着那废纸,搞文学创作素材,起码是个上等的笑料。

四

过了些日子,汪凡很得意了。马主任经常交些材料给他写。张大姐总在一边鼓励说,要争气哪,不要辜负马主任的一片苦心。还列举了不少市领导都是笔杆子出身的,好好干,有出息哩。汪凡十分感激,十分激动,觉得自己眼前一片云蒸霞蔚,灿烂辉煌。可没有一篇材料不让马主任修改得面目全非的。久而久之,汪凡似乎确实明白自己的文墨功夫不及马主任,对自己创作的诗和散文也极不满意了。借了贾宝玉的话自责道:什么

劳什子!发誓不再订阅文学刊物,报纸上的文艺副刊也再无兴趣浏览。偶有文朋诗友问及创作之事,便华威先生一般地笑道,太忙了,太忙了,哪有时间写?心里却表示极大的轻蔑:还搞那玩意儿,小儿科!前些年自己也那么幼稚,搞什么创作!在马主任面前越发谦虚起来,对这位上司修改过的材料斟词酌句地研究。后来竟萌发了一个简直具有革命意义的大胆构想:发奋十几年,争取写一本关于机关公文的专论。原来他发现如今机关通行的调查报告,经验材料之类的文章,无论是体裁,还是语体风格,竟是从小学到大学都未曾学过的,新华书店能见到的也就是《中国应用文体大全》之类,大全个屁,机关通行的许多文体都没有论及,根本无视理论联系实际的原则。这可是马克思主义的原则啦!只怕发达国家也没有专论。社会主义江山万年长,这党政机关流行的文体竟没有人研究那还行?这个课题的研究任务如今算是历史地落到我汪凡肩上了。我一定填补这一社会科学研究领域的空白。汪凡想到这些,有一种殉道般的崇高感,自己一个小人物也要成就大事业了。

他很犹豫:是否应把这个大胆的构想向马主任汇报一下呢?马主任若知道他这宏伟志向,一定会刮目相看,一定会更加器重的。转而又想,会不会被人看作狂妄自大呢?一个小学数学都未过关的人也要攻哥德巴赫猜想?

终于按捺不住了,在一次全室民主生活会上,他谈了这一远大理想,阐述了足足十五分钟,这是他参加工作以来第一次有板有眼的长时间发言。果然四座皆惊。

马主任做总结时,重点表扬了汪凡:汪凡同志的想法很有意义。年轻人应向他学习,关键是学他的改革精神开拓精神进取精神创新精神。汪凡同志……

汪凡激动得几乎不能自已了,表情却是平静的。这不仅因为马主任如此高度赞扬他的种种精神,更因为第一次在如此严肃的场合称自己为汪凡而不是小汪。他感到身价高了许多。记得大学第一学期开学典礼时,校长开口一句也是称同志们而不是同学们,他马上激动起来。参加工作后就成了小汪,他感到很亲切。但这小字辈的称谓在一般情况下又是别人居高临下叫你的,如今升格为汪凡同志,岂有不激动的道理?

马主任的表扬似乎确实改变了他在办公室的地位。同事们在非正式的场合当然不是很官方味儿地称同志,但再叫小汪似乎大不敬,多是叫汪老弟,那口气甚至有几分奉迎。马主任仍叫他小汪,他听了十分的亲切。尽管从未恋爱过,但他觉得听情人昵称自己时,一定就是这种感觉。

汪凡有十二万分的信心在机关干下去了。他觉得还应全方位塑造自己成熟的形象,让别人一看就是地道一个汪凡同志而不是小汪。细细反思之后,他精心设计了自己。言行举止应更加老成、干练,外表形象还需革命一次,小平头当然要保留的,黄帆布挎包必须革去,代之以黑色公文包。原以为背着那洗得发白的黄挎包很潇洒自如的,连李向南都背,现在一想,简直是酸溜溜的诗人气质的尾巴,必须像阿 Q 讲的那样:咔嚓!

于是汪凡破费十五元六毛钱买了一个黑色公文包,夹在左腋下,右手很干部味儿地甩着。别人似乎都没有在意他的挎包革命,更无从体会这场革命的深远意义。汪凡反倒感到高兴,因为这说明他从诗人气质到干部风度的演变是平滑过渡。改革开放追求的最佳效应可就是平滑过渡哪!不然物价波动人心浮动社会震动怎么办?

偶然间,挎包革命让他明白了一些道理。那天,一位同事说他那个公文包很别致,问是哪里漂来的。说到这漂字,汪凡平日也常听机关干部们讲,隐约理解其意义,却并不深究。今天见同事们把自己也同漂字联在一起了,不免略略研究了一番,原来意义丰富得很,却是从尔雅到说文解字到康熙字典到辞海哪怕是词洋词宇宙都没有解释过的。汪凡也无法给这漂字下个准确的定义,大概意思是下基层吃饭抽烟拿东西之类都没有花钱。反正没花钱这是绝对正确的。有一点似乎可以肯定,那就是这漂同坐在家里接受别人进贡是两码事。坐在家里架着二郎腿儿,老爷气十足,接受别人进贡,那个做法,讲得难听些,简直是收受贿赂!而在工作中漂将

起来，那可是顺乎自然的。仔仔细细地再琢磨一番，汪凡还发现，干部们用这漂字，不仅使小节问题同腐败问题泾渭分明，而且让语言风格变得隐晦而潇洒。汪凡甚至想到文学艺术的表现能力真是太有限了，像这样一类艺术性极强的语言，小说如何表现?影视如何表现?这漂字简直底蕴深厚奥妙无穷！

话又回到前面。那位同事问汪凡的公文包是哪里漂来?他说，哪里哪里，自己掏钱买的。讲的确实是实话，表情却是不置可否。他并不想否认这公文包是漂来的。因为他还发现，同事们好像都这样，从不坦白承认自己漂，也不据理否认自己不漂。原来人们都有一种心照不宣的意识在外漂不开的人绝对是个废物，会被人瞧不起。可这漂，尽管不碍廉洁，却也总有点那个。

汪凡自从深悟漂的意蕴以后，有时也故意借机树立漂的形象。但做得很节制。因为毕竟是学过马克思主义哲学的人，非常明白量变与质变的关系，漂得过度岂不成了贪?说实在的，汪凡资历太浅，又无职无权，漂的机会几乎没有。那天买了一双新皮鞋，有同事见是本市路遥皮鞋厂出品的就问是不是漂来的，语气有几分敬佩，有几分羡慕。汪凡连忙摇头，不是不是，自己买的，花了四十八元钱。表情却更加十倍地不置可否。那同事越发不相信他是买的，发誓赌咒了一番，最后让了步，说他起码是买的出厂价。汪凡只好点头，说，不瞒老兄了，确实只是出厂价，三十六元。不料那同事心也动了，硬要借汪凡的面子，替他也买一双。汪凡无奈，慷慨允诺，好说好说，明天中午我抽空去一下。第二天中午，自己只得垫上十二元钱给同事买了一双来。他妈的，十天的伙食费算是黄了。

五

汪凡突然发现自己原来早已很倒霉了。那天中午他去理发，就在第一次理小平头的那个理发店。他正理着发，另一个座位上的顾客无话找话同师傅攀谈,问师傅评职称没有。那个师傅十分不屑地从职称讲到文凭,说职称有什么用?文凭算什么?最后举了个例,令汪凡如五雷轰顶。有回市府办的马主任到这里理发,马主任你知道吗?是市长身边的红人,大秀才,人家只是个高中生。马主任讲他办公室今年新分了个大学生,还是个什么本科生,连您们两个字都不会写。你不信?骗你是狗日的。马主任那个人我可不是打一天的交道,从不乱讲的,是真的。那马主任真会整人,老叫那个大学生写材料,可写出来的都是狗屁不通的,马主任都重写,就是要整整他。那小子还牛皮十足,说要写书。你听马主任讲起来更好笑些。

汪凡觉得头上灼痛难忍,简直不是在理发,而是在开颅。好不容易熬到理完发,他匆匆付钱,逃也似的跑了回来。

他闯进自己那简陋的房间,重重地躺在床上,胸脯急剧地起伏。他愤愤地摸着自己的后脑,恶毒地想,我汪凡不凡,天生反骨,是要造反的!暗自用尽了最狠毒的语言诅咒马主任,而且进入他思维语言的已不是马主任这个称谓,而是牛马畜生的马这匹不中用的驽马,丧妻不够,还要绝后的。这匹马再也找不到母马的,晚上不知在床上怎么折腾,百分之百两眼瞪着女电影明星的照片做手淫,百分之百很想得到贾瑞那个风月宝鉴!

上班铃响了,汪凡不想起床,他发誓要消极怠工,看你这匹老驽马把我怎样。但只迟疑了片刻,他还是起身上班去。小不忍则乱大谋。君子报仇,十年不晚。

走进办公室,马主任早已端坐在办公桌前了,很悠闲地哼着《国际歌》,情绪极佳。汪凡忍不住怒火中烧。又马上止住自己,切切不可鲁莽。马主任看一眼汪凡,说,小汪来了?理了发,精神多了。他妈的,偏偏提到理发,汪凡立即又想到那理发师傅的话,气冲天灵盖,但一见马主任的目光那么慈祥,只得恭敬地赔笑。

汪凡在自己的办公桌前坐下,拿出一个夹板假正经。一肚子的报复在发酵。这个老东西,平日对人有看法时,惯用的办法是让你闲着,让你自觉无聊。为什么偏偏对我这样？大概是一般规律中的特殊规律？幸好学过马克思列宁主义哲学，不然百思不解了。看样子他是想用这个办法来整整我，看看是你们好还是您们好。

这时，马主任发话了：小汪，我有个东西你抄一下。汪凡小心地取了过来，一丝不苟地抄写。

一边抄，一边在内心极鄙夷地批判着马主任的字。那字极不成章法，横七竖八，比别人的字多出许多须来，比白石老人虾须还多，便暗暗称这老驽马的字为虾体。这个发明一诞生，禁不住失声笑了。马主任忙问怎么啦，意思大概是问是否看出什么笑话来了。汪凡马上解释道，越看马主任写的东西，越觉得自己的娃娃腔幼稚可笑。马主任不放弃任何一个教育机会，望着汪凡很认真地说，不要自暴自弃，你的进步也是快的嘛。

马主任接过汪凡抄正的材料，第一次表现了自知之明，夸汪凡的字很漂亮，简直称得上书法了，感叹自己的字不可救药。汪凡却说，马主任的字风格独特，自成一体，再说搞文字工作第一要紧的是文章好，孔夫子不嫌字丑嘛。马主任很宽厚地笑了。

六

汪凡天天诅咒着马主任，天天想着要报复，但究竟没有制造出什么轰动市府机关的爆炸新闻。那天听张大姐说已给马主任找好了一个对象，年纪比马主任小十一岁零五个月，眉目清秀。汪凡很感兴趣，问了姓名和工作单位，萌生一个十分阴险的念头给那个女人写封匿名信，指控老家伙年老气衰，阳痿不举。用左手写。但也只是这样很兴奋地想了一下，并没有写。马主任结婚茶话会那天，汪凡望着那幸福的一对儿，很庆幸没有写那种缺德的信，很后悔当时怎么萌发那样的念头，自己可是谦谦君子！又一想，人嘛，谁没有阴暗心理呢？这可是弗洛伊德说的，于是又坦然些，咀嚼着马主任的喜糖，暗自骂道：你这道貌岸然的老混蛋，老子可是对得起你的！我若写了那封信，你想有今天？这样一想，似乎自己对这门亲事的贡献比张大姐还大。新娘新郎为宾客点烟时，汪凡一副劳苦功高、心安理得的样子。

可是凑巧的一件事，汪凡无意间捉弄了马主任。说真的，他绝无报复的意思，初衷只是开玩笑，谁叫他天性幽默呢？那是年终评比时，马主任评上了记大功，需要向市委市政府报一份先进事迹材料。马主任虽是大手笔，却不能自己写，那样还成体统？汪凡虽有长进，但来到办公室才半年，不知晓详情，因而叫张大姐写。张大姐写了三天三夜，终于脱稿了，总结了马主任的许多优秀事迹，简直可以登在《人民日报》上号召全国人民学习。但张大姐仍不满意，便找汪凡共同研究。张大姐认为马主任应该有什么病才更具有先进性。汪凡则反驳，凡事都是辩证的，今天为了把马主任写得高大些，说他患有重病，明天若再要提拔他，组织上考虑他身体不行，工作难以胜任，岂不完了？张大姐原则上同意汪凡的意见，却仍坚持马主任应有病，最后两人来了个折中，写个小毛病，既可衬托先进性，又不至于影响以后担当重任。但反复寻思，发现马主任除了视力差些，别无他恙。到底还是视力问题触动了张大姐的灵感。她隐约记得去年夏天的一个黄昏，马主任不慎踏进了宿舍后面的阴沟，扭伤了脚。据说是患鸡巴眼，阵发性失明。这鸡巴眼是本市方言，医学上称作夜盲症。但这个地方，只有五官科医生称夜盲症，其余的人几乎都称鸡巴眼。张大姐也只知道鸡巴眼，于是十分感人地写道马主任患严重的鸡巴眼云云。汪凡明知鸡巴眼这玩意儿，口上讲讲倒还可以，写作白纸黑字，就是天大的笑话。但不知为啥，他并不点化。在他拼命忍住不笑的那会儿，竟又想到《红楼梦》里薛呆子的那句酒令，女儿乐，一根××往里戳。他把××二字写在纸上，对张大姐说，鸡巴这两个字，《红楼梦》里是这样写的。张大姐一听是《红楼梦》里有的，认为很权威，谦虚地如此改了。

事迹材料就这样写成了。送与马主任审阅。马主任说，写我自己的材料，不便审，只要实事求是就行了，不要夸张拔高。

于是就印了,无奈××这东西长得隐蔽,字也隐蔽,四通打字机也打不出,只好用圆珠笔写上,因而印出之后非常醒目,真的是跃然纸上。办公室将这套材料整整齐齐地留了三份底,规规矩矩地上报了三份。

汪凡对人秘而不宣,独自幽默了几日后,突然担心起来,后来竟是害怕了。天哪,这样的玩笑开得太过火了,要闹出乱子的,而不是一般的笑话!非常非常不安。是否应同张大姐商量一下,撤回重搞呢?不行,那样反而承认自己是有意捣乱了,更糟!怎么办呢?百般寻思,左右都不是办法。日子很难过,白天六神无主,晚上辗转反侧。焦急了几日,没听见任何动静。怎么回事?汪凡便侥幸地想,一定是没有人看得出笑话,那两个字只怕那些审材料的人都不认得。于是放下心来,窃窃嘲笑那班饭桶无知。马上又狡黠地责骂自己,你有知又怎样?真是知识越多越反动!

汪凡刚刚放下心来,事情闹出来了。主管党群的市委副书记老柳气呼呼地跑到市府办大发雷霆。什么××不××的?干什么吃的?××是什么东西?堂而皇之地写在上报组织的材料上?开玩笑?有意的?什么用意?叫骂得脸红脖子粗。这柳副书记是北方人,只知道那玩意儿就是那玩意儿,怎么也不会有别的什么意义。况且是用那纯正的京腔嚷着那两个字,听起来非常刺耳。

柳副书记嚷了半天,马主任还不知他嚷些什么,只顾两眼环视着在场的属员,想发现到底是谁做错了事。直到柳副书记把那材料重重地摔在桌上,很威风地走了,马主任才知道原委。他很有些态度地望着张大姐,嘴皮子颤抖着,说不出一句话。张大姐脸色早已铁青,畏畏地望着马主任,又十分恼怒地望了望汪凡。汪凡的额头上也已是汗珠如露。

七

马主任没有记上大功。当然不完全因为那两个字有什么原则问题,还因为重新整理材料已来不及,再说马主任自己也执意不让再报上去。

张大姐实在厚道，心里确实责怪汪凡，但并不把这事扯到他身上来，一个人把责任承担了。马主任事后也不怎么批评，只说了声文字上的事，应严谨些。同事们背后也有拿此作笑柄的，但也是适可而止。汪凡十分内疚。人家张大姐可是好人哪，对自己很关心，很照应。她肚里墨水不多，但在机关里，也是个女中豪杰，如今闹了这个荒唐事，面子往哪里放？

汪凡那天下班后专程到张大姐家登门拜访，道歉，说不是故意的，确实以为是那么写的，确实是因为缺乏医学知识。

张大姐一边拖地板一边说，不要紧的，马主任那个人也不会计较这些的，再说我们女同志又不想往上爬，印象好不好有什么关系呢？张大姐不停地拖地板，汪凡的立足之地不停地转移，这样子很不是味道，就告辞了。

回来的路上，一直想着张大姐的崇高。这不就是一个普通共产党员的闪光点吗？忍辱负重！相形之下，自己竟显得卑劣。为什么不向马主任坦白自己，澄清事实？明明是故意制造的恶作剧，弄得张大姐难堪，却在她面前混说不是故意的。最后决定明天上班一定向马主任深刻检讨。

次日上班，办公室气氛依旧很平和。同事们各司其职，汪凡想，还是算了，事情已过，何必再节外生枝？从此对张大姐更加有礼有节，在马主任面前更加谨小慎微。

很平静地过了几个月，办公室岗位作了小调整。张大姐不再从事文字工作，改作档案员。马主任很体贴地说，这是照顾她爱人经常在外，一个人带着小孩很辛苦，管档案清闲些。汪凡知道，在机关干部的观念中，文字工作虽然很累，却很体面，这是有一点层次的人才干得了的。张大姐很愉快地接受了任务。但她那种失落感，汪凡隐约察觉出来了，很有愧。他真想宽慰她几句，但又怕伤别人的自尊心。

马主任依然把平和与严肃处理得很有度。一般情况下都是温和的，属员有缺点，同样不留情面地批评，却不让人感到是在责难自己，而是在爱护自己。

张大姐从此一丝不苟地整理着文书档案。没事就坐在档案室里看杂志，或望着窗外的夹竹桃。原来快嘴快舌的，现在话语也不多了。汪凡见了，很伤感，担心她长此以往，整个大活人也会变成档案的。难道是马主任有意整她吗?但又不像，一来并没有就那件事批评过她，二来调换岗位的理由也是很堂皇的，三是事后几个月才变动工作。也许这就是马主任老谋深算之处？若这样，也太忘恩负义了，没有张大姐，你还能有这么个小妻子？汪凡左思右想，认为马主任确实是照顾张大姐。这样一想，汪凡自己也轻松了些。人家张大姐可是豁达的人哪，现在不多讲话了，只是因为档案室只有她一人，同谁讲去？于是，有回见到张大姐又呆坐窗前，汪凡就调侃道:张大姐好雅兴，宁静致远呀？张大姐莞尔一笑:我哪有那么深刻的思想？看到张大姐的情绪真的很安静，汪凡放心了。

八

汪凡越来越成熟了，他写的材料马主任再也不用动大手术了，只是作个别字句的修改。后来竟经常发现马主任有些地方改动得不太妥。这说明自己已站在一个新的台阶上，可以居高临下地审视马主任的功夫了。汪凡感到很快意。但也不申辩。应维护领导的权威，这是职业道德的要求。曾经有一阵子，若发现马主任改得不太得当，口上不说，却变着法儿纠正过来。办法通常是谎称某某市长或副市长改的。只要说是某某市领导旨意，马主任绝对服从，这是他的优良品德;有几位副市长年纪都在马主任之下，但马主任对他们同样敬之又敬，似乎自己成了小字辈。汪凡对此感慨极深:这是难得的政治品质呀！当时汪凡之所以把马主任不太贴切的修改看得那么认真，不是因为固执己见，也不是为了显示自己，更不是对工作高度负责，百分之百的原因是怕人见笑。后来发现从来没有人对本室的文墨功夫挑剔过。汪凡知道不是自己和同事们真理一般地正确。原来这文件、简报之类的太多了，人们早已视如儿戏，根本没有人认认真真地看。再说，谁有闲心像语文教师那样去推三敲四呢？于是，汪凡写起材料来少了许多的拘谨，更加挥洒自如，文字更得老成稳健。自从市长有回在闲谈中对汪凡的文章做了充分肯定之后，马主任修改他的材料便更加客气了。后来马主任竟干脆说，不要我看算了。汪凡心想，这样也好，减少了办事程序，可以提高工作效率。于是以自己名义写的材料自己定稿，为市长起草的讲话直接呈送市长审阅。市长也十分习惯汪凡的文风，每次起草大会讲话稿之前，都直接找汪凡商量提纲，而以往都是马主任听取市长指示之后再传达给汪凡的。汪凡有了市长的亲口旨意，更能做到心领神会，讲话稿的质量市长越来越满意。汪凡觉得自己已到了最佳竞技状态。学习中央和省里领导的讲话时，他的主要精力不是领会其精神实质，而是非常得意地把那些文献同自己写的东西进行比较研究。研究的结果通常是：中央和省里办公厅的那些人，智商并不比自己高，我汪凡若是坐在他们的办公桌上，照样同志们的写出大块头文章来。

有天马主任很超然地对汪凡说：全靠你顶了上来，我轻松多了。年轻人成长起来，我就放心了。

汪凡条件反射，答道：还不是主任的栽培？替您分担些担子，也是应该的。

他俩进行这番对话时，张大姐在场，她正给马主任送资料来。

过了几天，汪凡从档案室门口经过，张大姐叫住他。大姐有什么吩咐？汪凡笑道。张大姐表情平静，却压低了声音，说：你写的材料还得给马主任看看，信大姐的话有益无害。

汪凡嬉笑道：不信呢？那就是有害无益了？

张大姐哂笑之，不作答。

汪凡以为张大姐还不知道自己的文字功夫，仍要他虚心向马主任学习。大姐也是一片好心哪，但她的鉴赏水平只有那么高，也怪不得她。内心当然很感激张大姐的关心，却认为不一定采纳她的建议。

不久就发生了一件意外事情，汪凡后悔不迭：若听张大姐的话就好

了。

原来市二百货公司多年来坚持两个文明一起抓，两个文明双丰收，市委、市政府决定把这个公司树为全市商业系统的明星企业，汪凡受命写了个典型经验材料，下发各商业企业。但因数据审核不慎，将实现利润多写了二百万元。同行生嫉妒，有些知晓底细的公司负责人就拿这个把柄告二百货公司谎报战绩，邀功请赏，弄得市委、市政府很被动。

市长严肃批评了汪凡，并责令马主任开个全室干部会，让大家吸取教训，发扬认真负责的工作作风。

马主任在会议上似乎很客观地说明了这件事的来龙去脉，看上去似乎为汪凡开脱。最后很温和地对汪凡讲：以后像类似的重要材料，我们可以商量商量。

会后，张大姐对汪凡说：你吴大哥今天回来了，我做了些菜，到我家吃饭去，陪大哥喝杯酒，你们单身汉，也清苦的。

原来张大姐见汪凡今天挨了批评，肯定有情绪，想尽个做大姐的责任，让他调适一下心理，也想交代一些办公室里不便讲的话。

张大姐的爱人吴大哥也很够朋友，视汪凡如兄弟，热情地劝酒劝菜。

见汪凡心情好些了，张大姐便拉上了想说的话题：小汪呀，我看你本质不坏，才跟你讲。有些话是不能讲明的，可你懵懵懂懂。你写东西不给马主任看，他心里舒服吗？他原来是权威，你现在材料不给他看了，他到哪里体现权威高。噢，他叫你不要给他看你就不给他看了？你以为人人都像你这样肠子是直的？马主任叫你今后写的材料要同他商量商量你明白吗？这商量是什么意思？上级同下级有没有商量的道理？只能是指挥和服从！就说今天发生的事，若让他看了，他也不一定看得出数字多了还是少了。但至少封了他的嘴巴，他想讲也讲不出了。我也奇怪今天开会他怎么那么平心静气，没有骂你一句。确实，既然市长已骂了，他何必再得罪人呢？你学问深些，大姐我文化不高，讲的话听不听由你。

张大姐讲了许多，都入情入理。汪凡多喝了几杯酒，激动起来，涕泪横流,哽咽道:小弟我到这个地方工作,举目无亲,全得大哥大姐照应。大哥大姐,是世上最好的人,我汪凡一辈子忘不了的。我汪凡不是人,做了那件蠢事,让老驽马他妈的来整你。

张大姐不愿提及这件事,忙止住汪凡,不要那么讲,马主任也是个好同志,我干档案工作,还轻松些。

汪凡回到宿舍,精疲力竭了,衣服也不想脱,就上床睡了。反复问自己,张大姐讲你的本质不坏,到底坏不坏?

九

事情糟透了。不久前发生的二百万风波使汪凡的形象大为失色。似乎所有的领导都冷淡他了。那天在厕所碰到市长,市长正在系裤带,双手不空,口里咬着一本《求是》。汪凡很尊重地喊了市长,市长微微点了点头。汪凡明知厕所不是热情寒暄的地方,也分明看见市长嘴巴被《求是》占着,但总以为市长对他不如以前那么满意了。那次大便足足用了三十分钟,若有所失地走出厕所后,仍有便意,很不舒服。

真是祸不单行,工作上偏又出了个差错。向省政府打了个请求解决资金的报告,汪凡校对的,报省政府误作了打省政府。市长拍着桌子,叫道:今天打省政府,明天还要打国务院!真荒唐!

完了完了,彻底完了。汪凡真想大哭一场。

偏偏这时,一位大学同学寄了一本散文集来,曰《夏之梦》。这更勾起了他的无限烦恼。这些同学,在学校都是一块儿玩创作的,人家现在出的出散文集了,出的出诗集了,有几个同学的小说也出了多人合集。自己呢?正儿八经地当了几年御用文人,成就在哪里?居然也那么鄙视过这些搞创作的朋友。

简直无法给寄来散文集的同学回信!他提起笔来,脑子里像钻进了许多蚊子,嗡嗡乱叫。好不容易静下心来,写上几句,又捏作纸团丢了。他

吃惊地发现，自己写了几年衙门文章，现在连写封稍稍儒雅些的书信都不能了。语言已丧尽了灵气，十分刻板。

一连几天，他有空就翻同学的散文集。这位老兄的散文清丽、空灵、舒展，汪凡看了几天，便满脑子的白云、山泉、翠柳，如丝如缕的温馨。

这本散文集似乎是一剂灵丹妙药，让他心静如水。兴致好了，便翻出自己前些年创作的诗和散文，有发表过的，有一直沉睡在抽屉里的。缪斯的光环似乎又辉映在他的头顶了。摊在案头的件件作品在他的眼里成了游动的精灵。原来我汪凡天生就应躲进小楼成一统搞创作的，干什么要到这个地方来呢？此念一出，便感到自己虚度了这几年，很懊丧。

以后的日子里，他工作上勉强应付，倾注全部精力写诗。那些古板的机关材料在他的眼里一下子成了狗屁不如的东西。他感到自己很可笑，好像死心塌地迷恋过的美人儿，最后发现竟是一个丑八怪。这几年自己居然也写这样的文章，居然也为了成为大手笔孜孜不倦，简直辱没了仓颉。那些东西，千篇一律地在什么什么领导下，什么什么支持下，什么什么配合下。一个材料，开篇至少三下，三下五除二，算啥玩意儿？

汪凡潜心创作了一首诗，曰《痛苦的方式》。写得很绝，把自己感动得在郊外转悠了一个星期天。他想，这样的诗作如果不发表，中国没有诗了。

果然发表了，在本市的文学圈子里引起了轰动。汪凡为了扬眉吐气，很方法地把自己发表诗作的事在同事们中间张扬了。同事们敬而仰之，他很快意。

一天，马主任很严肃地找汪凡谈了话。听说你写了个诗，叫什么痛苦。业余搞创作，我看是可以的，只要不影响工作。但格调应高一些。领导很器重你，同事们也很关心你，有什么痛苦的？领导批评你，也是为你好，要正确对待。有人说你星期天经常在外独自散步，有什么想法，可以向组织反映嘛。唉，现在文学界也不讲方向性了，什么东西都可以发表，自由化怎么能不泛滥成灾？

汪凡解释说，我那诗作，并没有政治问题。痛苦嘛，在有些时候，是一种很高尚、很纯洁、很美丽的情绪。

没等汪凡讲完，马主任莫名惊诧了，什么什么？痛苦也美丽？

汪凡突然发现自己笨拙，怎么同这些人谈文学的审美情趣！为了尽快收场，汪凡立即表态，一定接受领导的意见，有时间的话，创作一些健康的有益的作品，热情讴歌社会主义两个文明建设。

那就对了。马主任满意了。

汪凡果然才气不凡，一发不可收拾，经常有诗作和散文发表。

张大姐有天提醒他，最好用笔名发作品，不然影响不好，会有人嫉妒你，讲你不务正业。汪凡不听，心想，就是要扬扬名，让那些王八蛋不再小觑自己。果然有同事递了消息，说某某领导对你搞创作有看法了。汪凡也并不在意，俨然傲骨铮铮。你当你的官，我写我的诗，互不干涉。当官有什么了不起的？李鸿章讲天下最容易的事莫过于当官，你那个官我当不像？我来当的话，肯定比你出色，可我的诗你写写看！我搞创作，充其量也就是晚上不打麻将。你们天天晚上玩麻将，那才是玩物丧志！

汪凡感到自己很潇洒。人哪，就该这么潇洒。不以物喜，不以己悲，何必庸人自扰？

十

文学创作有了名气，市文联关注他了。文联刘主席有回开玩笑说：愿意丢下乌纱帽到文联来吗？我看你若有兴趣，专门从事文学创作，注定要成大家的。当然，我也是随便讲的，首脑机关前途无量，谁愿到我那小小土地庙来呢？

刘主席确实只是随便讲讲，但汪凡真的动了心。我汪凡有什么乌纱帽？一个二十四级干部！就是当了市长，也是个七品芝麻官，全市人口一百多万，市长只有一个。当诗人可是没有名额限制的。他很当作一回事，

对刘主席讲,可以可以,正合我的心意。

汪凡决定调文联后,成天憧憬着新的理想。不,这早就是我的理想了。他想,调到文联之后,再也不受市府机关繁文缛节的拘束,也不须那么正统了,可以关起门来神游八极,须发变成马克思那样也无人干涉。说不定发了有影响的作品之后,会有满脑子幻想的女孩子登门拜访的,见了自己蓬头垢面的样子一定很吃惊。他仿佛已看到一个美丽的少女的惊骇而疑惑的目光,那场面会很浪漫的。

当他正做着诗人梦的时候,被提拔了,任副科级秘书。事先没有任何消息,汪凡自己也很感突然。他疑惑地问张大姐:我汪凡何德何能,也当个副科级秘书?

张大姐笑着说:你成熟了嘛,组织上自然要用你。

汪凡说:大姐你就别打官腔了。

张大姐这才说了几句推心置腹的话:你自己应明白,你现在的文字功夫已是公认的,办公室缺你不行。不提拔你,你会安心吗?前不久不是有人反映你有情绪,想调到文联去吗?但又考虑到你太年轻,提个副主任,怕难胜任,就提个副科级秘书。不过这也确实是重用你,你看同你一道分来的那几个大学生,不都还是一般干部吗?

汪凡这才知道组织上对他采取的是安抚政策。

机关里的人们对干部的任免问题一向是最感兴趣的。大家一见汪凡,就拍着肩膀说,小伙子不错呀,年轻有为,以后当了市长,可别忘了兄弟们啦。

汪凡只是极谦虚地玩笑道:别那么讲,李先念十八岁就当军长了,我今年二十六了,才是个副科级,也不是什么官,最本质的意义是每月加六块钱,只够买半只鸡。

既然被提拔了,就不便再提调动的事。天天有人热情地道喜,心也安了许多。不久,因为马主任讲到一件事,他彻底打消了调动的念头。那是办公室政治学习时,马主任讲,他有位中学同学,后来当了作家,前几年到了德国，现在生活得并不自在，自己写的书自己摆摊子销。有人羡慕西方生活，中国如果和平演变了，生活的秩序就全乱了，我们当干部的干什么去？当作家的不也自己卖书去？同志们，要坚定信念哪！

马主任的这番话为什么如此深刻地触动了汪凡，他自己也说不清。

日子很平淡地过着，有时通宵达旦写材料，有时一连几天无事可干。人们见了汪凡总很客气地问：汪秘书，忙吗？汪凡照样回道，不忙不忙。然后匆匆走开，一副马不停蹄的样子。有回基层来的同志找他办事，问汪凡是哪一位，因为直呼其名，他内心竟微微不悦，但没有表露出来。事后想到这件事，在心里狠狠教育了自己：汪凡，简直是堕落哪！若有人看出这一心迹，不要戳断你的脊梁骨吗？尽管明知当时不愠不怒，但仍唯恐有人洞悉他的内心。

那天晚饭后，汪凡很优哉游哉地到河边散步，在几年前坐过的那棵樟树下坐下来。红日衔山，河面流金溢彩。汪凡心情极佳，不禁回想起几年来做过的事情，想起周围的许多人，马主任，张大姐，传达室老头，市长们。发现都是平常的自自然然的人。人似乎就是人，任何奇怪的东西都没有。自己也不必把什么事看得那么认真，特别是不能计较小节。水至清则无鱼，人至察则无徒，该糊涂的就糊涂，该含混的就含混，该朦胧的就朦胧，这才是潇洒。张大姐就最潇洒，无怨无尤，不争不斗。回来时，走进市府机关对门的冷饮店，要了一杯冰牛奶，坐下慢慢地喝。市府门口，辉煌的路灯下人们进进出出，都很平常。几年前刚来时，不知为什么总觉得这里面的人很生硬，木偶一般。

汪凡还准备要一盘冰淇淋，忽然想到今晚马主任约他打麻将，就起身回去了。

旧约之失

厅里人太多了，厅长们不一定认得全。朱厅长倒是不管工作怎么忙，每隔一段，总要抽时间到各处看看同志们。今天朱厅长来到舒云飞办公室的时候，他正在接电话。处里的同志个个笑吟吟的，紧紧随在朱厅长的身后。向处长介绍说，这是舒云飞同志。舒云飞电话没接完，就笑着摇摇手，算是打招呼。朱厅长便嗯嗯，点点头。向处长马上又介绍坐在舒云飞对面的小刘。小刘便双手握着朱厅长的手，用力摇着，说朱厅长好。朱厅长道，好好，好好。小刘不错，小刘不错。这时，舒云飞接完电话了，也站起来，望着朱厅长笑。朱厅长却将身子背过去，兴致勃勃地同大家说话。同事们就在门口围成一个半圆，望着朱厅长。大家一直都愉快地微笑着。朱厅长个子不高，大家便都弓着腰。办公室本来就小，多了几个人，就显得特别拥挤了。但小刘还是侧着身子挤到了半圆的一端，就只剩舒云飞一个人站在朱厅长的身后，望着这位领导光光的秃头。舒云飞笑了一会儿也就不笑了。一个人傻笑什么呢？朱厅长根本就不看你笑得怎么样。这时，朱厅长扬扬手，说同志们忙吧。半圆的中间马上开了一个缺口，往两边闪成一条夹道。朱厅长挥着手，从夹道中间昂首而去。大家跟走了几步，便站在走廊目送朱厅长上二楼。舒云飞望着那光光的后脑，心头有些发虚，似乎那里长着一双眼睛，正意味深长地望着他。朱厅长在楼梯口一消失,同事们马上低头往各自办公室走。舒云飞刚才只是站在自己办公室门口,这会儿一转身就回到办公桌前坐下了。小刘很快也回来了,坐下来埋头写着什么。两人都不说话。过了好一会儿,小刘说,朱厅长这人很关心干部哩。舒云飞马上说,是的是的。说了两声是的好像还觉得不够,又说,朱厅长平易近人,同干部打成一片。他不能让小刘觉得他对朱厅长的敬佩有一丝勉强。小刘这会儿情绪极佳,想必是刚才受到朱厅长表扬的缘故。

尽管现在领导表扬人很随意,但舒云飞连这种表扬也从来没有得到过。前任厅长对他的看法就不怎么样,所以同他一块儿进机关的老向已从科长、副处长当到处长了,他还是一般干部。当他终于明白这一道理的时候,就开始注意处理同领导的关系,却总是找不到感觉。厅长们同下面干部的接触并不多,可他们似乎是一个个幽灵,总是弥漫在你的头顶。他们的一个脸色、一个眼神,都会叫你费劲琢磨。你值不值得再在这里干下去,就看你理解厅长们表情的能力了。前年朱厅长新来时,他想彻底改变自己在领导心目中的看法,可是他的努力都没有什么效果。朱厅长隔一段就来处里同大家握一回手,可每次还是得由向处长陪同着一一介绍。朱厅长对别人好像都有印象,只是同他舒云飞总像是初次见面。今天他的表现就不佳。朱厅长一来,你就是忙着天大的事,也得停下来,可他却继续打电话。当时他也想到不放电话不太好,但就是没有放下来。其实他只要说声对不起,请你过会儿打来好吗?问题就没了。可他当时就是转不过弯来。

临下班了,向处长也没事,到各办公室走一圈。舒云飞见向处长在门口,就招呼一声。可向处长不作声,面无表情地扫了里面一眼。小刘说,向处长还不回去?向处长说回去回去,就掉头走了。

晚饭后,舒云飞一抹嘴巴,就靠在沙发上抽烟。他想向处长对他一直不太在乎,这多半是因为朱厅长对他不以为然。香烟档次不高,散发着一股刺鼻的臭味儿。老婆晓晴一边收拾碗筷,一边嚷着烟鬼,不抽就要死

人？他心里正有气，又听晓晴在嚷，情绪越发坏了。你老嚷什么？我这烟还是你引向邪路的呀！不抽你说不像男子汉，抽了你又天天嚷！晓晴也不管男人高兴不高兴，又说，光叼支烟就是男子汉了？有几个像样的男子汉抽这种烟？

晓晴这话太伤人了。舒云飞刚要发作，儿子源源在卫生间洗漱完走出来。他便忍住了，叫源源做功课去。源源应了声，就进了自己房间。晓晴也早进厨房去了。

舒云飞想想，发火也没意思，就多吸了一支烟。他知道晓晴是个好女人。最初他是不抽烟的，但晓晴见别人敬烟他老是推让，那样子很难看，就说，今后别人敬烟，你就接了做做样子吧。这样他就开始逢场作戏地抽烟。后来日子久了，就上瘾了。不过像他这个级别的干部，晚上除了收水电费的，一般没人上门，他抽的烟就只能是两三块钱一包的大众牌香烟。在这种大机关，这是很没面子的事。所以他从来不给别人敬烟，也从来不拿出烟盒，总是将手伸进衣兜里慢慢掏出烟来。要是有人在场，就尽量若无其事地将掏烟的动作做得从容一点。

男人抽烟，女人嚷嚷，也是人之常情。得忍且忍吧。一支烟过后，心头也平静多了。

晓晴忙完，又没事儿似的坐下来看电视了。最近正播一部室内连续剧，一家老小成天坐在那里插科打诨傻笑。晓晴最喜欢看了。舒云飞看电视没什么偏好，看也罢不看也罢，反正是陪晓晴坐着。要么脑子里杂乱无章地想着一些事儿，要么翻翻书。他想现在中国的老百姓真幸福。没有战争，没有革命，也没有上帝，没有真主。经常可以看看这样一些挺好玩的电视剧，乐得哈哈直笑，然后安安稳稳睡一觉，明天该干什么还干什么。

他看不下这个电视剧，就拿本书来翻，是本《论语》。这本书他读过多次了，就是读不厌。每有感悟，就叹息不止。这会儿读到一句“邦有道危行危言，邦无道危行言孙”，不禁拍了一下大腿。晓晴见男人这样子，就说，你怎么一读《论语》就中了邪似的？不等他开腔，听见有人敲门了。

门一开，嘻嘻哈哈就进来两个男人。原来是舒云飞的老同学马明高和龙子云。龙子云在一中当老师，教语文的，业余写点东西，朋友们都当他是作家。马明高在五金公司当会计。舒云飞最要好的同学就算是龙马二人了，他俩隔一段就来这里吹一回牛。

源源听见家里来了客人，就出来喊了叔叔，马上又回房做作业去了。龙马二人直夸这孩子好教养，学习又刻苦。晓晴说，不刻苦行吗？到时候上不了你们一中，我们无钱无势，不是他自己吃苦？舒云飞明白晓晴话里的意思，但不想当着客人的面同她争。不过现在小孩的学习也的确放松不得。去年小学毕业升一中的，离录取线差一分要缴九千元，今年只怕还要涨价。舒云飞的儿子同他们向处长的女儿同班，平时考试，他们源源总要高几分。向处长说过老舒的小鬼成绩不错。只说过一次。舒云飞却谦虚说，我们源源是读死书，没出息的。不像你那小家伙，那么聪明，那么活泼。

龙子云接过舒云飞递上的烟，点上吸了一口，就眯起眼睛看了牌子，说，舒云飞你什么时候当处长？还是抽这种烟？

马明高含蓄些，只是笑笑。

舒云飞望着龙子云说，你是槛外人，怎么也总是关心官场上的事？我真的当了处长，说不定架子也大了，你也不好随便找我玩了。龙子云忍不住喷嘴一笑，呛得满脸通红，咳了半天，才说，你敢，我谅你不敢。我哪是关心官场？官场关我屁事！我是看你怎么总是发达不了。

马明高摆摆手说，我们三个人，虽说没有正式拜把子，但也算得上桃园三结义了。当不当官，那是另一回事。

晓晴这会儿端过茶来，风凉道，我家舒云飞一定会大器晚成的，姜太公八十岁还遇文王哩。

两位老同学知道晓晴开朗，又是在开玩笑，就一齐笑了。只有舒云飞心里明白是怎么回事。大家都在玩笑，舒云飞不好冷场，便索性自嘲起来。他说，从马王堆出土的《道德经》上看，大器晚成应该是大器免成。这

样更符合老子的思想，所谓大象无形，大道不显嘛。这同孔子的学说好像也相通，子曰君子不器。那么我舒某人这一辈子无所作为就是功成名就了。无为即有为嘛。

龙子云笑道，你是越来越夫子气了。

他们同学三人在一起是很随便的。可是不管起初聊什么话题，聊着聊着就聊到各人的境况来了。口气当然是玩笑似的。舒云飞要当处长了吧？龙子云下个学期该当校长了吧？马明高什么时候当经理？晓晴本来也是很想得开的一个人，并不太在乎男人当个什么官。今天只是一时兴起，心里有了气。平时，不管他们三个老同学聊什么，晓晴只悠然坐在一边，温柔地笑着。

今天舒云飞见晓晴这样子，以为她还在心里嘲笑自己。龙子云见舒云飞望一眼晓晴就不作声了，似乎感觉到了什么。偏偏他又是个不太顾及的人，有意粗着嗓子说，晓晴是笑我们几个男人俗是不是?晓晴忙过来替客人续水，说，我再怎么笑别人俗，也不敢笑你呀！我是认识了你才知道作家也只有一个脑袋哩。

马明高立时笑着表示有意见了。那么就是我真的俗了。

不是这意思，不是这意思。晓晴笑道，我嘴笨，玩笑，玩笑。舒云飞瞅了老婆一眼，说，两位别在意。真正俗的人是我，知夫莫如妻嘛。

哪敢讲你俗？你是仙风道骨啊！晓晴似嗔非嗔地白了男人一眼。

龙子云这会儿像是感触到了什么，叹道，别争这些空话了。就如今这世道，要俗也只有我们俗了。有钱有势的吃高档玩高档，样子做得很风雅。他们见了我们这种人，丢下一句话来，哼！俗不可耐！我们到哪里申冤去？

马明高见龙子云真的这么激愤，就说，你当作家的就是当作家的，什么事一到你脑子里就复杂了。

龙子云仍是激愤，说，我说的难道不对？不过这也是自古如此啊！庄子早就说过，诸侯之门而仁义存焉。我们凡夫俗子哪配有高贵的东西？

舒云飞听罢却很有感慨。前些年，一些有学问的人动辄说层次，并自恃层次很高，俨然精神贵族。可是过不了几年，什么高层次低层次掉了个头。发了大财的喝着洋酒感觉自己的层次很高，做了大官的瞟着平头百姓，以为这些人层次很低。

人啊，凡事都要想得通才是。舒云飞像是在开导别人，其实也是在自宽自解。

龙子云摇摇头说，也只有这么想了。孟子是怎么为知识分子定义的？他说，士，有恒志而无恒产者之谓也。他老夫子真是金口玉牙，这句话就像一个咒语，中国知识分子从此万劫不复了。这也许是历史宿命论吧。

马明高听得不耐烦了，骂道，你怎么这么多的之乎者也？

舒云飞只是笑，不讲什么。心里却在想，孟子这句话算个真理。但细细一想，现在这句话也只有一半正确了。什么恒志？如今还奢谈什么大志？有道是问舍求田，原无大志。就说自己，也算是一个知识分子吧，心里想的是什么？房子和位子！生命的意义就这么彻底被简化了，直观而明了。向处长做思想工作也讲得明白，看一个干部看什么？就看你对待房子和位子的态度。这等于说，现在人们的大志就是一个好位子，一套好房子。可是只能心里想，不可嘴上说。按这个逻辑，如今人们不仅没有大志，而且还要虚伪地活着。

龙子云见舒云飞半天不说话，只是抽烟，就说，现在是越有本事越倒霉。像你舒云飞这水平，我谅你们单位也少有，可你就是上不了。

舒云飞忙摆手。别说这个，别说这个。我水平不行。

龙子云接着说，不是吗？天下乌鸦一般黑。不是我吹嘘自己，我在一中也是呱呱叫的语文教师，可就因为发表了一些散文、诗歌，别人嫉妒，说我不务正业。当语文教师的写文章是不务正业，那些务正业的连个人总结都写不好。

说到这事，马明高也有同感了。我公司那财务科长，做错了账连自己都查不出，得劳驾我们，可他还天天教训我们业务水平低，要我们加强学习。

舒云飞不便说自己的领导如何，毕竟是在政府部门工作，还是忌忌口好。这两位老同学的牢骚他也听得很多了，反正听了就听了。其实他们凑到一起，除了相互调侃，就是发发牢骚，没有什么新鲜的话题。参加工作十四五年，大家也就这么发着牢骚过来了。

马明高突然提到一个新话题，说，你们有没有想过发财的事？

发财？哪里发财去？舒云飞一副如梦方醒的样子。他怎么没有想过发财的事？只是感到很茫然。

龙子云说，明高你在公司干的都没有找到发财的门路，还来问我们？

马明高却只说，我看，你们都不要一脑子玄乎又玄的东西了，有门路就发发财吧。

这时，晓晴忍不住打了哈欠。龙子云抬腕看看表，说不早了不早了，我们该回去了。

舒云飞夫妇客气一会儿，也不强留了。

马明高临走又说道，是真的哩，我们可以一起想想办法，有钱大家赚。那么多马大哈都发财了，我们三位的智商谁也不低啊！

源源考初中的分数很快出来了。不料他考场失利，离一中录取线差三分。今年毕业生考一中还真的涨了价，差一分一万元，就算是交钱也还得走后门。舒云飞夫妇急得不行。晓晴忍不住在家骂这社会风气，什么都讲钱，分明是乱收费，还得年年涨价。舒云飞安慰晓晴别生气，生气有什么用？人家一中说，去年是九千，今年加到一万，还赶不上物价涨幅。你气坏了自己，钱还得交。要说，源源还算不错了，向处长他女儿差五分，得交五万。

其实舒云飞心里怎么没有气？他只是要宽晓晴的心。要凑齐三万元钱也的确不容易。家里掏空了老底也只拿得出二万一，还差九千。舒云飞有些打退堂鼓了。我们源源何必非上一中不可呢？上个二三流中学算了。我们上学那会儿哪有什么重点不重点？晓晴这几天本来就满肚子火，听了男人这话很不高兴。二三流中学你以为就不要交钱了？你没有填他们的志愿，同样要交钱，只是交得少一些。你光说你那会儿，你爷爷那会儿还没有书念哩！这是孩子一辈子的事，我就是砸锅卖铁也得让他上一中。别人有钱的二话没说交了钱，有权的一张条子免了费。越是这样我越要争这口气，不然的话，你有面子我是没有面子。

舒云飞想这事其实也可以依靠组织做做工作，能少交一点就少交一点。但向处长自己要交五万，找他显然不合适，又不能越级找朱厅长，这是向处长最忌讳的事，再说自己也难保有这个面子。没办法，舒云飞找到龙子云。龙子云很为难，说我在一中算老几？校长肯给我这个面子？这样吧，我借你九千块钱算了。还有，今年上一中的特别挤，还要找校长说情，这个我可以包了。

全仗龙子云帮忙，好不容易才让校长松了口，答应收了源源。

舒云飞总不见向处长在单位提起女儿上学的事，心想他一定为那五万块钱犯难，也就不便问他，免得讨个没趣。

交过钱之后，手头就特别紧了。舒云飞两口子晚上连觉都睡不好了。晓晴说，马明高建议你们一起想办法发财，是可以考虑的，不然这亏空怎么填得上？舒云飞反问，发财是容易事？小富由勤，大富由命！

这天晚上，龙子云同马明高又来串门了。大家先为小孩上学的事感叹了一回，都说现在越来越不像话了。龙子云说着就激动起来：长此以往，中国的教育不垮了才怪！

马明高笑话龙子云，你动不动就深层次了。你忧国忧民，别人还不要你忧哩，说你不配！什么匹夫有责？这都是匹夫们自己讲的疯话。如今太平盛世，要你们匹夫忧什么？等到国难当头才用得着你们匹夫！好吧，我们都现实一点，想办法发财吧。

晓晴插话道，我看你们三位老同学合得来，要是一起创个什么业，一定能成功的。

这也是真的，我们三人还有什么说的？龙子云说罢，大家都望着舒云

飞。

舒云飞沉吟一会儿说，要说我们一起干个什么事，我也是有信心的，只是现在没个头绪，无从着手。

马明高见大家都动了心，更加来劲了。他欠了欠身子，说，生意嘛，一口吃不成胖子。我们公司门口有个卖田螺的摊子，很不起眼。可知情的人说，他们家干了七八年，赚了百把万了。俗话说，小小生意赚大钱。

龙子云笑道，那么我们兄弟三人也摆田螺摊去？

马明高说，谁要你这么屈尊？大作家！真的搞了个什么事儿，你们不便露面的话，我来出头，你们还在岸上，我反正在水里了。

问题是搞什么项目好？舒云飞说。

马明高扳着指头说，一要好赚钱，二要我们熟悉，三要考虑投资。

龙子云笑道，要说我熟悉的，只有吃饭了。

晓晴马上接了腔，你还别说吃饭，现在赚钱的生意，除了吃的就是玩的。大家都在拼命玩，拼命吃，好像过了今天就没有明天了。

马明高却在正经考虑这事，说，搞餐饮的确是赚钱的买卖，但搞这一行的人太多了。你从街上一路走过去，谁不朝你鞠躬请吃饭？

舒云飞说，这餐饮业同娱乐业一样，弄不好就成藏污纳垢的地方，我看也不太妥。

龙子云不同意舒云飞的看法，说，什么藏污纳垢倒不值得担心。稍稍上档次的一些餐馆都是些什么客人光顾？最近阳光大道新开了一家餐馆叫豪客饭庄。豪客是哪些人？大小官员，大小老板。我们这些人到那些地方去吃吗？未必票子在口袋里跳得慌？

晓晴倒是认为餐馆不好开。谁都长着一张嘴巴，是嘴就要吃饭，所以谁都可以找着碴儿来管你。最难对付的是公安，稍有不周，牌子就保不住。说到这里，晓晴瞟了男人一眼，怕他怪自己讲得过火了。

舒云飞这会儿只是静听各位高见，不急于发言。

龙子云问马明高，你是搞五金的，对五金最熟悉了，可不可以搞？

马明高摇头回道，五金若是好搞，我们单位会亏成这样？现在是全民办五金，哪里没有五金店？

龙子云说，照你这么看，只有人头没有人经营了。

谁说人头没有人经营？晓晴说，今天我还在报纸上看到一条新闻，有位个体老板被他的仇人花两万块钱取走了人头。舒云飞看老婆一眼，说，大家在说正经事，你尽说些鬼话。

马明高问舒云飞，你的高见呢？

舒云飞猛吸了一口烟，慢慢吐出之后，才说，还真不知道搞什么好。要说熟悉，我们都是读书人，按说对书最熟悉了，开书店怎么样？

龙子云马上附和说，书店开好了也是赚钱的。记得北方有个青年人开了家书店，叫读来读去书屋，办得很红火，中央电视台还报道过哩！

马明高白了一下眼睛，说，这个主意好，但也不能太盲目。我这几天测算一下，看到底行不行。我们要搞就当大事业来搞，只图赚几个小钱也没意思。当然起步可以小搞一些。我过几天先拿个初步方案，大家再进一步议议如何？

几个人都说可以。

本来已经扯到别的话题了，龙子云又突然问起，我们书社起个什么名号呢？读来读去真绝，我想起都嫉妒。

晓晴忍不住笑了。是男是女都还不知道，却急着起名儿了。

龙子云说，反正在闲扯嘛。

马明高想了想，说，叫龙马书社如何？龙马大吉大利，书同舒又谐音，等于把我们三人的姓都嵌进去了。

龙子云马上摇头。不行不行。用心良苦，却嫌刁钻。未必还要在牌匾上加一个注解不成？书者舒也，谐音双关者也。

马明高不好意思了，说，这就靠你作家了。

龙子云原来早就想好了一个名儿，只是不好马上说出来。这会儿马明高激他，他就说，我看用一个典故，叫二酉书屋如何？

马明高不明白其中雅意，疑惑道，明明是三友，怎么叫二友？

大家随便惯了，言语不论粗细。龙子云半真半假道，叫你多读点书你不听。哪是那个友！是酒字不要三点水的酉！这有一个典故。湖南沅陵有大酉小酉二山，合称二酉，山中有一洞，叫二酉洞。相传秦始皇焚书坑儒时，有学子藏书于二酉洞，使圣贤之书得以留传后世。所以后人以二酉比喻藏书之丰。

马明高听了似懂非懂，就望着舒云飞。舒云飞默一会儿神，点头说，这个名儿好，有点儒雅味儿。我们文化人干事，就得有些文化气息才好。书社嘛，本来就是高雅的地方。

晓晴听着笑了起来。我说你们是为了赚钱还是为了卖弄肚子里的墨水？开饭馆怕藏污纳垢，开书社又只顾在店名上搜肠刮肚，生怕别人说你们没文化。

龙子云不等舒云飞再开言，忙抢着说，晓晴你别小看这店名了，好的店名本身就是一笔无形资产。比方说，我们今后业务大了，要大做广告，就可以打出这么两句话：古有二酉藏书，今有二酉书社！你看，多有气派！

晓晴笑道，我看你有点狂想症。

马明高倒是欣赏这股狂劲儿，说，晓晴你别笑话他，做生意同他搞创作一样，要灵感，也要一点狂想。狂想出点子，做生意就是不断要有新点子。

龙子云受到鼓舞，越发来劲了。我们可以想出许多促销手段，比如说，我们可以把书社门面搞得很有特色，门面上方设计一块可变广告牌，每天给顾客一句赠言。如果今天下雪，就写上，下雪的日子，正好拥炉读书。今天要是阴天呢，就写上，翻开你喜欢的书，那里有一片晴朗。

马明高打断龙子云的话。表扬你几句，你就酸不溜丢了，还要你作诗不成？

舒云飞却说，我看子云的建议不无道理，至少思路可取。别小看这些小聪明。南风商场冬装换季，削价处理，可别人偏叫夏日倾情大行动。倾什么情？再怎么倾情也是商场赚钱顾客花钱是不是？但我们是喜欢削价处理几个字，还是喜欢夏日倾情呢？刚才子云说的时候，我就跟着他的思路走，也想到了一些点子。比方说，每日赠言当然好，但用名人名言落俗套，得用凡人凡语，而且要保证每天讲的都是新鲜话才有意思。要做到这一点就不容易了。那么我们就可以向顾客有奖征集，从中遴选优秀作品。这活动本身就是很有作用的广告。还有，我们可以给每一个月定一个顾客幸运日，这一天第一个进入我们书社的顾客就是我们的幸运顾客。每位幸运顾客可以终身享有每年一本新书的馈赠。这些幸运顾客事实上终身都是我们书社自觉的广告员。

马明高拍了下大腿，连连叫好。别看云飞是在政府部门蹲办公室的，这生意上的事他还真能想出一些点子哩。

龙子云也说是的是的。

眼看时间不早了，龙马二人告辞。舒云飞叫马明高抓紧测算一下办书社的事儿。

今天一上班，向处长就召集全处同志开会。议题很集中，推选人大代表。厅里只有一个指标，当然是推选朱厅长了。难怪前几天朱厅长又到各处看望同志们。舒云飞无意间发现了一条规律：朱厅长要是来各处看望同志们，一定是他又有什么好事了。记得有一回朱厅长与大家握手后的第三天，厅里选他为党代表。还有一回他看了同志们，第二天全厅就以绝对多数选票评他为优秀。

向处长说开个短会吧，就慢条斯理地把这次推选人大代表的有关事项说了一通。他说的好像只是推选人大代表的重大意义、代表的有关条件等等，都是人人明白的大道理，听上去同废话差不多。可就是这些废话，始终在暗示你该选谁。舒云飞见这几天向处长同他见面一直都很严肃，他在会上就有意活跃一点。但这样的会议，只需要大家举举手，没有太多表现机会。他只好始终微笑着。可他的微笑并不能改变向处长脸上的成色。似乎只有这种脸色才能适合会议严肃的议题。选人大代表可不

是闹着玩的事啊，这可是事关人民群众当家作主的大事啊。结果大家一致推选了朱厅长。

会很快就完了。回到办公室，小刘问舒云飞小孩上学的事怎么样了。能怎么样？还不是交钱！他随便说道。

小刘说，三万块钱你就这么轻易交了，蛮有钱嘛！我说你其实可以活动一下，能免交或者少交一点也是好的。

舒云飞做出无奈的样子，说，我这人无职无权，谁肯给我这个面子？

说到这里，舒云飞见小刘笑了一下，他就不说了。小刘的笑有一种无可名状的怪异，这笑常提醒他同这人讲话不可太多。同小刘共事几年，他真正懂得了言多必失的含义。凭感觉，他知道小刘常弄他的手脚。他的感觉很准，他暗自印证过多次。但他只是在心里愤慨，却没有任何流露，甚至还装傻，权当什么都不知道。自己的名声要紧。如果自己也像小刘那样去做小动作，他也成小人了。整了别人事小，坏了自己的名声事大。他琢磨过小刘的心思。这处里九个人，只有他和小刘还是一般干部，其他人都是正处副处了。他的年纪比小刘大些，资格比小刘老些，按惯例下次应先提拔他舒云飞。小刘要是沉不住气，想抢先一步，当然要有所行动了。这也是人之常情，让他小刘一着吧。舒云飞常这么宽解自己。再说，摆到桌面上，他也说不出小刘什么一二三。比方说，有时同事们闲扯，大家都无拘无束。可舒云飞说了句什么，小刘就笑几声。这笑声你也说不上有什么毛病，可就是他这么一笑，你刚才讲的话好像就有毛病了。舒云飞不能对自己说过的话作任何解释，那样等于此地无银三百两。谁也没有说你什么呀？每逢这种场合，同事们就似笑非笑，面面相觑。向处长也艰难地笑一下，然后马上严肃起来，转身回自己办公室。其余的人就像怀着什么秘密似的阴一个阳一个散了。只剩舒云飞一个人待在那里，坐也不是，站也不是。这种说不出的哑巴亏，他吃过多次了，现在回想一下，连一个完整的例子都举不出。他自己都说不清小刘是怎么让他难堪的。心想小刘整人这一套还真高明，不知他在哪里学的。兴许是狄青用兵，暗合兵法吧。

这会儿，向处长叼着烟慢慢踱到舒刘二人的办公室来了。二人招呼向处长好。向处长也不答，也不说有什么事，只站在他俩办公桌边颔首而笑。舒云飞望着向处长，可向处长只望着小刘，好像不在乎他舒云飞的存在。舒云飞知道向处长是个什么都写在脸上的人，没有多大器量。器量不大的人不可能有多大出息，但他已是处长，再怎么着也只能是你难受而不是他向某人难受。他也只好目不转睛地望着向处长。

向处长同小刘说着一些无关紧要的话。小刘早已恭恭敬敬站在那里了，一脸灿烂地望着向处长。舒云飞马上意识到自己好像也应站起来，却感到四肢不是味道。挨了一会儿，还是站了起来。但他刚站起来，向处长转身走了，望都没有望他一眼。

舒云飞觉得向某人这样简直是女人做派。

既然站了起来，就不能让小刘看他的笑话。舒云飞很自然地去取了暖瓶，为自己添了茶。是否也要给小刘添一点呢？可终究怕小刘看破，就一边盖开水瓶，一边问小刘也来一点吗。小刘说我要就自己来。

舒云飞很优雅地喝茶。向处长这种风度他是经常领教的，想来又好气又好笑。他喝了一会儿茶，就去上厕所。走过向处长办公室门口时，不知怎么的，他又想同人家打招呼了。向处长却在办公室踱步，样子深沉得不得了，不知在考虑什么国家大事，根本顾不上同人家讲客气。

舒云飞蹲在厕所里咬牙切齿。他对这向某人太了解了。当年他向某人也是科级干部时，也同大家有说有笑的。等到当了副处长，就成天皱着眉头坐在那里翻文件了。后来当了处长，又学会了缓缓踱步。舒云飞想自己一眼就可以看穿他的大脑，那里沟回平坦，形同戈壁，生长不出什么思想。可这人踱步的样子像个思想家。

舒云飞解手之后，步态从容地往自己办公室走。但见各办公室鸦雀无声。大家都在看报、看文件、喝茶，很敬业很有修养的样子。似乎这是一个风平浪静的所在。他想如果有人将这里的生活写成小说，一定很枯燥、很乏味。大家只是极斯文地坐在那里，大动作和小动作都看不出，没有什

么精彩的细节,既不能丝丝入扣,又不会惊心动魄。

下班回到家里,晓晴一眼就看出了他的不快。他在外面是什么事都没有似的,一回到家里,脸上该是什么节目就是什么节目了。不过也不向家人发作,只是一个人躺在沙发里上演无声电影。

晓晴知道男人的脾气,让他一个人抽闷烟,自己去厨房忙做晚饭。

这是个小人!舒云飞心里极不畅快。他想起了孔圣人为小人画像的话。小人你很难同他共事,但很容易取悦他,哪怕你用不正当的手段去讨好他,他也非常高兴。小人用人的时候则是求全责备。参加工作十四五年,现在仔细想来,真正的君子他没碰上过,小人倒是见识了不少。舒云飞早就看出来了,自己要让向某人有好感其实也并不难,给他送两条红塔山就行了。这种人就是这样不值钱,几百块钱的东西就可以将他收买。

晚饭后,晓晴让源源回房看书,然后问男人,你好像不高兴?

舒云飞也说不出什么,只道,同这种人共事,不短命才怪!

晓晴安慰道,你还是读书人,不明白不以物喜,不以己悲的道理?何必因为别人影响自己的情绪?

可这人偏偏可以影响你,可以影响你一切,让你功不成名不就,让你一辈子平平庸庸碌碌无为,你怎么办?舒云飞激动起来。

晓晴默然一想,问,你是说姓向的?

这是一个地道的小人!舒云飞说。

晓晴说,我早就劝过你,要你注意处理好同他的关系,你就是不听。人家明摆着是处长呀!谁人檐下不低头?你太不通达了。

通达?怎么个通达法?孔夫子有句话:君子上达,小人下达。什么是上达下达?上达就是识大体,明大义,正道直行!下达就是认同庸俗的人生规则,甚至不惜蝇营狗苟!你讲的通达,就是下达,是小人所为。无非是有事无事找借口到他家里去拜访拜访,孝敬点儿东西,套个近乎。这个我做不到!现在都成什么样子了?人与人之间的信任本来靠推心置腹,现在却是功夫在诗外!

男人很正派，晓晴真的敬佩。但她不希望他迂腐。像今天这样的劝解，她是不止一次了，可男人就是说不通。云飞，晓晴说，我也不是要你低三下四做人，只是要你稍微活泛一些。你就是提两条烟、两瓶酒，到人家家里去坐坐，也不怎么折你的面子呀？只要我知道你是君子，你自己明白自己是君子，这就行了，莫在乎细枝末节了。出家人还讲酒肉穿肠过，佛祖心中留哩。只要心中有佛，就不要怕入俗了。

舒云飞倒是笑了起来，说，你也这么能说了。不过你这是诡辩。按你这个逻辑，真的是盗亦有道了。再说，两条红塔山，两瓶茅台，要多少钱？我一个月工资又是多少钱？我就是一个月不吃不喝，全心全意为人民服务，也不会为他一个人服务呀！我宁愿救助失学儿童！

晓晴说，我正要同你讲这个道理。花几个钱是小事，再说又能花多少钱呢？现在有人还把花钱买官当作一种投资哩。让你走动走动，只是做个人情而已。我猜想，他向某人再怎么贪小便宜，也不在乎几条烟几瓶酒。他计较的是你的姿态。你想想，别人还唯恐攀附不上，就你一个人不理不睬，他会怎么想？至少以为你不尊重他，不把他放在眼里。特别是你，说资历跟他差不多，论本事也不比他差，他越发以为你看不起他了。他甚至可以宽容所有部下，就整你一个人。整倒你一个，其他的人都服帖了。你还成天读什么《论语》，还说半部《论语》治天下。现在哪是《论语》治天下？是厚黑治天下！

晓晴讲的这些道理，他不是没有意识到。正因为如此，他心里更加厌恶。大凡做上司的都唯恐下属不敬，偏要有意装腔作势摆出一副威风来。你想让上司看着顺眼，就不要怕人讲你是马屁精，你想保持一种正常的工作关系，往往要吃亏。

为什么上下级之间偏要成为一种人身依附关系呢？舒云飞无可奈何的样子。

晓晴说，你还是理想主义。别幻想了，世风如此，你还是活泛一点吧，连我们医院纯业务单位都是如此，何况你们？

舒云飞刚才本来已经心平气和了，听了晓晴的劝说，情绪又暴烈起来，拍着桌子吼道，既然如此，我誓不低头！

晓晴本想说他这是裤裆里屙屎同狗斗气，怕又激怒了他，就笑着熄火。算了算了我们别争了，别争了，看看电视吧。说着就开了电视机。可惜她喜欢的那个电视剧好几天都没放了。听说那个电视剧有一两百集，还没有拍完。现炒现卖，拍了几十集就先播了。

舒云飞蜷在沙发里独自抽闷烟。自己这样犟下去，固然是铮铮铁骨，却有可能终身栽在一个小人手里，死也死不了，活也活不好。这么一想，他怎么也不心甘。

晓晴拿起遥控器换了台，打断了他的胡思乱想。他心想自己怎么稀里糊涂想到了这些不着边的东西？在这里工作，大而言之是为人民服务，小而言之是为自己谋生。想那么多干什么？可是转念一想，为人民服务，却要看别人的脸色，真是荒唐逻辑！哎，不管怎么样，还得在这里挨下去。这几天常想起同龙马二人合伙开书社的事，但想来想去，这只能当个副业，私下里干。前些年上面鼓励机关干部下海，可真的下了海，个别发了财的倒是摇头摆尾快活去了，多数人呛水上岸了。上了岸的谁不灰溜溜的。毕竟同前些年不同了，单位头儿嘴上不说，心里却给你打了折扣，难怪有人说，上面的文件，你倒过来执行就对了。譬如每年年底都要发一个禁止滥发奖金和突击花钱的文件。你如果照着文件办就是大傻蛋了。那么单位有钱就赶快发，支出预算还有结余就马上用了。因为谁都在大发奖金，大肆花钱。不然上面要发一个文件来禁止干什么？吃饱了撑的？

舒云飞脑子里就这么一团糟，直到上床睡觉都还想不清楚。好像讲得那么崇高的事业，仅仅只是为了混饭吃。既然大家都在混饭，也就没有什么好歹了。

舒云飞夫妇正在看《正大综艺》，龙马二人来了。晓晴忙起身倒茶。舒云飞问马明高怎么样了，龙子云却指指电视，说莫急莫急，先看看《正大综艺》吧。

但见到场的特邀嘉宾忸怩作态，答非所问。一位官员用蹩脚的幽默掩饰自己的无知。一位教授的题板密密麻麻写满了却不知所云。最好玩的是那位女明星，故作天真，搔首弄姿，在题板上画了一幅儿童画，旁边写的字谁也念不通。主持人倒是机智，一见自己念不下去，马上请女明星自己念。这位小姐就耸肩呀摊手呀，弄得大家起鸡皮疙瘩了也不知她讲了些什么。

龙子云早已忍无可忍，连叫俗不可耐。舒云飞也摇头晃脑觉得好笑。他拿遥控器调低了音量，说，让他们傻笑去吧，我们扯我们的。

马明高说，我做了一些调查，初步测算了一下。先搞一个小门面，估计一年盈利二十万是可以做到的。便把详情细细说了一遍。

晓晴听了很高兴。真的？那我说你们可以放手干哩。

马明高说，这还只是一张画饼。还有许多事要办，找门面、工商注册、税务登记，最要紧的是贷款。哪一道环节办不成都成不了事，没有一道环节是好办的，要关系，要门路，要打点。

大家听了，一时都不说话。过了一会儿，龙子云说，云飞在政府部门工作，各方面熟悉些，有些环节只怕要你多费心了。

哪里哪里，大家想办法吧。舒云飞摆手道。别人以为他是谦虚，他却是真的没有办法。这正是他的难堪之处。如今要说势利，怕是官场最势利了。你手中无权，别人就狗眼看人低，你要人家办事就办不好。几个人都在想办法，他却走神了，想起了单位买暖瓶的事。旧暖瓶用了多年，瓶底早锈坏了。今天厅行政办买了新的来，却分了档次。厅长们一个档次，处长们一个档次，一般干部一个档次。舒云飞和小刘办公室就领到一个最低档次的铁壳开水瓶。舒云飞忍不住玩笑道，真有意思，这开水瓶也有必要分个级别？他想小刘应表示共鸣的，可小刘却说，老舒你呀，农民意识！舒云飞马上后悔自己不该同他说这种话。小刘在他面前好像越来越放肆了，这多半是看了向处长的脸色。向处长一直不在乎他，当然是看了朱厅长的态度。而他从来不有意去接触朱厅长，朱厅长对他的了解只能来自

向处长的汇报。就这样,他在单位的处境一天比一天尴尬。

龙马二人知道他太正派了,在单位不怎么吃得开,但不知他竟然如此窝囊。他也不想让两位老同学看出他这么不中用,所以平时总是龙马二人发一些怀才不遇的牢骚,他倒不怎么讲到自己的境遇。

马明高好像看出了他的心思,有意无意地为他解围,说,现在办事看三条:一是权,二是钱,三是朋友。适当打点是免不了的,关键是大家都要想办法找熟人。人托人,总找得着关系的。

舒云飞这会儿想起工商局好像有个熟人,就说,工商局那边我可以先联系一下。

马明高说,税务方面我可以联系一下,我同他们业务上有交道。

龙子云说,门面我倒有几条信息。大家也留意一下。

晓晴插嘴说,最难办的只怕还是贷款。

马明高不以为然,说,讲难也不难,贷款反正靠塞红包。

就这么说好了,几个人都先活动活动再说。

舒云飞次日一到办公室,就打开水,拖地板,抹桌子。刚准备去卫生间搓抹布,小刘来了,忙说对不起,来迟了。说着就伸手问他要抹布。他说,桌子我抹过了,我去搓搓。小刘说,我去我去,反正我要抹一下皮鞋。他便把抹布给了小刘。小刘一走,他又觉得手脏,应去洗洗。又不想紧跟了小刘去卫生间,只得扯了卫生纸揩了揩。

小刘洗了抹布回来,象征性地掸了掸柜子门,这才晾了抹布,安坐下来。

舒云飞看了表,已是八点半。他想等到九点钟给工商局的熟人打电话。

没有等到九点,小刘抓起了电话。像是找一位当老板的同乡,先玩笑一会儿,再问人家这两天休息怎么安排。原来小刘约了几位朋友明天去郊外钓鱼,请这位老乡一起凑凑趣。一定是他那位同乡问他是大钓还是小钓,小刘说,大小那就看你的兴趣了。那边又问几个人,小刘报了过去。

那边停了一会儿，回过话来。小刘满意地笑道，好好，那就大钓吧。

舒云飞明白了，定是他那位老乡充当冤大头无疑了。如今这钓鱼，也不是随便什么人都有资本去钓的。大钓小钓是行话。小钓是自备钓竿、饵料及一切应用器具，请客者负责付鱼钱，请吃一顿饭，客气的还会备一些水果糕点。大钓那就讲究了，每人钓具一副、休闲装一套、太阳伞一顶、太阳镜一架、水果糕点若干，完了请吃一顿饭，付鱼钱当然不在话下。够派的还另备礼品或红包相送。这一来，花销就说不好了。单说钓竿，便宜的二三百、四五百可以拿到手，贵的上万的也是有的。送什么样的钓竿，自然看客人的来头了。

这么高的规格，不知小刘请的是什么贵客？

小刘挂完这个电话，并不罢手，又马上打别的电话。照样先是调侃，再是请人家明天钓鱼。邀约好了之后，又漫天漫地扯淡。等小刘打完三个电话，已是十点多了。

这时，向处长踱了进来，拿起小刘桌上的一本书随便翻翻，放下，说，没有变吧。舒云飞正蒙头蒙脑不知何事，小刘答道，没变没变。向处长这就抬起头来朝天花板上溜了几眼。舒云飞和小刘也跟着他抬头望天花板。天花板上除了电扇懒懒地转着，什么也没有。等他俩收下目光，向处长早已转身走了。舒云飞心想这姓向的真他妈的神经病！

舒云飞坐下来查工商局的电话号码，小刘却哼起了小曲儿。这人今天怎么这样高兴？简直还有些扬扬得意。舒云飞猛然想起刚才小刘同向处长的神秘对话。原来如此！他明天是请向处长钓鱼。

明天还是大钓哩！什么大钓小钓！讲行话大凡有两种情况，一是怕别人听不懂，便约定俗成了一些行话，比如某些专门行业；一是生怕别人听懂，就造出一些准黑话当行话，比方黑道、商场和官场。

不知怎么的，舒云飞眼睛有些发花了，翻来覆去查不到电话号码，只得合上电话号码簿，拿出一沓文件来做样子。自己今天的心理素质怎么这样差？见了这种事情不知是愤还是妒？

老婆说得对，别人要尽巴结，自己却木头人一般。他开始怀疑自己到底是不是真的清高了。他平时总爱讲这么一句话：投靠是背叛的开始，并戏说这是他的凡人名言。一个人今天投靠你，一定是为着某种利益，那么，明天利益需要他背叛你，他眼睛都不会眨一下就倒戈了。现在他想，自己为什么老同人讲这句话？难道不是想让向处长明白他的心迹吗？若是这样，自己也太天真了，太可怜了。怎么说呢？自古忠贞之士都是这般，就像痴情的女子，对心爱的男人似乎都是单相思，而男人却醉心于一群淫妇浪女。就说屈原，对楚怀王简直怀有同性恋情结，作《离骚》、赋《九歌》，满腹爱恋和怨尤，可楚怀王照样宠信子兰等巧言令色之徒，屈原却被放逐，落得怀沙自尽。天同此道，地同此理，亘古不变。这忠与奸，正与邪的苍凉故事只怕要永远这么演绎下去了。

舒云飞满心复杂的想法，什么事儿也做不成，只见手中的文件模模糊糊的一片。

这几天，向处长带着小刘出差去了。舒云飞无端地感到心情轻松了许多。怎么会有这种反应，他觉得很奇怪。他早不在乎这个人的脸色怎么样了，可那张胖乎乎的脸又的确无时无刻不在左右他的喜怒哀乐。同事们出差在外，环境一变，相互间容易交流些，这是他长期以来感受到的一种经验。不知他们二人在外会交流些什么。这不是庸人自扰，他知道他们只要论及单位的是是非非，对他都是不利的。

一个人在办公室，他总考虑着自己的境遇和前程，只觉去路茫茫。他想过干脆调到一个清闲的文化单位去算了，读读书，写写文章，图个自在。或者干脆做生意去，赚钱也罢亏本也罢，听凭自己的本事和命运闯去，省得在这里看别人的脸色过活。可想来想去，就是不甘心，好像在跟谁较劲似的。细想不是跟朱厅长，不是跟向处长，也不是跟小刘，似乎在跟一个自己也说不清楚的东西较劲。一个假想敌？想来想去也没法跳出这里。好吧，还是在这里挨下去吧，今后也别事事都放在心上。自己成天的不快也真没意思，几乎都是一些庸人自扰的事。不要管那么多，一切听凭自然吧。其实这种犹犹豫豫的心思也是常年在他的脑子里打转转的。

这天一早去上班，他远远地就见朱厅长站在办公楼前同人说话。他想管他什么猪厅长马厅长，我就是不同你搭理，又怎么样？他便挺着身子，目不斜视朝前走去。可越是走近朱厅长越是不自然，脸上肌肉有些发紧。就在同朱厅长交臂之际，他忍不住又叫了一声朱厅长好。可朱厅长只顾同人说话，脸都不偏一下。

舒云飞额上顿时大汗淋漓。一进办公室，就关了门。反正向处长不在家，他也就不顾那么多了。好一会儿，感到越来越热，才想起空调没打开。

室内渐渐凉了下来，他才把门开了一条缝儿。手头没事，又没人管，就索性坐在那里发呆。等心情稍微平静些了，就给工商局打了电话，那位熟人说，现在正搞文化市场整顿，书店一律停止注册，也不知什么时候解冻。不管怎样今后会卡紧一些的，现在小书店太多太乱了。舒云飞同这人仅仅只是熟悉，并没有交情，人家客气几句就开始打官腔了。见这般光景，他只好说，那到时候再请你帮忙吧。

他不准备马上把这消息告诉龙马二人。别人心里正热乎乎的，这么快就去泼凉水，过意不去。再说他也希望听听他们二位的联系的情况，说不定到时候又有办法了呢？

过了几天，龙子云有消息说，门面倒是打听了几家，只是租金要价都高。但有两家门面是公家的，找他们头儿做做手脚，可以谈下来。马明高说，税务登记本来就不成问题，关键是定税，到时候再活动。

只是贷款还找不到可靠的人，不然人家谁敢收你的红包？舒云飞见龙马二人果然劲头十足，只好告诉他们，工商局那边熟人出差去了，估计个把星期回来。他说了这些，感觉心里歉歉的，好像愚弄了别人。

一连好几天，他都在犹豫，是否该把工商局的情况告诉他们二位？

这天，马明高又打电话来，问事怎么样了。舒云飞想也应该同人家讲了，就讲，我刚准备打电话给你的，那个熟人回来了，我刚才联系过。于是把情况说了一遍。马明高问怎么办？他说，只有等一段了，相信也不会等

太久吧。马明高又说，贷款的事初步联系过了，人家松了口，但血是要放一点的。通完电话，舒云飞不太好受。

舒云飞那天同朱厅长打招呼讨了个没趣，只要想起就不舒服。他想今后谁要是主动同他打招呼就是和尚的崽！他甚至想再次碰上朱厅长，理都不理他就同他擦肩而过。可是朱厅长是个忙人，他要是不下楼来看望大家，你说不定几个月都见不到他的影子。听说他这会儿又去美国考察去了。舒云飞想，天知道他去美国能考察些什么。

舒云飞的心情不好，却又不便同晓晴讲。这事说起来是摆不到桌面上的，就只有一个人闷在心里烦躁。闷了几天，心情也慢慢平和下来。再回头想想这事，就觉得有些好笑了。可是现在生活就是如此平庸，除了些鸡毛蒜皮的事，还有什么大事呢?那些领导们，也不是成天同你脸红脖子粗，他们只是把一颦一笑都做得极其含蓄，又深不可测，总叫你提心吊胆地去琢磨。

这天上班，舒云飞正在卫生间，听见外面有人在高声应酬。他知道是向处长他们回来了。他本来已完事了，可一想想外面的场景，就索性又蹲一会儿。同事们出差回来，通常要与在家的同志握手客气一回，似乎一日不见隔三秋。向处长回来，更是要一一握手。舒云飞不喜欢那双胖乎乎的手。不是他心胸褊狭，他是讨厌这人握手的讲究。向处长同上司握手总是身体前倾，伸出双手握住人家的手激动地摇晃五六下。同平级干部握手，他就挺直身子，伸出右手，不紧不松抓住对方的手，摇两三下。要是下级伸过手来，他就看似平和，实则心不在焉，半伸出手，直着手掌同别人软绵绵地一带而过。你就感觉摸着了一只泡得发胀的死老鼠。可你还不便表示不快，还得赔笑。这不光因为他是领导，还因为他的表情倒是过得去的。只是你觉得让他笑容可掬地藐视了一回。

舒云飞蹲在厕所里好一会儿，听到外面的热闹劲儿过去了，方才起来，脚都有些发木了。洗了手，本想扯了卫生纸揩干的，却只抖了抖。走过向处长办公室门口，见大家站在那里说话。舒云飞便招呼道，向处长回来了?向处长应了声就伸过手来。舒云飞忙摊摊手说,对不起,手上尽是水,尽是水。就这么搪塞过去了。他不好马上走开,也只得站在那里。这才知道大家正在欣赏向处长新穿的金利来衬衫。都说不错不错,向处长层次高。向处长却只满口谦虚,哪里哪里。舒云飞发现平时在这种场合最活跃的小刘只是微笑,并不开口,他心里就明白了大半。他看不惯这种气氛,就猛然抬腕看看表,装着有急事的样子,小跑回到自己办公室。

这几年男人都有些女人味了,喜欢议论谁的衣如何,谁的鞋如何。最好玩的是处里这些人,把品评上司的衣着也当作拍马屁的必修课了。去年冬天,舒云飞新买了一双老人头皮鞋。碰巧向处长也穿了一双新鞋,同舒云飞的一模一样。有天闲聊,大家说向处长的皮鞋够层次,处长就是处长。一片啧啧声。他们马上发现舒云飞穿的也是一双新老人头,有人就开玩笑说,只怕是假的吧。舒云飞觉得好笑,故意说,我不识货,分不了真假。小刘就蹲下来很内行地摸一摸,捏捏,然后拍拍手,断定是假的。舒云飞有意愚弄一下他们,就说,管他真货假货,反正就百把块钱。在场的这下乐了。百把块钱也想买老人头?肯定是假的。并要舒云飞同向处长比肩站在一起看看。你看你看,不怕不识货,就怕货比货。这真假老人头,一比就出来了,区别好明显。是的是的,好明显。买名牌,还是要像向处长一样,到专卖店去,这是经验。舒云飞感到幽默极了。他怎么也看不出这两双老人头有什么区别。他们断言舒云飞这双鞋不到半年就会脱绽的。后来却发现并不如他们所料。再提起此事,他倒不便点破他也是在专卖店里买的了。这样会让同事们脸上不好过,尽管他们是自取其辱。他只好信口编了一套理论,说冒牌货不一定就是劣质货。有些制冒牌货的厂家,设备技术都不错,就是缺少驰名品牌,他们的东西,质量也是过硬的。大家听了,也觉得有理。

那边大概热乎够了,小刘回到办公桌前来了。见小刘容光焕发的样子,他说,小刘出差几天,倒显得更加年轻了。小刘说,哪里哪里。不过在外面自在些,不像在家里这么闷得慌。舒云飞笑笑,就不多说了。他相信

向处长的金利来衬衣一定是这次在外出差小刘孝敬的。去年向处长的老人头,后来就有人知道是小刘老婆出差从外地带回来的。

小刘抬头望着舒云飞说,你听说过吗?最近要从处长中间提一个副厅长。看小刘的眼神,舒云飞猜他一定是知道内幕了。这事其实早就露出风来了,而且早已暗浪千重,只是大家都隐讳。现在小刘开始议论这事了,说明盘子只怕定下来了。他便说,我的消息不灵,还真没听说什么,也不知上面用人是凭资历还是凭能力。凭资历就不好说了,要是凭能力,我个人看法,应首推我们向处长。他说罢便望着小刘的反应。小刘不说什么,只是意味深长地笑。

他觉得小刘的笑真的有些神秘。这小子一定掌握内幕了。说不定就是向某人要发达了。这么一想,他立即感到心跳加速,肛门发胀,又想大便了。

蹲在厕所里,想自己好笑。眼看别人又要上了,你就屎尿都急出来了?说把心放开些,真遇事了又放不开了。

一转眼,源源开学了。除了原来一手交清的三万块,学费还得另外交。读书是好事,图个吉利,晓晴忍着不发牢骚。过了几天,晓晴问男人,你就从没听见你们向处长提过小孩上学的事?男人说没有。晓晴就觉得奇怪。五万块钱,他那么爽爽快快地交了?我想他就是再有钱,也不会出这个冤枉钱的,一定是找到门路免了。不过这也是人家自己的本事,我们不去管他。晓晴叹道。她本想这么宽解男人的,不料却刺激了他。什么本事?凤凰无毛不如鸡!他不当这个处长,看他哪来的本事!晓晴想人家当到了处长就是本事,难道硬要人家写本书不成?便说,也是的,越是有地位的人,越是四体不勤,五谷不分,要是没有用人,他们连饭都进不了口哩,哪有什么本事?晓晴说完好一会儿,舒云飞才想到女人这明地里是在鄙夷别人,实际上是在奚落他。他也不怎么往心里去了。事实就是这样,能办成事,能在社会上出人头地,就是本事,不然你满腹经纶也是白费。

眼看就到了中秋节。晓晴开导男人,还是不要太犟,主动同向处长改善一下关系吧。你就借这回中秋，到他家里去坐坐。俗话说，阎王爷不打送礼的。舒云飞一听就不高兴了。改善什么关系？谁说我同他有意见？晓晴笑道，你别一来就发火，同我发火有什么用？我这是为你好。就说向处长，要是对你有意见放在嘴巴上，人家也当不了处长了，你那儿也就不叫官场了。

向处长虽是无权提拔他，但只要这姓向的不在朱厅长面前说他的好话，他就无出头之日。而且向处长时常没个好脸色给他，他的日子也不好过。他哪里不明白其中的微妙，只是讨厌这么做。再说，就是自己这会儿想屈膝了，也放不下面子。这么多年直着腰杆子过来了，到头来还是要点头哈腰去做人，成什么了？要清高就清高到底！向处长就住在他家对面的三楼，舒云飞住这边五楼，要是向处长窗帘不拉严，他站在自家阳台上可以看见那边的客厅。就这几步路，他怎么也迈不出去。

晓晴这回却像变了一个人，反复要男人脑瓜子开点窍。要想人前显贵，就得背后受罪啊！晓晴说。

舒云飞说，哪里只是受罪？单是受罪我也不怕了，我是苦出身，哪样苦都吃过，哪样罪都受过。可这是做孙子！

做孙子又怎样？你那种场合，谁又不是奴下奴？

我才不当奴哩！舒云飞像是受了侮辱，脸都有些变形了。

晓晴说，我不是讲你怎么样。你想想你那里，一般干部巴望处长有个好脸色，处长巴望厅长有个好脸色，厅长巴望市长有个好脸色。不都是奴下奴？

这么翻来覆去争了好些天，舒云飞无可奈何，答应晓晴去做一回丢人的事。

晓晴便采购了一些礼品，无非是烟酒和月饼。

多少钱？舒云飞问。

晓晴说，你就别问钱了。如今除了工资不涨，什么不涨？就这点东西，还看不上眼，差不多就千把块了。不识货的，还说我们小气哩！

舒云飞听了心里很憋气。平白无故地送东西给人家，还要担心人家讲自己小气。这是什么事？千把块钱，家里老爹一年都挣不来！

吃过晚饭，两人准备到向处长家去。晓晴催男人先给人家打个电话。舒云飞很不耐烦，说好好，等一下等一下！他像是要去做一件非常重要又非常危险的事，心跳都有些异常了。他慢慢走到阳台上，深深地呼吸，想调整一下自己的心律。自己这个样儿到人家门上去，说不定一进门就会面红耳赤、语无伦次、手足无措。这样就是真正的笑话了。自己会更接受不了的。我一个堂堂汉子，为什么要在他面前窘态百出？

他的心情一时静不下来。晓晴却在催。这时，他无意间看见一位同事从向处长那个楼道出来，缩着头往旁边单车棚的黑影里钻，跟做贼似的。舒云飞觉得好笑，自己等会也就是这副慌张相了。他正幽默着，又见小刘提着包往那里去了。快到楼梯口，碰上一个熟人，小刘同那人很随便地打了招呼。舒云飞感到奇怪，这小刘办这种事情怎么这样自然？那神态就像是回自己家去，全不像是去拍马屁。他真的佩服小刘了。要把低三下四的事做得从容不迫，也是一门本事啊。算了算了，自己甘拜下风了。

晓晴跑来问，到底去还是不去？

舒云飞狠狠地拧灭了烟蒂，说，去他妈的鬼！

晓晴睁圆了眼睛。怎么了？说得好好的，怎么又不去了？这么多东西不心疼，你怕是偷来的？

心疼什么？高级东西只配别人吃是不是？我们自己也来豪华豪华。

晓晴说，你怕是发疯了？莫说烟酒，只说这月饼，三百多块钱一盒，一盒才六个，一个合五十多块，你舍得吃？

舒云飞倒是笑了起来，说，这就是怪事了，给人家吃舍得，自己吃就不舍得了？我还偏要自己吃哩。

晓晴急了，说，你莫说吃不吃的，你只说还去不去？

舒云飞回屋里往沙发上一靠，架起了二郎腿，一副死牛任剥的样子说，我真的不去了。

你有神经病不成?说得好好的,这会儿讲不去就不去了。花了这么多钱,你怕是我们家钱没地方丢了?

舒云飞说,由你怎么讲,我反正是不去了。你要去你自己去。

他只顾一个劲地抽烟,眼睛眯成了一条缝儿。晓晴气得话都说不出了,坐在那里喘气儿。过了好一阵,她才说,你以为我舍得花这个冤枉钱?我是看到你太死板了,出不了头。你又是一个心高气傲的人,总让你这么屈着,过不了几年,你不病倒才怪。我也不图你做官出名,只望你身体好,不要出毛病。你不想想,如今谁还像你?上班在办公室老老实实坐着,下班在家死死地待着,读书呀,写字呀。在你们那个场面上混,要那么多学问干吗?我猜想,人家心里忌着你,八成是因为你书读多了,人太精明。你看什么问题一眼到底,说起话来又一针见血。这么一来,人家站在你面前就像自己没穿裤子似的,什么都叫你看了个透,当然不舒服了。可你那儿又偏叫官场,说你行你就行,不行也行;说你不行你就不行,行也不行。所以人家明知道你是块料子,偏讲你不行,偏让你翻不了身,看你捡块石头把天打破了不?!别人夜里都是怎么过的?要么请人唱唱歌,打打保龄球,要么陪人搓搓麻将,输他个千儿八百。你花不了这个钱,但起码的礼还是要尽到呀!

晓晴的体贴话还真有点让他感动,她对他处境的分析也真是那么回事。他想这女人真是一个好女人,又聪明,又贤惠。可是他还是不想到对面楼里去。这是人的节操大事啊!老半天,他才缓缓说道,晓晴,你就别难为我了。我知道你是为了我,但我实在做不出。一个人可以不做官,而且还有许多都可以不做,但终究要做人哪!辱节没操,何以为人?

晓晴长长地叹了一声,像是无奈,又像是很轻松了,说道,只好由你了。我说你呀,就是把这个人字看得太重了。好吧,那你以后就不要老是闷着生气了,凡事都想开些。你硬是要做君子,就坦坦荡荡做君子算了。可是君子不好做呀!

这个晚上,舒云飞又一次失眠。

次日上班，舒云飞一见小刘，就想起昨天晚上的事，心里难免又生感慨。但细细一想，什么都说不出，真是瞎子错嚼了抹桌布，什么味道都不是。一会儿，向处长来到他们办公室，同小刘很随便地打了招呼。舒云飞心想，要是有人给自己送了礼，第二天马上见面，一定会很不自在的。可人家自在得很。你看他俩，就像两个偷情的男女，一提上裤子，又都是好人了。舒云飞有了昨天一夜的失眠，像是又一次想通了许多事理，这会儿不在乎小刘怎么恭谨地站在那里，他只是没事似的坐着喝茶。可向处长只同小刘聊了几句，就转向他说，这里有个调查报告要呈送市政府和厅里领导，你写一下信封。写好之后给我看看再交收发室。舒云飞接过材料，向处长就走了。他心里觉得很别扭。难道我舒某人连个信封都写不好了，还得让你审查一下？但不管怎样，工作还是要认真对待，他便取出毛笔和墨汁，一丝不苟地写了起来：呈某某同志阅。他的字很漂亮，参加全市书法比赛还拿过奖的。这也是他颇为自得的地方，只要有机会，他都好亮几笔。

写好之后，他拿到向处长办公室去。他知道向处长对他的字虽说有些嫉妒，却也不好说什么的，只是时有表示不屑的意思。那年他的书法得了奖，同事们都表示祝贺，还闹着要他请客，只是向处长装作不知道有这事。舒云飞站在向处长的办公桌前不走，等着审查完了之后再送去收发室。可向处长的眉头不知怎么皱了起来。舒云飞忙凑过头去，看是否写错了字，却也没发现有错字。向处长又半天不作声，只是皱眉，弄得他都有些紧张了。过了好一会儿，向处长把信封往桌边一推，说，老舒，市长就是市长，厅长就是厅长，你写什么呈某某同志干吗？

舒云飞这下真的不理解了，说，党内称同志，我记得以前中央还专门发过文哩。

向处长更加不高兴了，你这么迂干什么？你不看报纸不看电视？领导同志出来，职务再多也要不厌其烦地排出来，后面加不加同志倒是无所谓。将心比心，你要是也是长字号的，下级口口声声就叫你舒云飞同志，看你心里是什么味道！

舒云飞觉得向处长今天有些特别，这人平时都是很含蓄的，这回怎么如此直露？他也不想争辩，说拿回重写吧。有什么多讲的？道理是道理，常情是常情。按道理不该的事还多哩。

他真想恶作剧，把领导的名字写成瘦金体，而把他们的职务写成肥肥的魏体，拳头那么大，让他们过过瘾去。但到底还是不敢，只得规规矩矩写了。

这下向处长不讲什么了，过目之后，毫无表情地说，好吧。

舒云飞便把报告封好，送往收发室。想起刚才向处长那威严的样子，真的太像处长了。看来向处长说的市长就是市长，厅长就是厅长，潜台词当然是处长就是处长了。这是否在暗示他目无官长呢？才不信邪哩！应该倒过来，叫长官无目！好吧，不称同志就不称同志吧，反正也没有什么志可以同了。也真是的，自己连个信封都写不好了，还有什么能耐？在这样的地方，大凡按正常思路去想问题、办事情，往往就会出岔！可自己的想象力有限，头脑中只有正常逻辑，歪经不会念。

这件事情不大，甚至可以不算个事情，舒云飞却想得很深，似乎它的象征意义可以涵盖整个官场。

开书社的事迟迟没有进展。老这么拖着也不是个话。晚上，龙马二人来了。进门就拱手，中秋好，中秋好。

晓晴玩笑道：拜节也没个拜节的样儿，空着手舞一下就成了？

龙子云说，我们到哪里都是空手道。

晓晴马上倒了茶来。舒云飞让女人拿月饼来吃，中秋嘛。晓晴心里有些不舍，但男人说了，她又不好驳面子，只得拿了出来。龙马二人客气一下，就一人拿了一个。龙子云吃了一口，再闻了闻，说，什么鬼月饼，有股怪味儿？

舒云飞骂道，龙子云是小看人，凡是我舒云飞的东西一定是低档货。我说你这一辈子都没有吃过这么好的月饼。你那一个月饼多少钱你知道

吗?

多少钱?是块金子?龙子云偏不信。

五十多块哩!

龙子云就把月饼凑近了仔细看了看,说,我真的看不出。

马明高感叹道,这么一点点东西,用不着拇指大的面粉,却要五十多块,钱也真不叫作钱了。所以一句话,赶快赚钱。他这人不喜欢空谈,一句话就到正题上了。

舒云飞明白,书社办手续的事,只要随便有一个关系好一点的朋友或熟人,很快就会办好。停办不停办,那是另一码事。问题是就这一点小事他都无能为力。他只会按正常途径办事。他猜想马明高是生意场上的人,一定看出了这一点,只是碍着面子,不好说出来。龙子云去,早让他难堪了。想到这一层,他在马明高面前倒有一点心虚的感觉,不敢正眼望人家了。马明高说了一句话之后,只是静静地喝茶,样子好像很深沉。

大家一时都不讲话,有些冷场,舒云飞就开玩笑说,早些年有个高人给我算命,讲我是发财的相。但到目前为止,我还看不到自己发财的希望。

龙子云接过话头,说,那么我们就托你的洪福,一起发财。

舒云飞又说,不过那位高人还说,我又是一个仗义疏财的人,只怕是赚得多,舍得也多,到头还是一场空。

晓晴不太畅快,讥笑道,我还从来不见你仗过什么义,疏过什么财哩。

舒云飞知道晓晴的气是从哪里来的,就自嘲道,我那是还没有财可以疏嘛。

龙子云说,其实命相之说我是不相信的,说来说去,人的命运还是在自己手里。唐朝诗人皮日休对命相之说的讽刺很有意思。他说相术都说谁像龙,谁像凤,谁又像牛或者马。人本来是万物灵长,最为尊贵。可是人偏要像禽兽就尊贵了,像人反而下贱了。一席话说得大家忍俊不禁,大笑不止。

舒云飞说，你这个掌故很有现实意义，要是借题发挥，作个杂文，一定会获得大家喝彩的。

马明高说，确实如此。现在信这一套的人太多了。我还发现一条规律，最信命相之说的有这么三种人：发大财的、年纪大的和文化高的。

舒云飞想想这话，还真是那么一回事，不过有一种人马明高不会知道，那就是现在有的人官越当得大越相信命相，只不过这一类人暗地里请人相面，明里却会批评别人唯心主义。但他不说出来。他感到特别幽默的是皮日休讲的人像禽兽就尊贵的话。真是有意思。

笑过之后，马明高又说，我们还是扯扯那个事情怎么办吧。这么一拖，黄花菜都凉了。

龙子云说，既然书社一时办不成，我们也不要吊死在一棵树上呀！我们还可以选一下别的项目，哪个石缝里不藏鱼？

晓晴忍不住笑了。我说你们是秀才造反，十年不成。好不容易选了个项目，又搞不成。这会儿又想另外搞了。我说你们干脆办个点子公司，反正你们一夜三十二个梦。

马明高却说，点子公司也有办得好的。但人家尽管是一肚子烂书，可他们头上多半有顶教授、博士之类的帽子吓人，才有人信。我们有什么呢？

是否另图良策，舒云飞一时拿不准，但他想摆脱窘境，便说，是可以考虑有无更好的门路。

马明高想了想说，也可以考虑。要想想那些谁都缺少，或者谁都需要的东西，从这些地方开开路子。

龙子云说，我最缺的是人民币，当然有美元也不嫌弃。

马明高骂道，废话！你缺钱别人也缺钱？有人还穷得只剩下钱了哩！

舒云飞这会儿却是一腔浪漫情怀。他想现在人们最缺少最需要的只怕是真诚了。他独自感慨了一会儿，笑说，若论大家都缺少、都需要的到底是什么，我说了你们别笑我迂，那就是真诚。

一句话说得大家都叹了气。

马明高说，是呀。可是真诚同我们赚钱有什么关系呢？

我刚才只是一时感触，说说玩，不是出点子。舒云飞倒为自己的天真不好意思了。

大家正七嘴八舌，龙子云举起手往下压了压，说，刚才云飞的玩话倒是提示了我。我有个建议，听起来玄，你们别笑话。城南大道有家婚姻介绍所，开得很有成就。我们可以办个类似的公司，当然不是介绍婚姻，而是介绍朋友。你们别笑，西方国家稀奇古怪的公司多哩。有专门替人道歉的，有出租假名人照相的，甚至还有在监狱里开旅馆供人历险的，你想得到想不到的都有。

舒云飞见自己的玩话倒引来了办公司的灵感，便有些兴奋。他略略一想，觉得只要别出心裁，当作一回事去做，说不定也是一个路子。便说，朋友的确是大家都缺少、都需要的。不知你们的看法如何，我觉得朋友只会越来越少的。一般的情形是，同事之间很少能成为朋友，而大家的交际很有限，流行的交际场所又成了高档消费的地方。所以有可能做朋友的只能是同学、同乡或者其他因偶然机会结识的人。但物欲横流，人心不古，朋友反目的往往比新交的多。鲁迅同瞿秋白相知后，感叹人生得一知己足矣！雨果临死时倍觉孤独，他讲的最后一句话是：我看到了一个黑暗的世界。舒云飞的语调越来越低沉，最后成了深深的叹息。

马明高像是被感动了，觉得自己在缓缓下沉。舒云飞讲完了，他才下意识地提了提身子，说，云飞很有感染力，你一番话，说得我全身都有些发冷了。这么说，这是一个路子？不过据我所知，这在我们国家只怕还是一个开创性的事业，没有经验可借鉴哩。

搞得好也是一个赚大钱的事业。开先河哩！龙子云一副神采飞扬的样子。

晓晴像是自言自语，说，听起来倒是那么回事。不过你们几个人办事情,我就怕你们太浪漫。讲起来天大,看见了抱大,到手了鸟大!几句粗话说得三个男人不好意思了。

那么我们可以扯一扯,就办这么一个公司,供人们交流感情,结交朋友。龙子云显得很有兴致。

马明高说,完全按照婚姻介绍所那种模式搞,只怕不行。介绍婚姻,见了一面不成的话就不好见第二面了,交朋友就没有这种顾虑。这也是我们这个项目的优势所在。根据这个特点,我们就可以办成沙龙式、会员制。

舒云飞一听,觉得很有道理,赞赏道,明高到底是生意场上的人,你看大家这么一凑,思路就有了。

龙子云性急,一扯就扯到公司牌号的事了。晓晴笑话说,你那女儿的名字只怕是恋爱时就起好了的吧。

闲扯也是闲扯。龙子云说,你不听说,北京有帮文化人,没事就在一块儿侃,几十集电视剧,这么侃着侃着就出来了。

侃是侃,怕你们赚得了钱吧?

马明高说,这倒不一定不赚钱,关键是要会搞。

龙子云来得快,已想好了一个牌号,就急了,说,先说说牌号。才说那家婚姻介绍所叫玫瑰之约,很不错的。我想我们叫旧约屋怎么样?

几个人听了,一时说不出好坏。过一会儿,马明高说,什么旧约新约的?不成了基督徒了?

舒云飞倒不这么快就否定人家,只玩话道,愿闻高情雅意。

龙子云便说,我原先发过一首长诗,叫《旧约之失》,不知各位读过没有?

晓晴的目光便在舒云飞和马明高的脸上飞来飞去。那诗其实谁也没有读过。马明高木着脑袋不作声,舒云飞含混地点了点头。龙子云却立即进入情绪:

我们早已相约
又总是擦肩而过
那个时候，一切
温柔得像一条河

太阳老了
月亮老了
我们的记忆
已是斑斑黄锈

龙子云的声音低回而凝滞。马明高却说，你念还念得可以，把你自己都感动了。我是没听懂，怎么听起来像是大白话？

不等龙子云说什么，舒云飞早笑了起来，说，新诗我也不懂，我总觉得，中国的旧体诗倒是到达过辉煌的顶峰，可新诗一直还处在童年阶段。是不是人类越来越聪明？反正是话越说越长。说完这些，又怕伤龙子云的面子，就说了句俏皮话。当然，诗永远是文学的童年。也正因为是童年，也就永远纯洁而天真。舒云飞望着龙子云那张疑惑怅惘的脸，还真有些天真。

马明高沉不住了，说，别再搞学术讨论了，说扯扯牌号就扯扯牌号吧。子云你说叫旧约屋，你那什么旧约诗是什么意思？

龙子云这下又神秘兮兮了。严格说来，诗是不能再解释的，一解释就寡淡无味了。这也是道可道，非常道的意思。

马明高有意作对，说，那你就不严格说吧。

龙子云哭笑不得，说，同你说不得高雅东西，真是秀才遇上兵，有理讲不清。好吧，我就说个大概吧。其实云飞感叹如今人心不古，真情难寻，我也早有同感，只不过我是一种艺术感悟，便作了这首《旧约之失》。我认为，人本来是纯真的。洪荒时代，我们质朴善良。我们相约走出那片黑森林，去寻找一块乐土。可是，走过漫漫几千年，我们迷失了。我们忘记了旧有的约定。

马明高听不下去了。怎么我越听越觉得像是梦话？

舒云飞听着听着，身子轻飘飘起来，似乎灵魂出窍了。沉默了好一会儿，才说，子云写的是人性的失落和异化，是对人类的终极关怀。我们顺着这个思路办公司，唤起人们的共鸣，客户自然不会少的。

晓晴刚才好像也被感染了，打了一个寒战。她缓了一口气，说，把我都搞糊涂了。你们说的倒像那么一回事，只是我越来越觉得你们像是在办社会事业，哪是在赚钱？她说罢就望着马明高。赚不赚钱，她倒更相信马明高的话。

马明高说，这个思路的确新奇，办得好，当然是可以赚钱的。反正事在人为。

大家就这么闲扯着，眼看着夜就深了。龙马二人便告辞。马明高起身说，反正这么久都耽搁了，也不在乎一天两天，大家都细细想一想吧，多出一些点子，拿稳一点。有空大家再凑一凑如何？

这个晚上舒云飞有点兴奋，一时睡不着。他认为这个点子很有创意，一定会成功的。真的势头好了，到时候就干脆辞职下海了。现在的处境根本就没有什么可留恋的。俗话说，有人辞官归故里，有人昼夜赶科场。就让那些喜欢玩手脚的人去玩个够吧。

三个人好久不在一起聚了。舒云飞想到了许多好点子，等着他们两位一起来扯。可这一段大家都忙，总凑不到一起来。

这天晚饭后，马明高一个人来了。

怎么不邀子云一起来？舒云飞问。

马明高说，我邀了，子云说他有事走不开，改天再来。

闲扯了半天，都没人提到旧约屋的事。舒云飞感到有些奇怪，便问，明高有一套成熟的方略了吧？

马明高脸上很不自然，停了好一会儿，才说，你别怪我不够朋友，我

只怕没时间同你们二位一起办公司了。最近我们公司上任了新班子,经理硬要我负责财务科的工作。我本不想干的,可经理三番五次找我谈,说就算是给他私人帮忙。人家这么说,我也就不好推了。这个科长一当,官又不是官,事情又啰嗦得不得了。

怎么不是官?你从一般干部一下就到科级干部了,一步登天。我这个科级干部却是十多年一级一级提上来的。你们企业用人开放些,说不定哪天一下子就到处级了。到时候我到你手下来讨碗饭吃算了。舒云飞便调侃道。

马明高真的不好意思了,说,你就别笑话我了,我哪是想当官?

舒云飞见是这样,就只好扯别的闲话了。他们在一起本是从来不需要什么话题的,今天却感到无话可说。马明高坐了一会儿,说八点半还有一个应酬,就走了。

舒云飞关上门,回到座上,脑子稀里糊涂的,像做过一场梦。

没有马明高出来,公司只怕办不好。舒云飞也就没有多大兴趣了。照样天天上办公室应卯。日子过得很无聊,今天不知明天的光景。感觉自己就像爬在苹果树上的一只蜗牛,树梢上是不是有一个大苹果,其实早就注定了,只是蜗牛不知道,仍在不遗余力地爬呀爬呀。到头了发现只是一条空枝丫,蜗牛只怕也爬不回去了。

过了很久,龙子云来玩。舒云飞也早把旧约屋的事忘到脑后了,只好把他们的宏图大略当作玩笑了,说,子云你是来赴旧约的吧?

龙子云一副无奈的样子,说,明高干不成,我也干不成了。我现在也是身不由己了。

舒云飞想起马明高,一个科级干部就把他安抚了,就问,怎么,你也当官了?

哪是什么官!这次我们学校搞人事制度改革,领导班子民主推选,竞争上岗,大家硬是要我干教导主任。这样一来,我们一起搞第二职业就不现实了。

果然是这样！舒云飞说不清此时的心情。龙子云平时那么愤世嫉俗，清高至极，到头来一个股级官帽就让他心满意足了。

龙子云随手翻一下茶几上的书，说，云飞，你也要变通一下。我一直佩服你的聪明好学，不像我人懒，写一点东西全靠一时的才气。可你，怎么说呢？不要误读诗书，到头来聪明反被聪明误。我最近也想通了，怨什么怀才不遇？有这种想法的人，就是想遇上一个好上司来赏识自己，这是天真的幻想！

舒云飞只是笑，说不出什么话。今天眼前这位老同学真的有些陌生了。他怎么突然变了一个人呢？难道平时是假清高？

龙子云说的晓晴是赞同的，但她感觉这人怎么一下子有点春风得意的意思了，便不太看得过。就说，你这个教导主任怎么也不早点竞争上岗？我们源源也好少交一点钱了。

龙子云放小了声音，做贼似的说，我正要告诉你们一件事。你们知道你们向处长的小孩上学交了多少钱吗？

多少？

一文没交！

啊？那是怎么一回事？他有这么大的能量？晓晴的眼珠子睁得要爆出来了。

龙子云摇摇头，说，我说了，你们要沉住气。他个人是一文钱没交，可你们厅里给了一中五万块！做得也艺术。教师节那天，你们单位到一中拜节，给了一中五万。这事起初就说好了的。我是当了这个教导主任才知道内幕的。本来我是不能说出这事的，你们知道了就行了。

龙子云走后，晓晴感到脚都有些发软了。自己三万块钱就那么水一样地流了。三万块，三万块哪！他五万块钱公家就出了？还有这种事？像什么话？他凭什么？

凭人家当着处长！舒云飞没好气。

晓晴更加来火了。我都要气得吐血了，你还要嚷我？我也不要你在单

位忍气吞声了，我们明天就到纪检会告去，看有没有这个搞法。

舒云飞说，你去告什么？人家说厅里给教师拜节有什么错？尊师重教是全社会的事哩。人家不交钱，就明说了是找关系免了，你也没有办法。这又不是皇粮国税非交不可。到头来只落得我们自己灰溜溜的！

这是明摆着的事，就没有办法反映了？

舒云飞冷冷一笑，说，笑话！你平时那么精明，怎么一时糊涂了？如今这种明摆着而又没有办法的事还少吗？有的人大家都知道他贪赃枉法、腐化堕落、五毒俱全，可你就是抓不到把柄，扳不倒他，人家照样风风光光、青云直上！你还得在人家面前赔小心哩！莫说远了，就说你们单位，谁都知道你们修那栋新住院楼，院长不知受了多少贿，可人家照样是著名专家、劳动模范，享受政府特殊津贴，你还不是只能在家里议论议论？

晓晴不说话了，坐在那里忍不住泪水涟涟，不知是痛苦，还是愤怒。

舒云飞还不知女人在哭，只顾独自埋头抽烟。他明白了，这五万块钱还有更深层次的意义。厅里那么多处长，不是任何一位处长都在朱厅长面前有这么大的面子。这说明向某人真的要当副厅长了。

他当他的副厅长吧，我还得按我的活法活下去。只是以后不想在乎别人的脸色。自己一天到晚只在一些说不上的小事上守着清高，的确也崇高不到哪里去，但心里兴许自在些。

只是转眼想到龙马二人，心里就不是味道了。这两位今后也不能说就不是朋友了，但只怕不会像以前那样有事无事到一块侃侃了。

晓晴哭出了声，舒云飞过去劝慰道，好了好了，别哭了，别哭了。哭有什么用。

无雪之冬

隆冬了，仍不见下雪，却很寒冷。张青染午休照样不回家，在机关食堂吃了午饭，便靠在办公室沙发上看报纸。翻了一会报，觉得没有意思，心里就懒懒的，有了倦意。又不可以打瞌睡，天太冷了，这机关的暖气永远没精打采。

无事可做，顺手拿过一本杂志，随意浏览。一篇有关婚外恋的文章让他睡意顿消。这篇文章介绍，有关专家在美国作了调查，发现百分之四十的女职员承认自己爱恋过男同事，并且认为中午休息时间完全可以用来恋爱。

张青染爱人刘仪的公司离家也远，她中午也不回家。他莫名其妙地烦躁起来，想打电话过去，又怕她同事们开玩笑。犹豫了好一阵子，还是打了电话。却没有人接。怎么会一个人没有呢？她那里平时中午都有人玩麻将的。

心想刘仪是否有事回去了呢？便打了家里的电话。半天才听见表妹麦娜接了电话，说姐姐没有回来。麦娜声音黏黏的，一定还在睡觉。他说没什么事，叫麦娜不要睡得太久了，自己弄些吃的。

放下电话，张青染更加不安了。他觉得自己的不安很可笑。明知如此，仍是不安，他下楼推了自行车，想去刘仪公司看看。外面风大，又飞着

蒙蒙细雨,冷得他发抖。

可是半路上,他又折回来了。什么事都没有,跑去干什么?别人真的要笑话了。时间也不早了,来回一趟至少一个小时,下午上班会迟到的。

下午上班时间一到,他就马上拨了刘仪的电话。还是没人接。后来又打过几次,都只听见长长的嘟嘟声。张青染有些紧张了,满脑子稀奇古怪的想法。

坐在对面的李处长看出些什么了,嘿嘿笑道,老婆被人拐了吧?我说老婆不要找太漂亮的。

张青染故作坦荡说,哪里哪里,巴不得谁拐走她,我也乐得解放。她说中午去看看洗衣机,看中了再打电话给我。怎么总不打电话来呢?

哦,是这样?你家洗衣机要换代了?

张青染敷衍着,是的,国产的还是不行。

两人就着这个话题,议论国产货的质量问题,很快就下班了。

回到家里,见麦娜带着他的儿子琪琪在搭积木。琪琪喊声爸爸,又顾自己玩去了。妈妈呢?张青染问道。琪琪已全神贯注,不再抬头。麦娜说,姐还没有回来。

张青染到厨房看看,见麦娜已做好了饭菜。

六点半过了,仍不见刘仪回来。张青染说,麦娜你来得及吗?你先吃饭算了。

麦娜才说没事的,就有人打她的传呼了。麦娜回电话。来电话的是麦娜她们时装模特队的伙伴狐狸。狐狸要她找一找猫儿。

麦娜把自己裹进皮大衣里,说下楼去打个传呼。张青染叫她在家里打算了,这么冷的天。麦娜说声没事的,就出去了。她从来不在家里打传呼,说不想让任何外人知道家里的电话号码。

好一阵子麦娜才回来。张青染见她神色不对,问怎么了?麦娜说,猫儿不见了。狐狸今天打她一天传呼,都不见她回机。我刚才打了几次,她也不回。

不会有事吧。张青染抬头望着麦娜。

麦娜背靠门站着，心神不宁，说，不会有事就好。麦娜身高一米七八，比张青染还要高出一头。麦娜她们模特队共六位姑娘，除了麦娜、狐狸、猫儿，还有老鹰、水蛇、相思豆。张青染不曾见过她们，只偶尔听麦娜讲起，一色美轮美奂。麦娜本名叫麦菊英，一定也有一个外号，只是张青染不知道。

麦娜说，我不吃饭了。猫儿不见了，我们必须早点儿会面，节目组合要更改。说着就进卧室化妆去了。不一会儿，出来的是一位冷艳而孤傲的美人儿。

张青染几乎要倒抽一口凉气。麦娜你怎么一化妆就冷若冰霜了？

是吗？麦娜微笑着轻声应道。可这笑容竟凄婉如残照。

小心一点，早点回来。张青染嘱咐着。

麦娜应了声，提着行头出门了。

过了一会儿，刘仪回来了。她一进门就抬头看看墙壁上的石英钟，说，回来晚了。

张青染默不作声，进厨房热饭菜。

刘仪抱一下儿子，说，青染你热饭菜要一会儿的，我干脆冲个澡。

张青染也不理，只顾自己。

饭菜热好了，刘仪还在洗澡。这么冷的天，怎么进屋就想起要洗澡了？刘仪洗完澡，又慢条斯理地把脏衣服往洗衣机里放。

张青染很不快，沉沉地嚷了一句，饭菜再热一次就成猪食了。

好了好了，来啦。晚一点回来你就这么恼火？

张青染指一指石英钟，说，是晚一点点吗？

刘仪不再搭话，盛了饭埋头吃了起来。琪琪望一望爸妈，也不敢讲话了。一顿饭就沉闷地吃着。只有洗衣机在哐当哐当响。张青染想起下午同李处长即兴扯谎，讲到买洗衣机，真是好笑。穷得打酸屁了，还说要买进口洗衣机。

吃完饭，刘仪收拾碗筷。还没忙完，琪琪已在沙发上打瞌睡了。张青染心里有气，懒得去管。刘仪见了，擦净手上油腻，倒水给琪琪洗了脸，抱他上床睡了。

刘仪忙完厨房的事，给男人倒了热水。张青染却不领情，坐在那里纹丝不动。刘仪便做起温柔来。怎么了嘛，你又发什么神经？

这样下去，我不神经也要神经了。张青染起了高腔。

怎么啦，我怎样了嘛。刘仪还是温柔着。

从中午起就不见任何人，干什么去了？

刘仪愣了一下，霍地站了起来。好啊好啊，你一发神经就把我往坏处想。我干什么去了？我班也不上，陪人家睡觉去了！这下你舒服了吗？

张青染气鼓鼓地拍着沙发，叫道，舒服！很舒服，今冬不是流行墨绿色吗，人家穿墨绿色皮衣，墨绿色西装，我正好没钱，只要一顶绿帽子就满足了。

刘仪冷冷笑道，好，可以，你这么喜欢绿帽子，我让人给你批发一打！

张青染脸也不洗，就回房上床了。刘仪自己洗漱完，又过意不去，仍旧拧了毛巾去卧室给男人擦脸。却故意说气话，别弄脏了我的被子。张青染死人一样，任刘仪摆弄，心却软了下来。

刘仪先是背靠着男人睡，挨了一会儿，还是反过身来搂着男人。你呀，过不了几天又会发一回神经，也不问个青红皂白。把我往坏处想，你就舒服些？人家吴科长要我陪她去买衣服，我怎么好不去？她又是个挑三拣四的人，全城所有商场逛完才看中一件。

刘仪便把过程细说一遍。说完又委屈起来，说，不信你现在就打电话给她，人家不笑你小家子气才怪哩！

张青染也不说相信不相信，只道，你们公司难怪连年亏损。财会科长跟会计可以成天不上班去逛商场。不亏才怪！

刘仪不以为然，说，这不是我一个小小会计管的事。

张青染不再理会这个话题，只说，你有事去了也要打一个电话。

你别偷换概念了。你生气又不是怪我不打电话,你是怀疑我怎么怎么了。刘仪说。

张青染熟悉刘仪的这种伶俐,却仍说,你不打电话本来就不对。你迟迟不回来,我不担心?现在外面这么安全?

刘仪说,你别假惺惺了。你真的担心我让车子撞了,让坏人劫了?你只是担心我红杏出墙了。你的肠子有几道弯弯我还不清楚?

我说担心你出事,你偏不信。你不知道我心疼你?张青染说着这些,胸口的确痛了一阵。

刘仪就柔柔地抱了男人。她明知男人是疑心自己,却不想再去争辩了。也不再感到委屈。男人很爱自己,她深信不疑。刘仪脸贴着男人,说些夫妻间很家常的绵绵情话,渐渐入睡。

张青染却睡不着,自己同妻子的爱日久弥坚,可现在什么都在变呀,刘仪单位效益不好,每月就四百多块钱工资,他自己每月收入也只有这么多,家里日子过得不宽裕。刘仪说过几次,让他想想办法,给她另外找个单位。他只是说不要急,慢慢来。其实他另有一番隐忧,不便说出口。他不想让刘仪到效益好的公司去。那些腰包鼓起来的大小老板,个个花花肠子,谁都养情妇。听说宏基集团总裁洪宇换情妇比换衣服还勤。这洪宇快五十岁的人了,人称洪少爷,背景谁也说不清。张青染想起这些就憋气。刘仪公司穷是穷些,几个经理人却老实。也许正因为老实,生意也就做不好。管他哩,钱少就少用一些吧,图个安全。如今男人有钱就变坏,女人变坏就有钱。

张青染刚有些入睡,听见有人开门。可能是麦娜回来了。门半天打不开,一定是谁不注意将门反锁了。他不便起床,就推醒了刘仪。

刘仪迷迷糊糊下了床,披了毛巾被去开门。半天也不回来,同麦娜在客厅低声说些什么。

刘仪爬上床,浑身已冻得冰凉,颤抖个不停。

张青染抱紧女人,说,这么冷,有话不可以明天讲?

刘仪牙齿敲得梆梆响，说，麦娜说猫儿不见了，肯定是出事了，好可怕。

张青染说，会有什么事？一定是跟哪位大老板享福去了。这些女人本来就是在男人股掌之上跳来跳去的。

刘仪压着嗓子责怪道，你太缺乏同情了。你怎么总把女人往坏处想？越是漂亮女人你越往坏处想。自古红颜多薄命，女人可总是弱者啊。

弱者？我们往常都说，妓女是剥削制度的产物，现在谁剥削谁？我说有些女人就是天生贱！

刘仪真的动气了。好啊，你平时老对我疑神疑鬼，现在对我表妹也这样。好好，张青染，我哪天贱给你看看！

张青染自知讲错了话，忙赔不是。你别听偏了，我又不是讲麦娜怎样。麦娜是个好姑娘，会把握好自己。

刘仪也不理他，闭着眼睛，气一时消不了。

张青染回家时，刘仪早已回来了。他揩一下脸就吃晚饭，突然想起猫儿的事，就问麦娜。麦娜低了头，说，还没有消息。

到底是怎么回事呢？刘仪忧心忡忡，端着碗呆了一会儿。

大家冷冷清清吃完饭，麦娜争着去洗了碗筷。忙完，马上进屋化妆去了。化了妆出来，挨着刘仪坐下，没有想马上走的意思。麦娜的样子叫张青染感到寒气森森，这真是一种令人窒息的美。

麦娜，你可不可以不做模特了？找点别的事做吧。张青染说。

刘仪拉着麦娜的手，也有这个意思。是呀，多让人担心！

麦娜鼻翼微微颤抖了一下，分明强忍着一腔愁绪。不干这个，我又干什么去？这个世界也只有你们疼我了，就为这个，我也会好好保护自己的。

张青染同女人一时不知说什么话。外面寒风呼啸，窗户发出怪异的叫声。

麦娜一走，刘仪就泪眼涟涟。麦娜也太命苦了，孤苦伶仃的，十二三岁就跟着我了。好不容易让她招了工，厂子又不行了。她们厂停产有一年多了吧。

张青染想了想，说，只怕快两年了吧。还算她有点福气，不是你这样一个好表姐，她不要流落街头？

闲话一会儿，刘仪突然想起给男人买了一个金利来的皮带扣儿，就拿了出来。她昨天发现男人的皮带扣儿生锈了。

张青染感激女人的细心，又叹自己的可怜。如今有的人阔了起来，穿戴尽是名牌。国家干部阔起来的不多，却也一个个贵族气了，不穿名牌变得矮人一等。他便纳闷起来，心想这些人工资并不比自己高多少，哪来那么多钱消费名牌，灰色收入也并不是所有干部都能捞着的呀。

直到刘仪有回花一百五十元钱给他买了一双老人头皮鞋，他才大开眼界。一模一样的皮鞋，大商场的标价却是六百多元。他的确不想这么去充阔佬，可如今就是狗眼看人低。当他穿着假老人头去办公室时，同事们开他玩笑，说张老夫子终于也上些档次了，这鞋不错。不过你这皮带真的要换了，像个电工师傅。他道，工人阶级可是领导阶级啊。口上这么说，心里却想这些人在背后不知怎么议论他的土气。一天，他偶然发现地摊上满是各色名牌皮带的假扣儿，二块五角钱一个。他当下买了一个金利来的。随后又花三十元钱在商场买了一条普通真皮皮带。这么一组合，他腰间也有一条金利来皮带了。同事见了，不免又评论一番，说不错不错。但毕竟是假的，皮带扣儿过不了几个月就会生锈，他就不断地更换，反正便宜。

张青染就这么一年四季被假名牌包装着。他想同事们多数也同自己一样，有时他见这官场上人们装腔作势的样子，就觉得他们身上的假名牌有着妙不可言的象征意义。

一个个自命不凡的赝品！

刘仪叫男人换上新皮带扣儿试试。张青染想顺女人的意，就显出很

高兴的样子，马上解下皮带。

刘仪大概习惯了男人身上的冒牌货，感觉不出其中的幽默和无奈，只说很好很好。

张青染也只得说，是很好，确实很好。

刘仪很得意地望着男人系上皮带，说，男人穿牌子，女人穿样子。

张青染听女人那意思，好像她真的把自己男人身上的行头看作名牌了。心里却想，现在女人的穿戴其实更加名牌了，而且价格往往贵得离谱。那些商人们知道每一个漂亮女人身后都有一位或一群愚蠢男人。张青染自己也不想说破这一层，免得自己难堪。

琪琪打了一个喷嚏，刘仪马上抱起儿子，说，琪琪是不是着凉了吧。怎么越坐越冷？

张青染也感到背膛发凉了。他起身摸电暖器，冰凉冰凉的。便让刘仪先带上儿子去睡觉，他来修理一下这破玩意儿。这电暖器用过三年了，他每年都要修理几次，快成专家了。

可这次张青染弄了半天，怎么也修不好。空忙了一阵，很烦躁，三脚两脚将拆下来的元件扒到角落里。刘仪听见这边稀里哗啦，就问你干什么？张青染也不搭腔。上床后，样子很不高兴。刘仪说你又发什么神经？

张青染说，电暖器修不好了，又要买新的。

刘仪半天不作声，好久才说，电暖器也是一年一个价，这一种今年要五百多了。

张青染激愤起来，说，我们为什么这么穷？我兢兢业业工作，对得起社会，我的贫穷不是我自己的责任！

刘仪见男人真的动气了，就温存起来。好了好了，别讲疯话了，这哪像你讲的话？她也知道男人讲的只是气话。

张青染仍不平静。户外路灯将光溜溜的梧桐树枝投映到窗帘，张牙舞爪的样子。

刘仪打开床头灯，张青染眼睛眯了一下，就见粉红色的灯光下，女人面如桃花。女人一脸妩媚，想让男人心情好起来。别想那么多了，高兴一点吧。一边劝慰，一边柔柔地抚摸男人。张青染长舒一口气，合上了眼睛。世界立即缩小了，小得只有这一架温暖的床。

张青染撑起身子望着女人。女人眼波迷迷茫茫的，身子微微蠕动着，似乎在慢慢融化、融化，马上就会变成一汪温柔的水了。这是他十分熟悉的一种感觉，他知道这一汪水会将他整个儿漂走，漂到云天外。

刘仪这时半张着嘴巴，轻声哼哼着。

张青染顿时惊梦般，一下子清醒了。女人从来没有过这个动作，怎么回事？

刘仪似乎感觉到了什么，目光清晰起来，问，怎么了？

张青染停下来，问，你怎么做起这个动作来了？

刘仪睁大眼睛，松开了手，全身松软下来。张青染也兴趣索然了，只得半途而废。两人背靠背躺着，一声不响。老半天，刘仪嘤嘤哭道，你总是这样，谁受得了？也不想想，我都快三十岁的人了，谁还要我？

张青染说，是吗？如果有人要你呢？

哪有那么多如果？刘仪更加气恼了。

张青染也不管女人受不受得了，又说，现在有顺口溜说，三十风，四十浪，五十正在浪尖上，六十还要浪打浪。你正当年啊！

那是讲你们男人！只有男人才喜欢三妻四妾，喜欢老牛吃嫩草！

女人不一样？女人一旦像男人一样失去制约，同样会享乐，你看看武则天、西太后！

刘仪光着身子坐了起来，说，武则天西太后关我什么事？我只知道我刘仪不偷人养汉！

不一会儿，刘仪就冻得直哆嗦。张青染可怜起来，抱着女人要她躺下。女人偏不肯躺下，说冻死算了。张青染只得认错讨饶，好不容易让刘仪躺下，两人不知怎么又争了起来，也没有争出个什么名堂。两人最后都精疲力竭了，就昏昏沉沉地睡去了。

次日上午，麦娜打电话给张青染，说她已买了一台电暖器，叫他不要买重了。张青染有些过意不去，怪麦娜不该自己掏钱。要她自己积点钱才是。麦娜只说没事没事。

张青染马上打电话告诉刘仪。刘仪说麦娜也真是的，怎么事先也不说一声？其实他们俩早上出门上班时，都想到了这事，只是两人都憋着气，谁也不愿先提出来商量。

张青染回家一推开门，琪琪就飞了过来。抱了儿子，感觉家里很暖和。他看看电暖器，发现是进口货，就说太花钱了。

麦娜说，意大利的，也只要一千多块。

刘仪笑笑，说我们麦娜成富婆了，讲到钱口气都不同了。

麦娜说，姐你别笑话我了。我是挣一个用一个，不留后路。

张青染听了，心里不是味道，看看女人，女人眉尖也皱了一下。

晚饭后，麦娜匆匆忙忙收拾一会儿，又出去了。张青染三口洗漱完，坐下看电视。

刘仪望了一眼电暖器，说，比我们原来那个暖和些。

张青染应道，是暖和些。

过了一会儿，刘仪又说，要不要关一下再开？

张青染这下明白了女人的心思。她是怕这玩意儿暖是暖和些，就是太耗电了。见女人这样子，他就说，电暖器经常开呀关的，不禁用。可以先开高挡，等室内暖和了，再调中低挡。说着就起身调低了电暖器，怕女人还不放心，又无话找话，说进口电暖器热量大，却省电。

这时，电视上播着一条无名女尸招认启事，说今天下午在城南河边发现一具女尸，死者身高约一米七五，年龄大约二十岁。因面部破坏严重，已无法辨认。

刘仪吓坏了，忙挨紧男人。她立即想起了猫儿，却不敢说出口。张青染看出了她的心思，安慰道，不会的，不可能的。刘仪手都有些发抖，说不会就好，真为麦娜担心。她顿时感到特别冷，说睡了算了。

张青染刚准备脱衫，电话铃响了。张青染过去接了，原来是他在深圳做生意的同学周豪回来了，邀他现在出去玩，在蓝月亮夜总会，都是几个同学。张青染说你有没有时间概念？现在都什么时候了？又不早联系。好吧好吧，马上来。

刘仪见是他们同学邀请，也不好说什么，只说早点回来，说不定过会儿就要下雪了。

张青染就加了件衫，缩着脖子出去了。

第二天并没有下雪，只是干冷。一家人睡了懒觉，早饭就吃得迟。琪琪吵着要出去玩，刘仪不依他，说你一个人去，冻死算了。张青染也哄了一会儿，琪琪就安静了。

麦娜也不出门，大家就坐着说话儿。刘仪问麦娜昨晚什么时候回来的，麦娜说回来时没看表。

张青染说，你昨晚回来很晚，我到家是十二点半，当时你还没有回来。

麦娜觉得奇怪，问，哥你昨天怎么也那么晚？

我昨晚第一次看了你们的时装表演。什么蓝蓝的天，蓝蓝的海，白色的沙滩上，美丽的少女向您款步走来。这是近年来风靡本市的时装表演队，梦幻般的白狐狸组合。

真的？你是在哪里看的？麦娜问。

刘仪不等张青染回答，先疑惑道，在哪里看的你也不知道？

麦娜马上笑了，说，姐你真外行。我们每晚串五个场子，怎么知道他在哪里看的？

张青染说，我是在蓝月亮看的。

蓝月亮？那是我们最后一个场子。早知道你在那里，昨晚跟你回来就好了。

张青染听麦娜这话，好像昨晚她碰上了什么事了，就问，昨晚是否有麻烦？刘仪也不安了。是呀，什么事？你昨晚回来太晚了。真的有事，你

就说说。你哥有同学在公安,让他们关照一下。

麦娜鼻子一哼,说,别说公安了。我们姐妹要是说谁坏,就说你他妈的比公安还坏。张青染不赞成麦娜这种态度,说她看事情就是偏激。麦娜却说出一套理论来。她说好警察也许有,比如你的同学。但我从未碰上过好警察。

刘仪听得不耐烦了,皱着眉头说,你们争这个干什么?张青染也不想争下去。他知道自己说服不了麦娜的。岔开话题,说到昨晚看她们时装表演的事。麦娜你们怎么叫白狐狸组合?怪兮兮的!狐狸的形象可不佳哩!

麦娜说,现在哪里还说什么好和坏?这么说吧,我们要把从小接受的是非观念全部颠倒过来就对头了。要不然就想不通,不疯了才怪。我们有个姐妹叫胡丽,外号狐狸,我们就这么命名了。叫什么表演队又落俗套,所以就叫白狐狸组合,新鲜。现在啊,男人流行丑的,女人流行妖的。狐狸正好天生妖气。不见我们几个人的名号?个个牛鬼蛇神。

张青染想不到麦娜年纪轻轻竟这么复杂。刘仪也担心起来,说,麦娜,是这么个世道了,但你自己要注意点,要有分寸啊。麦娜半真半假地说道,妖嘛,又迷人,又害人。我们可都是好妖,从不伤害好人。

张青染同女人对视一下,觉得麦娜不对头了。刘仪问,麦娜你好像不正常哩,有什么事吗?麦娜说,没有,你们放心。

张青染琢磨着麦娜的表情,说,有什么事不要一个人闷在心里,要同我们商量才是。看得出,你情绪有些不对。

麦娜眼睛闭了一会儿,才说道,他们可别在我们面前装人样儿。狐狸现在只怕还躺在他的床上!

张青染两口子吓了一跳,面面相觑。谁都不作声了。好一会儿,张青染才说,这种事不要乱说,没好处的。麦娜无所谓的样子,说,我才没心思说这种事,今天是你们问急了。

刘仪说,哥让你莫乱讲,是免得你引火烧身,你只要好自为之就行了。嗯,你们猫儿有消息了吗?刘仪不敢提昨晚的认尸启事。麦娜应道,哪有消息？活不见人，死不见尸的。张青染忍不住长叹一声，心想这世界怎么了？见女人有意回避认尸启事，他也不说了。

麦娜传呼机响了。一拨过去，是个骚扰电话。麦娜气得一脸通红，骂道，你回去给你自己妹妹开苞吧，肥水不要落了外人田！狗东西！刚准备放下电话，麦娜僵住不动了，脸色一下子白了。

刘仪见这样吓得要死，忙问出什么事了！张青染也紧张起来。是呀，你说呀，是不是猫儿。

麦娜什么也不肯说，只说没事，你们放心。

传呼机又响了。麦娜身子微微跳了一下，慌忙看了传呼号码，见是狐狸的，才缓了一口气。麦娜拨通电话，也没好气。你叫呀叫呀叫个死！哦，不是猫儿？我问你，你把我的传呼机号码告诉了谁？不是你是谁？告诉你，从今天起我不用传呼机了，有什么事就先天约定。挂了电话，马上从手包里取出传呼机关死了。还不解恨似的，又稀里哗啦拆下电池。

刘仪见麦娜这个样子，不知怎么安慰她，便问，刚才听你说到猫儿，猫儿怎么了？麦娜说道，那天在城南河滩上发现了一具女尸，原来我们猜……今天狐狸她们一打听，是一家酒店的礼仪小姐。

当晚，麦娜一出门，张青染夫妇就陷入不可名状的恐惧之中。刘仪说，我今天很怕，是不祥之兆吧？你要想想办法，给麦娜另外找个事做吧。她的处境危险了。张青染一筹莫展。我能有什么办法？手中无权，兜里无钱，谁肯帮忙？刘仪斜他一眼，说，你这么多年就没有一个好朋友？张青染苦笑道，朋友？如今除了故旧，还能交什么新朋友？朋友只有越来越少的，这是生活给我的基本经验。刘仪神色凄然，说，那只有眼巴巴看着麦娜毁灭。

两人谁也不讲去睡觉，就这么干坐。子夜一点了，仍不见麦娜的影子。刘仪更加害怕了，硬要张青染出去找找。张青染为难了，说，这深更半夜的，叫我到哪里去找？刘仪也不顾这么多，只是嚷，那好，你让麦娜死在外面好了。

夜深了，电压很足，灯光亮得怪异。张青染低着头，感觉这满世界无边的黑暗都在朝这小屋子挤压过来，门窗似乎都要爆裂了。

坐了半晌，张青染见女人那样子怪可怜的，便说，我到街上转转去，你安心睡吧，急也是空急。

张青染骑自行车在街上瞎转，凡是他知道的夜总会都去了。但所有夜总会都关了门，只有霓虹灯还在懒散地眨着眼睛，就像刚接过客的妓女歪在门口打哈欠。

他不知转了好长时间，疲惫不堪地回到家。刚准备掏钥匙开门，刘仪将门拉开了，问，找到麦娜了？原来刘仪还没有睡。张青染摇摇头，不声不响进了屋。刘仪张大嘴巴，圆睁眼睛望着男人，像是见了鬼。

两人只得上床睡觉，可谁也睡不着，望着窗帘上摇头晃脑的怪影，挨到天明。

直到下午四点多钟，麦娜终于回来了。像是从阴间打了个转，人瘦得脱了层壳。这会儿见了麦娜，刘仪反而来气，责怪说，急死人了，也不兴打个电话。你哥在街上转了通晚。

麦娜往沙发上一躺，忍不住呜呜地哭了起来。

张青染夫妇知道一定是出事了。麦娜好不容易才平静下来，说出了事情的原委。

原来遭遇从前天晚上就开始了。昨天她流露过，但怕表姐两口子担心，什么也没说。

前天晚上，麦娜她们从蓝月亮出来以后，各自打的回家，可是一位警察缠住了她，要带她到一个地方过夜。她摆脱不了，又不肯就范，就乘那警察不备用麻醉手枪打昏了他。那天晚上她就回来晚了。

昨天白天那个骚扰电话就是这个警察打的。他威胁她，叫她晚上节目完了以后，到九号包厢去，不然后果自负。她吓坏了，知道这些人是惹不起的。但听他们的也不会有什么好处。她就置之不理，听天由命。当她们表演完了，刚准备离开，几个人将她们全部扣下了。他们说怀疑她们私藏警械。果然从她们身上搜出了五支麻醉手枪，这是她们在黑市上买的，用来防身。

她们被带到派出所。麦娜想认出那个色狼，但那家伙没有露面。狐狸是天不怕地不怕的，大肆放泼。她说我告诉你们，你们没看见我们五个姑奶奶个个如花似玉？是谁都可以怎么着的？要是弄得我们不高兴，不论红对红黑对黑，都要整得你们拉稀！

一个人吼道，别虚张声势了，你们落到了我们手里，就别想轻易过去！

麦娜发现，这些人样子虽然照样凶狠，但狐狸讲的话他们还是真的听进去了。他们出去商量了一会儿，回来就将她们分开，草草问了话，给每人开了张五千元的罚款单。

临走，狐狸说，罚款我不会来交，你们硬要的话打我的传呼。我可以给你们留个号码。

见狐狸这么放肆，麦娜胆子也大了，就说，从明天起，我们姐妹们每人带把水果刀，这个总不是警械吧。若是碰上色狼，我们就把他的鸟鸡儿割下来喂狗！

从派出所出来，她们径直打的到狐狸住所。这是一套三室两厅的豪华住宅，所有家具一应俱全，很够档次。

麦娜一见这境况，心里明白了一大半。

姐妹们洗漱了一下，狐狸说，我今天是万不得已才带你们来的。已经太晚了，免得大家再碰上什么鬼。今后你们谁也不要来这儿找我，也不要对别人讲我有这么一个地方。我想好了，我不想再干了，我原来是舍不得大家，偏要干，他也只有依我。今天受了这种罪，我没有兴趣了。

麦娜说，人各有志，随你了，但我们几个不干吃什么？水蛇、老鹰、相思豆她们也说要干。

狐狸说，那就祝姐妹们好运吧。你们今后要是有什么麻烦可以找我。今天罚款的事你们不要管，自然有人会给他们传话过去的。

狐狸又将麦娜拉到一边说，只有你知道我跟的人是谁，看在我们姐妹一场分儿上，千万不要讲出去，那样等于把我往死里推。

麦娜答应保密，不过要她为猫儿的事多留些神。活活一个人，就这么无影无踪了。

麦娜哭泣着说完这些，天已完全黑了下来。刘仪望着男人，说，张青染，你就没有一点儿办法？张青染沉默不语，满腔愤懑。他从来没有像今天这样体会到自己的无能。自己家人的安全都不能维护，还像个什么男子汉？

刘仪让麦娜上床休息，她自己去做饭。没有买菜，将就着煎了几个鸡蛋。

吃过晚饭，刘仪劝麦娜今晚就不去算了。麦娜却摇摇头，说，不去不行，毁了合同不好办的。刘仪还是放心不下，说，那就让你哥陪你去，再同你一道回来。麦娜说不用，又不是一天两天，哥哪有那么多时间？再说哥也不是三头六臂，就是碰上歹徒他也没办法的。

刘仪望着麦娜出了门，禁不住潸然泪下。

一连几天，麦娜也不见有什么事。罚款的事也真的不了了之。张青染夫妇悬着的心渐渐放了下来。麦娜看上去也平静了，在家也有说有笑的，只是有时会突然冷下来。她本来就是一个很情绪化的人，张青染夫妇见怪不怪，也不太放在心上。

这天，麦娜给张青染夫妇每人买了件雪豹牌皮衣，张青染心里喜欢，却嫌太贵了。刘仪也说太贵了，哪是我们穿的！

麦娜只是笑。张青染知道她的收入很可观，比自己两口子的还多。但也不好多问。两人穿上试试，都很合身，款式也好。刘仪心里歉歉的，说，你要自己积点钱，今后好有个靠啊。哪知这么一说，麦娜脸色又阴了下来。我哪有什么今后？我是过一天算一天。刘仪责怪起来，说麦娜你老是这个样子不行啊。你才二十出头的人，怎么就这么灰心？麦娜强扮笑脸，说，不讲这个了，我会很好的。

晚上，刘仪无意间说到男人有好几件衣服的确不能再穿了，早过时了，下次全部捐给灾区吧。张青染说，可以捐几件，但不能全捐了。人怕倒霉呀！天知道我们今后会怎样？居安思危啊。刘仪不相信自己真的会落到连衣服都没得穿的地步。最多比别人穿得差一点。她便怪男人没志气，太不中用。

张青染却认真起来，说，居安思危，这是千年古训。你就开始嫌我不中用了？我们有个同事的老婆，年纪同你差不多，在涉外宾馆工作，收入本来也不错，可是不知足啊。她上个月到香港出了一趟差，见了大世面，马上就觉得自己男人不中用了。回来不到半个月，就搭上了一个六十多岁的台胞。我那同事气死了，但为了孩子，还是想破镜重圆，去劝那女人。那女人说，我不怕别人讲我贱骨头。现在从地下挖出一块人骨来，你知道这骨头是贱是贵？不知道！我们今后死了，都要挫骨扬灰，连骨头都还找不到哩！

刘仪骂道，才清静几天，你又发神经了。

张青染说，我才不发神经哩！你是说我不中用，我才讲的。我真的到了衣服都没得穿了，你怎么办？

刘仪哭笑不得，说，你又是这个逻辑了。硬要我回答？那要看你是怎么穷的。若是天灾人祸，我认了，跟着你受穷。若是你四体不勤，我就带着琪琪离开你。

张青染马上追问，到哪里去？

刘仪说，你无聊不无聊？幸好“文化大革命”轮不到你来发动，要不然会更加灾难深重！

张青染不顾女人气恼，还陷在他自己的情绪中。他长叹一声，说，男人哪，就怕戴绿帽子。我那同事，自从老婆跟了别人，他人像矮了一截，说话底气都不足了。

刘仪听这话，冷冷笑了一声，说，我也学你的逻辑，来问问你。你到底是把我看得重，还是把你的面子看得重？你顾的只是面子，那么假如我对

你不忠没有伤你的面子,你就不在意了?

张青染一下子变了脸,说,怎么?你想过这事。

刘仪马上固守防线,说,你别倒打一耙,我是依你的逻辑说话。你别想混,你说是我重要,还是你的面子重要?

刘仪这么一追问,张青染内心尴尬起来。他不敢否认女人不重要,但他想得更多的是自己的面子。

见张青染一时不语,刘仪生气了。是啊!我早看出来了,我在你心目中是越来越没有地位了,你考虑的只是你男子汉的面子。不是我说你,你这种男人,自我膨胀起来了,就自以为很伟大了,好像可以主宰一切。自暴自弃起来了,又觉得自己一文不值,老婆都守不住了。你只看重自己面子,我如果不伤你的面子,又能为你挣很多钱,难道你就由我怎么样了是不是?

刚才张青染本来已开始反省自己,可刘仪越讲越刺耳了,他又愤怒起来,说,你敢,你敢。我告诉你,我张青染只可能在两种情况下杀人,一是自己和家人受到侵害而法律又不能为我讨回公道的时候,一是老婆对我不忠的时候。

刘仪愤然道,我知道你这么狠,你杀我好了,你杀我好了,你现在就杀了我!

张青染气得眼睛充血,说,那你是说你真的要那样?

刘仪说,我才不会偷人养汉哩!你看好你自己!

张青染回道,我凭什么?一无权,二无钱,谁会爱我?

刘仪抓住男人的话,紧逼过来,说,那么你今后发达了,有钱有势了,就要三妻四妾?

刘仪嚷完,两人都不讲话了。

夜已深沉,也不知麦娜是不是该回来了。琪琪突然咯咯笑出了声,想必正在做一个很美丽的梦。窗帘上的树影魑魅般狂舞着。外面一定寒风刺骨。

张青染懵懵懂懂,想不清刚才同女人到底争了些什么,更想不起是从什么事上开始争吵的。多没意思。

男人不理不睬,刘仪暗自饮泣。她弄不明白,自己同男人本来可以平平静静过日子的,可怎么稍不小心又硝烟四起,好像他们生活的角角落落布满了地雷。这样的日子有个尽头吗?

张青染感觉女人肩头在微微抖动,知道女人在哭。心里不忍,搂过女人安慰。女人却哭出了声。

麦娜今天心情好,在家也化了妆,柔美如水。

刘仪很高兴,说,麦娜你要是天天能这样,我们就放心了。

张青染感觉这是化妆的效果,就正经问起这事来。

麦娜眉间就凝上一丝愁云,说,我在化妆上确实很讲究。在家要么不化妆,化妆就化得温柔可爱一些。晚上出去,面对的是人欲横流,我化妆就化得让人感到可望而不可即,美丽之中带点冷气、傲气、煞气。你们不知道我的外号,我的外号叫青面鬼。

刘仪听着又唏嘘不已。

张青染后悔自己不该提这事,好好的又弄得大家心里不快。

麦娜总是这个样子,太可怕了。他知道自己没法同麦娜讲什么道理,任何道理在现实面前都是苍白无力的。麦娜在外碰到的事情也许太多了。解脱麦娜,只有改变她的环境。

张青染突然想起前些天在一本杂志上看到的一篇报道,介绍一位名模,也像麦娜这样,先是同几位伙伴自己搞起服装表演队,后来慢慢就出人头地了。

他忽发奇想:麦娜也完全可以造就成名模!

来不及细想,他就把自己的念头讲了出来。

刘仪疑惑道,你头脑发热了?

麦娜却只道,名模了又怎样?

张青染思路慢慢清晰起来，说，麦娜你这就不懂了。真的成了名模，你就出头了。我没有传统偏见，你也别小看了自己从事的工作。你这份工作，也完全可以看作一份正儿八经的事业，只要操作得好，是可以有所成就的。这在你也是有可能的，你有这份天资，又有爱好。人的天资、爱好同事业结合在一起，就是成功的一半！

刘仪问，你讲的好像也有道理，只是这事谈何容易？

麦娜仍然没有多大兴趣，只说，成了名模也不见得怎样。

那就不一样了。张青染说，成了名模，你就天宽地阔了。事业也成功了，那些流氓地痞也不敢对你怎么样了，你可以离开那些纳污藏垢的场所。真的那样，你就可以获得你所希望的一切。

刘仪问，这事这么容易？

张青染说，不容易，但也并不是没希望。现在很多什么星呀、家呀，怎么成的？靠电视、靠报纸、靠杂志！我在这方面也有几个同学，可以试试。

麦娜沉吟片刻，说，那就听哥的，试试吧。

张青染想了一会儿，说，我有个同学，叫王达飞，在电视台工作，承包了电视台的广告公司，也就是现在的达飞广告公司。看他能不能帮帮忙。我这就打个电话给他，看你的运气了。

一打电话过去，王达飞也正好在家休息。张青染也不绕弯子，开门见山地说了。王达飞说他那里需要兼职广告演员，可以让麦娜去试试。

张青染把王达飞的意思告诉麦娜，说，明天你去就叫他王总就是了。若能先拍拍广告片，就尽力发挥好。这是第一着棋，到时候见机行事。

次日张青染下班一回家，就问麦娜去找了王总没有。

麦娜似乎很少有这么高兴，说，哥你那位同学很讲义气，说是张青染的妹妹，没说的。他让我试了镜头，很满意，让我明天就去拍一个化妆品广告。他说报酬方面也不会亏待我的。

麦娜晚上还得去夜总会串场子。刘仪争着去收拾厨房，说麦娜在外跑了一天也挺辛苦的。

张青染今天感觉极佳。自己在创造奇迹。终有一天，麦娜会成为光彩夺目的人物，她将拥有自己的小洋楼、小汽车，有自己的律师。从自己的设计中，张青染看到了自己的才能，颇为得意。

刘仪仍有些将信将疑，问，真的会成功吗？

张青染似乎很有把握，说，事在人为。

刘仪有心无心地询问，唉，对麦娜，我们也是尽心尽力了。她今后真的有出息了，还记得我们吗？俗话说，人一阔，脸就变。到时候，她只怕是个成天搂着巴儿狗的冷血动物了。

不等张青染说什么，刘仪猛然记起一件事来，说，提起巴儿狗，我正要告诉你一桩怪事。这事若不是发生在我们单位，谁说我也不敢相信。我单位有个女的，快四十岁了，平时看上去也文文静静，正正经经的。她男人是跑采购的，常年在外。她家养了一条狗，打扮得再漂亮不过了，天天不离身。昨天你猜怎么了！她同狗做那事，拔不出来了，痛得她做鬼叫。也不知在家折腾了多久，深更半夜弄到医院才拔出来。啧啧，这不要羞死人？

张青染却说，这不，你常讲要喂狗喂猫的，幸好我不同意。不然，只怕要引狼入室了。

刘仪气呼呼地站了起来，指着男人鼻子叫道，张青染你别太过分了。你别老是这样，我告诉你，什么事情都往我身上摊。你为什么就不可以把我往好里想？

刘仪叫骂着。张青染渐渐脑子木了，闭着眼睛躺在沙发一角，一副死牛任人剥的样子。

一个多月下来，麦娜居然拍了四个广告。想不到麦娜在电视里还真漂亮。

麦娜比原来忙了许多，白天不敢再睡懒觉，早早就得出门，有时拍广告，有时也要应酬。晚上去夜总会串场子也不能放弃。接琪琪和做家务就顾不过来了。张青染夫妇商量一下，只得请了个保姆。

张青染见麦娜忙忙碌碌,心里就踏实了许多。麦娜真的像一位创业者了。

但下一步怎么走,张青染还没有想好。前些年三天两头选这小姐那小姐的,现在怎么总不见有人来组织?若是有机会让麦娜参加个什么大赛,促成她获得个好名次就行了。只要有个由头,就可以策划一些人物专访之类的文章,找有关系的报刊发一发。这样要不了多久,麦娜就会大红大紫的。

正愁着这事,在晚报社当新闻部主任的舒然之跑到他办公室来闲侃。这位仁兄有侃瘾,隔一段时间就跑到张青染办公室磨上半天。

李处长见舒然之来了,就敷衍几句,说声你们老同学聊吧,我办个事去。

两位老同学东扯西扯,不知怎么扯到麦娜的事上来了。舒然之摇头晃脑了半天,轻轻敲了几下桌子,说,老同学呀,你天天坐在政府机关办公室,怎么还不开窍?

张青染听了摸不着头脑,问,怎么了?

舒然之诡谲道,麦娜虽没有参加过任何大赛,但我可以让她获得大赛名次。

张青染越发不明白了,直问这是怎么回事。

舒然之却不急,慢慢抿了一口茶,目光幽幽地望着张青染,说,老同学了,也不瞒你。现在有些热闹场,就是我们这些人制造出来的。既然是你的妹妹,又有这么好的条件,我们不妨创造一个奇迹。这样吧,你今天就算请我的客,我到你家吃晚饭,同麦娜见一面,随便扯扯。我保证一个星期之内我们晚报发个像模像样的报道。看时机,我再联系几家报纸杂志也发一下。对了,让她找几张漂亮些的照片给我,有艺术照最好。

张青染虽然急于求成,但还不敢相信可以按舒然之的办法现一手。他有些犹豫。

怎么了?是怕我吃你家的饭,还是怕我打你家表妹的主意?舒然之玩笑道。

张青染只好说，好，试试吧。不然你要说我小气了。

舒然之同刘仪熟识，见面不多客套。张青染把舒然之介绍给麦娜，说明了意图，弄得麦娜很不好意思。

舒然之说，没关系的，也不叫什么采访，我也不做笔记，随便聊聊。

大家就这么在茶饭之间随便聊了一通。

晚饭后，麦娜清了几张照片给舒然之，稍坐一会儿，道了歉意，就去夜总会了。

舒然之仍闲话了一会儿。张青染深感纳闷，问，你这么聊了一通，就可以炮制文章?不瞒你说，我同麦娜朝夕相处，现在要我来写她都不知从哪里起笔哩。

舒然之哈哈大笑，说，写这样的文章，就是要同写作对象有一种疏离感，看得太真切了反而写不好。

张青染怎么也理解不了。

三天之后，张青染接到舒然之电话，青染你注意明天的晚报，我写麦娜的文章明天见报。

次日晚报一到，张青染马上翻到副刊。只见麦娜的压题照片高贵、飘逸、神秘。舒然之大作的标题是《与梦同在——名模麦娜从昨天走向未来》。

这个舒然之，麦娜怎么就成了名模了?

麦娜有许多的梦。她说，小时候，常梦见自己在飞，在飞，四周是漫无边际的彩云。多年之后，当她荣膺南国小姐桂冠的时候，面对掌声、鲜花和辉煌，她记起了儿时的梦。面对麦娜，你常常会产生一种时空错觉，不知她来自何方，又将隐踪何处。麦娜是神秘的，她从线装本《诗经》中走出，一路轻歌曼舞，路旁长满蓬蓬森森的湘妃竹。麦娜有许多的梦，有许多关于飞天的梦。

才两千字的文章，张青染看了一个多小时。他几乎不相信自己的眼

睛，往往读完一句又要重读一次。通篇文字扑朔迷离，麦娜几乎成了一位云中君。

他马上打电话，想找找舒然之。那边接电话的说舒然之不在，外出采访了。

刚放下电话，舒然之推门进来了。

舒然之很得意，笑得有点像在恶作剧。张青染说，然之，你也太胆大了，尽搞些子虚乌有的东西。你写的麦娜，我都认不得了。还有什么南国小姐！

舒然之仍是笑，说，青染，你也许是本世纪最后一个诚实孩子了。前几年各种选美活动眼花缭乱，现在谁也弄不清了。我也没有说她是哪一年在哪里获的奖，由他们猜去吧。你只要告诉麦娜，让她学会应付，搪塞就行了。

事情哪有这么简单？麦娜又不是突然从天上掉下来的，她有那么多熟人，谁不知道她？张青染说。

舒然之却大摇其头。张青染哪，你还不懂什么叫名人。我跟你讲，别说我在给你上课。麦娜有多少熟人？一百？二百？三百？我敢断定，依她的年纪和阅历，完全了解她的人不可能超过三百。但她一旦是名人了，知道她的人就是百万、千万，甚至亿万！相比之下，区区三百人算什么！要知道，名人是生活在成千上万的陌生人当中的，无数的陌生人会让名人拥有一切。对了，我记得你说过，麦娜这个名字也还不是你表妹的本名，这对她也是有利的。

舒然之一席高论似乎也可信，但张青染心里总不踏实。说白了，这其实就是在搞阴谋诡计，弄虚作假。

张青染说，这事哄得了别人，只怕哄不了王达飞吧。麦娜这会儿正在他那里做事，他要是看了你的文章，会怎么样？

他能怎么样？舒然之很自负的样子，说，今天晚上我就去找他，他要感谢我才是！

这话怎么说？张青染问。

舒然之说，王达飞你还不清楚？精得很！麦娜的广告我看了，的确不错。这么说吧，我敢这么放着胆子写麦娜是看见王达飞肯用麦娜。王达飞讲同学情分，这我也清楚。但他也不会在自己赚钱的大事上勉强迁就。麦娜会是他王达飞的一棵摇钱树的。这他不感谢我？

下班回家，张青染让麦娜看看舒然之的大作。麦娜边看边摇头。这哪里是我？这哪是我？让熟人看见了，我怎么好意思？

张青染便开导麦娜，他将舒然之的那一套逻辑又完善充实了一下，细细教给了麦娜。最后，反复嘱咐道，一定要学会遮掩、搪塞，做到左右逢源，滴水不漏。

刘仪看了那篇文章，说，难怪人们讲报纸只有日期和讣告是真的。

刘仪还想着那篇文章，说，不过舒然之的文章还可以，我看了都爱上麦娜了。

第二天上午，张青染接到王达飞电话。王达飞说，舒然之真是个冒失鬼，比我们电视记者胆子大多了。但都是老同学了，我就赌一回，认了这个名模了。不过麦娜真还可以。我初步考虑，把麦娜作为我们公司的牌子，打出去。现在广告公司太多了，竞争激烈，我这碗饭也不好吃，也需要为自己广告广告。

张青染这下放心了。

果然，几天之后，电视上打出了宣传达飞广告公司的广告。先是咔嚓咔嚓推出一幅幅商品照片，然后打出字幕：优秀的品牌。紧接着咔嚓咔嚓推出楚楚动人的麦娜，又打出字幕：美丽的麦娜。马上就是雄浑的男中音：麦娜创意，达飞广告！

麦娜创意是什么意思？刘仪问男人。

张青染笑笑，说，我相信王达飞也不清楚。

张青染没想到，舒然之这么玩一手，麦娜就喜剧地成名了。这同他最初的设计在思路上差不多，只是舒然之节奏快了一些。张青染是想循序

渐进，水到渠成。想来自己是不合潮流了。

王达飞的生意越来越红火。主要街道两旁的路灯杆上清一色的达飞文字广告。现在他们不论做什么商品的广告，都要打出麦娜创意，达飞广告的旗号。王达飞够朋友，给麦娜的报酬，除了按片计酬外，每月还给她一千五百元固定工资。

麦娜好像一股富有魔力的风，在大街小巷没日没夜地刮着。不多久，麦娜家喻户晓了。有些人甚至说不清麦娜是人还是物，只是盲目感觉着一种潮流、一种时尚、一种信赖。

王达飞鬼精鬼精，让他们电视台《每日焦点》栏目策划了一次关于麦娜现象的专题报道。记者在街头采访，群众回答提问时五花八门。有位大学生很有学问的样子，说，麦娜创意嘛，好像是目前国际上流行的一种广告业经营方式，它是用一位名叫麦娜的女创始人的名字命名的。

主持人最后发表述评说，很多观众都知道，麦娜是近年来逐步成熟起来的广告演员。其实，麦娜是谁这并不重要，重要的是麦娜创意所体现的一种广告经营思想，这就是把广告宣传的优秀品牌同广告公司本身的良好信誉紧紧联系在一起，对企业负责，对用户负责，也对自己负责。

过了几天，舒然之专门跑来告诉张青染，说，王达飞搞的《每日焦点》报道获得了极大成功，电视有电视的优势。但要注意，名气大了，麻烦也来了，麦娜就在聚光灯下生活了。一定要告诉麦娜，除了我和王达飞安排的，她不要自行接受任何记者的采访。不怕你说我寒碜自己，有人说世界上有两种人得罪不起，记者和小人。麦娜这样的人同记者打交道太危险了。炒名人最忌热一阵，冷一阵，这个我最清楚不过了。但不要指望别人来炒，我会适时写点文章为她捧场的。我多用几个笔名，多发几家刊物，就可造成热闹场面。

张青染表示感谢。舒然之说，客气什么？老同学嘛！再说自己也爱好。

张青染回家，见麦娜坐在阳台上吸烟，目光忧郁地望着天。可他不怎么好去讲她。

一会儿刘仪回家了，大家就开始吃晚饭。席间，张青染把舒然之的意思说了。麦娜点头说，知道。

麦娜走后，刘仪到阳台上晾衣服，见窗台上放着烟灰缸，里面有几个烟蒂，就问青染来了客人?张青染说没有，是麦娜吸烟。我回来时，她一个人在阳台上吸烟，我也不好说她。

刘仪皱起了眉头，说，她不要变坏才好哩。

张青染说，依我看，麦娜人是犟些，但也是有主见有脑子的人，不可能轻易变坏的。她一定是心里又有事了。女孩子有些事我是不便多问的，明天你问她一下吧。

刘仪晾好衣服，回到客厅坐下。半天才说，眼巴巴地看着她有出息了，心里刚踏实了些，又有什么事呢？

刘仪心里急得慌，等不到明天。她让男人先带儿子睡了，她要等麦娜回来。

麦娜十二点一过就回来了。姐你怎么还不睡？

刘仪说，姐想等你回来说说话。大家一天到晚忙进忙出，住在一个屋里，却说不上几句话。

刘仪拉麦娜坐下。麦娜的手凉得像冰，刘仪就握着揉搓。麦娜胸口就荡起些什么，撒娇似的靠着刘仪。

刘仪问，你这么日里夜里忙着，吃得消吗？

麦娜说，还行。刘仪又问，感觉怎么样？打交道的人都还好吗？

麦娜说，王达飞很狡猾，不过对我真还可以，他讲义气。

刘仪见半天引不到她要问的话题上来，就故作惊讶，说，麦娜你嘴里怎么有烟味？你吸烟了？

麦娜低了头，说，有时无聊，吸着玩玩。

刘仪说，姐是疼你的。你自己知道。姐可是生怕你有什么闪失的。要是有什么事，一定要告诉姐。

麦娜把头歪在刘仪肩头，说，姐放心，没有事。

可是这以后麦娜连续四个晚上没有回家，电话也不打一个回来。张青染问王达飞，王说这几天没有麦娜的事，她没去电视台。麦娜怎么了？张青染只得含混着掩饰了。

这几天夜里，刘仪总想起猫儿失踪的事，怕得要死，硬要男人马上赶到蓝月亮去，看麦娜是不是还在那里。

张青染说，是呀，早就该想到这一着了。

张青染打的径直赶到蓝月亮。可是不凑巧，张青染刚赶到，就见麦娜同伙伴们扬手打过招呼，自己钻进一辆黑色轿车。她的伙伴们也各自打的走了。

张青染回到家里，刘仪早已等得不行了，忙问见到麦娜了吗？张青染说，见到了，坐着高级轿车走了。好像还是辆林肯牌轿车哩。便把情形细述了一遍。

刘仪哀叹一声，说，麦娜又步狐狸的后尘了。

张青染沉默不语。

过了一会儿，刘仪由哀而愤，说，她当小秘可能还挺自在，信都不给我们带一个。

张青染说，女人到最后怎么都是这样？钱对女人真的有这么大的魔力？

刘仪瞟了男人一眼，说，你别一篙打了一船人，不是所有女人都愿意做小的。

如果给你花不完的票子呢？张青染心里也不舒服。

刘仪恶恶地望了男人一会儿，说，张青染我早就知道你一辈子都富不了的，若是爱钱，我早不是现在的刘仪了。你老是这样，今天我就把话说明白了。你也不是一个什么了不起的男人，但我也不会这么对你不起的。你别先急了，等我讲完。我不是想说自己如何崇高，如何忠贞。我是想，女人反正要跟一个男人过一世的，我怕麻烦，脸皮薄，心也软，又有琪琪，我不想那么多了，只想平平静静过日子。你不要再疑神疑鬼了，你就是一堆屎我也吃了。

刘仪从来没有讲过这么刺耳的话。但今天张青染出奇地冷静,他没有发火,也发不出火。女人的话字字真切,句句在理,却是极其残酷的。

张青染整个晚上都独自沉浸在怎么也理不清的冥想中。

睡下好久,张青染对女人说,好吧,我们再也不要争这争那,都现实一点儿吧。确实,我总想表现得像个男子汉,总想让你坚信我是优秀的。我想这其实都是徒劳的。我们就像所有凡人那样安贫乐道吧。

刘仪说,这样想就对头了。我们好好过吧,三天两头争吵,人都磨老了。

第二天是休息日,上午九点多,麦娜提着一个密码箱回来了。刘仪心里有气,但见了麦娜又拉不下脸,仍是满面春风。麦娜逗一下琪琪,就让保姆带他出去玩。琪琪他俩一出门,麦娜就埋下了头,却不说话。

刘仪问,到底怎么了?好让人担心!

麦娜仍不作声,提过密码箱,咔地打开。里面是一箱子美钞。

刘仪惊呆了,问,什么?这是什么?

美元,二十万美元。麦娜说罢,闭上眼睛,长长的睫毛顿时滚下泪珠。

天哪,哪来这么多美钞?张青染说,这可不是个小数目啊,合人民币一百六七十万!

麦娜饮泣着,说,我跟了洪少爷了。

张青染目瞪口呆。刘仪本是端坐着的,这会儿像是支持不住了,靠在了沙发上。

麦娜说,我可能本来就不该来到这个世界。到这个地步,也是命中注定的。你们疼我,希望我体面些,可我,一直被大大小小流氓包围着,很少有清静的日子。我不想让你们担心,就尽量不把外面的事告诉你们。但这日子没有个尽头。原先我只在夜总会串场子,围着我的是些下三烂,现在成名了,我天天要应付有头有脸的衣冠禽兽。我知道自己是灾星,正经男人,谁找了我都是灾难,因为正经男人无法保护我。我明白自己是流氓的

猎物。既然这样，与其跟小流氓，不如跟大流氓。当我不得不屈服洪少爷时，我想我就算是死了。现在想来，我原来为自己的清白所做的一切抗争，都只是垂死挣扎。

刘仪绝望地说，洪少爷，真的就是人魔？

麦娜说，他不是一般来头，我为了摆脱他的纠缠，找过狐狸，要她求她那位帮忙。狐狸也答应了，可后来狐狸回电话，说她那位也没办法，洪少爷不是一般人物。我想我只有走这条路了。

张青染说，那么，外界对他的传闻都是真的？可他怎么姓洪？

麦娜说，随他娘姓。这种人很多都这样，掩人耳目，欺瞒天下。

那么这钱是怎么回事，刘仪望着那满箱的美钞，紧张得像见了即将爆炸的炸弹。

麦娜冷笑道，这种人，钱的多少对他们没有意义，他们只追求花钱本身的快感。说真的，最初我是宁死不屈的。可是，日子太难过了，没有一天清静。一次，他的一个手下，提着这个箱子对我说，这是十五万美金。只要你听洪总的，你要什么有什么。我想这钱对我有什么用？我一辈子花不了这么多。唉，可是，临死前的挣扎还难受些，不如一死了之吧。我答应了他，去到他的别墅。过后他发现我还是处女，这是他意想不到的，他欣喜若狂，又加了五万美金，他说他有许多女人，不是一流的女人他是不要的，但他从来没有拥有过处女。这事说起来很恶心。

张青染夫妇都不作声。他们不知道说什么好。

麦娜长舒一口气，说，唉，我是过一天算一天，这钱我留着没有用，你们拿着吧。

刘仪马上摆手，不行不行，我们决不能要。

麦娜一听，呜呜哭了起来，很伤心，说，你们是嫌我这钱脏是吗？我在这世上没有别的亲人了，一直跟着你们。如今我这样，也是身不由己，你们都看扁我，我……

刘仪忙说，姐不是这个意思。也不怪你了，只怨你命苦。这钱，你自己留着,这是条后路。跟这种人是不可能长久的啊。

麦娜说,钱我反正是不要了。你们硬是不要,我只有丢了它,天下还有千千万万的人吃了上顿没下顿,正等钱用。

麦娜顿了下,又说,今后你们不要老拴着我了,我有空就回来看你们。我也不会让别人怎么欺负我的。同他约定好了,我不想改变现在的生活,广告要干,王达飞对我有恩;夜总会要去,那几个姐妹现在还离不开我。现在夜总会也打我的牌子。也好,自从跟了洪少爷,别的王八蛋再也不敢靠近我了。

麦娜苦笑了一下,进了房间。她在里面修了一下妆,出来告辞。

刘仪倚在门口,轻声嘱咐,要照顾好自己,麦娜。

麦娜回来说,以后我回家,你们仍叫我菊英吧。

刘仪关了门,眼里噙着泪。

张青染叹道,麦娜真可怜。她讨厌麦娜这个名字,可能是把它看作青楼花名了。是啊,真的可怜。她原来是嫌菊英这个名字太俗,在场面上吃不开,才改叫麦娜的。可如今,反倒厌恶这个洋名了。她只想回到家里,听家人喊声菊英,才感到一丝温暖。她也许还留恋从前那个菊英吧,可是菊英再也走不回来了。

说罢,两人相对无言。听见保姆带着琪琪回来了,刘仪马上关了密码箱。

刘仪轻声问道,这个怎么办?

用她自己的名字存起来吧。你记得她的生日吗?用她的生日作密码吧。张青染说。

好吧,刘仪交代保姆带好琪琪,就同男人出去了。

存了钱回来,两人心情极好,像做了一件很高尚的事。

蜗　牛

整个冬天总像快要下雪的样子，却不见有一丝雪花。只是一天天冷下去，间或又飞它几天淫雨。这样的日子，张青染走在外面总是缩着脖子，人像矮去一半。麦娜走那天，也是这样的天气。送走麦娜，老婆刘仪就仰头靠在门背后，像是天要塌下来了。他便想象这会儿麦娜正走在寒雨纷飞的街上，皮外套鼓满了凛冽的风，忧伤地飘扬着。她会不会流泪呢？他想象不出她流泪的样子。麦娜跟着他们这么多年，他几乎没见她哭过。麦娜走了好一会儿，刘仪才回过神来，同他一块去银行存了那一箱子美金。他知道这其实是麦娜的卖身钱，只是他不忍心同刘仪这么讲。事后他俩谁也不提起那美金的事。刘仪是很心疼这位表妹的。

麦娜不回来住了。他们只能每天晚上在电视广告里看见她。只要电视里所谓麦娜创意，达飞广告一出来，张青染两口子就死死望着荧屏，谁也不说话，只有儿子琪琪总会嚷着娜姨娜姨。

这天晚饭后一家人看电视，一会儿就是麦娜创意，达飞广告了。只见冷艳而高贵的麦娜款步走来，身着挺括的西装。这是一个名牌西装的广告。

刘仪问男人，麦娜现在拍广告像是很忙，你说她们的时装表演还搞吗？

张青染说，你我都不上夜总会，谁知道？按麦娜的个性，只怕还在搞。她是不愁吃不愁穿了，但她们白狐狸组合还有几个姐妹要吃饭，哪有不搞的？

刘仪说，我也是这么猜想的。麦娜就是人太仗义了。狐狸这姑娘跟了大人物，吃喝都是现成的，就不参加她们白狐狸组合了。我想麦娜反正也到这一步了，硬是要出来吃苦干什么？既然洪少爷这么猖狂，美金十几万的甩给她，她还怕吃穷了他？

张青染奇怪刘仪今天怎么说了这种话，就说，你这是怎么了？你一直可怜麦娜不幸落到了洪少爷手里，今天听你这话，就好像麦娜得了便宜似的。

刘仪说，我是说，她反正到这一步了。我要是像她这样了，就烂船当作烂船划，成天挥金如土，不让他倾家荡产不放手！

张青染不想说这个话题了，就不接老婆的腔。麦娜走了差不多一个月了，连个电话也不打回来，一定过得并不开心。她走的时候说过，让姐姐和姐夫不要挂念她，只当她不在人世了。麦娜说这话时眼圈红红的，就是不流下一滴眼泪。

电视一会儿就是《南国风》栏目。却发现女主持人换了新面孔。张青染两口子注意看了看新的女主持人，就你望着我，我望着你。半天刘仪才说，这不是麦娜吗？琪琪早认出来了，喜得跳了起来，叫着娜姨，娜姨。张青染点点头说，啊，是麦娜呀？不像平时那么冷冰冰的，一眼还认不出了。刘仪就说，是呀，做主持的，要是冷若冰霜，有谁看你？

《南国风》是市电视台的一个综艺栏目，每逢周三晚上黄金时间播出，收视率很高。主持这个栏目的原是著名的高媛小姐，很受公众关注，有关她的传闻也五花八门。张青染看了一会儿，发现麦娜做主持人还真不错，便对刘仪说，你这表妹还多才多艺哩。刘仪淡然一笑，说，是不错的。不想老婆说着就忍不住又叹了一声，说，麦娜要不是父母早逝，多受些教育，也不会这么可怜见儿了。张青染见老婆伤心起来了，忙说，好了

好了，麦娜到底还算幸运的。我说过多次，不是你这表姐带她这么多年，她不早流落街头了？

其实张青染自己心里也不是滋味，他总觉得麦娜的笑容后面掩藏着难以言说的落寞。很难想象那位洪少爷对她会怎样。

节目一结束，刘仪就打了电话给麦娜。张青染听不出麦娜在说什么，却见老婆一脸愉悦，就猜想麦娜也许真的很高兴。可刘仪打完电话，却低着眉坐在那里，看不出她是高兴还是不高兴。张青染想问问麦娜说了些什么，又想知道麦娜是怎么做了主持人的，但怕惹出不愉快的话来，就忍住了。

刘仪手按着电话机好一会儿才说，高媛出国了，电视台另聘主持人。麦娜去报了名，被选中了。刘仪说着便欣慰地笑笑。

好啊，好啊，麦娜能凭自己的本事竞争得这个职位，好啊。张青染嘴上这么说，心里却想事情也许不这么简单。他相信麦娜做一位电视主持人也许会是优秀的，但仅凭她的素质这个职位轮不到她。他再看看老婆，见她好像也在出神，就猜想她可能也在想这事情。两人嘴上都不说出来。

自从麦娜走了以后，张青染总觉得他们家发生了一件大事情。一天到晚都有这种感觉缠绕在他的脑子里。细想好像又不是麦娜出走这件事本身。也许就是那一箱子美金。二十万美金哪！合人民币差不多一百六七十万啊！他同老婆都说不能要这钱，只为麦娜存下，替她保管。但这事情的确太重大了，便总有一种说不准是兴奋还是别的什么感觉，成天在张青染胸口里直撞，闹得他心脏时不时地狂跳起来。

清早，张青染出门下楼，望了望天。天空像乱七八糟塞了些破棉絮，看了叫人很不舒服。天气照样很冷，他缩头缩脑去了办公室。坐他对面的李处长也来了，两人便扫地、抹桌子、打开水。洒扫完了，两人坐下来看报纸。这是昨天的报纸，早翻过一天了，可一时想不起有什么事要做，干坐着又不像话，就只好再翻翻。

李处长放下报纸说，你昨天看了《南国风》吗？新换了一位主持，很漂亮哩。

张青染回道，看了一下，那女孩人真还不错。

还是女孩？李处长笑笑说，只怕早不是女孩了吧。那么漂亮，还有剩下的？

张青染心里就不快了，却又不好怎么说。他本想忍忍算了，可是李处长笑得那么让人不舒服，他不说说这人就对不起麦娜了。但也不能认真说，只得玩笑道，李处长你总爱把漂亮女人往坏处想。

李处长却仍鬼里鬼气望着他说，你护着她干什么？那女人又不是你什么人。我也不是说现在女人怎么的，只是如今女人一漂亮，安全就成问题。再说女人都现实了，只要有好处，还管那么多？

张青染心里越发可怜麦娜了。他不想再同李处长多说这事。李处长本是个严肃的人，但只要一说女人，他就开笑脸了。有时他本来很忙，可是谁若说起有关女人的玩笑，他便会在百忙之中马上抬起头来，笑得胖胖的腮帮子鼓鼓囊囊，额头发着奇怪的光亮。

一会儿，小宁取来了今天的报纸，送到李处长办公桌上。李处长看报的习惯是先浏览一遍标题，再从头看起。张青染本是个急性子，也只得等李处长看过了，他再一张一张接着看。官场有些规矩，并不是什么文件定死了的，道理上也不一定说得过去，但你就是乱不得。

你看你看，《南国风》的女主持一露脸，报纸上的评介文章就出来了。如今新闻操作也真是快。

张青染猜想一定是舒然之在吹麦娜。麦娜成为名模，全搭帮舒然之和王达飞两人。张青染原先请这两位老同学帮忙成全麦娜，总以为自己做了一件好事，不想麦娜一出名就被洪少爷盯上了。他便后悔自己不该这么做了。

嗬！想不到这麦娜小姐还是位硕士哩。想不到，真想不到。看这脸蛋儿，总以为她只是一个花瓶。李处长一边看，一边感叹着。

张青染也感到奇怪了。他知道麦娜连高中都没上完，怎么就是硕士

了？他很想马上就看个究竟，可李处长还在那里细细琢磨。

啊呀！这女人还真不错哩，琴棋书画无一不精，裁剪、烹饪也都怀绝技。啊啊，难怪难怪，麦小姐原来是大家闺秀。奇女子，奇女子呀！看来我真的要转变观念了。李处长无尽感慨。

张青染接过话头说，现在对女人真的不能以貌取人了，色艺俱佳的女人太多了。李处长说是的是的，社会在向前发展啊。其实张青染只是有意说一说李处长，他心里却想，敢这么瞎吹的只有舒然之。过了好半天，李处长才放下这张报纸。张青染拿过来一看，果然是舒然之的手笔。题目是"麦娜，来自南国的风"。他先草草溜了一眼，再仔细看了看。心想这个舒然之，他笔下的麦娜风华绝代，才情不凡，满怀爱心，别人看了不心旌飘摇才怪。

这时电话响了，张青染一接，正是舒然之打来的。舒然之得意地问他看了没有。他说，我真佩服你的胆量，可以把没影的事说得有鼻子有眼。张青染正说着，李处长出去了，他便说，你们报社记者都是你这德行吧？难怪有人说如今报纸只有日期是真实的。舒然之笑道，你是得便宜讲便宜。当初不是你叫我吹麦娜的？我不是看你老同学面子，才不会费这个神哩！张青染说，我只是叫你宣传宣传，可你也吹得太他妈的离谱了。

两人说笑一回，就挂了电话。

一会儿小宁进来了。李处长一出去，同事们就会串串岗，说些白话。小宁调侃他说，李处长出去了，张处长值班？张青染回敬道，宁处长看望我来了？两人都知道这类玩笑当适可而止，就相视一笑，各自翻报纸去了。

小宁翻着报纸，突然叹了一声。张青染抬眼望望小宁，说，怎么一下子深沉起来了？叹什么气？忧国忧民？

小宁道，国还用得着我来忧吗？我是想这人有什么意思？

张青染不知小宁为何无缘无故发起这种感慨来，就玩笑道，阳光如此灿烂，前程如此锦绣，你怎么消沉起来了？

小宁又叹了一声，抖抖手中的报纸说，这里介绍，日本有位天文学家研究发现，地球每过若干万年都会被行星撞击一次，届时地球表面尘土遮天蔽日，经年不散。地球上便只有黑暗和严寒，一切生物都会灭绝。此后又要经历若干岁月，地球才重见天日，重新拥有阳光。可是这时的地球没有生命，只是新一轮生命进化的开始。于是经过漫长的演进，地球上才慢慢恢复生机。看了这个我就忽发奇想，我们怎么去知道，我们偏巧碰上的这一轮生命进化中产生了人类，而上一轮进化中有过人类吗？下一轮进化还会有人类吗？所以，人类的产生说不定纯粹是个偶然事件。人类既然是这么偶然产生的，还有什么值得自我膨胀的？还成天在这里争斗呀、倾轧呀、追求呀，还什么正义呀、理想呀、伟大呀，可悲可悲！

张青染听了想笑却又笑不出，只说，我说你忧国忧民还是小看你了。你这忧患意识比忧国忧民还要高级得多哩，这可是人类终极关怀啊。

小宁却笑了起来，说，什么终极关怀？关怀又有什么用？大宇茫茫，人为何物？况且人生在世，一切都是注定了的。有人打了个比方，我觉得很有意思。说人就好比爬行在苹果树上的一只蜗牛，它爬的那个枝丫上是不是最后有个苹果在那里等着它，其实早就定了的，只是它无法知道。我们就像一只蜗牛，在不遗余力地爬呀爬，总以为前面有一个大苹果在等着我们，可说不定等着我们的是一个空枝丫。最令人无奈的是这枝丫上有没有苹果，不在于我们爬行得快还是慢，也不在于我们爬行的步态是不是好看，而是早就注定了。

小宁一番话几乎把张青染感动了，他只觉得身上阵阵发凉。小宁比他小几岁，常发些怪异之论。他其实很佩服小宁的聪明和敏感，尽管小伙子有股疯劲，但他从来不流露自己的感动。不知从什么时候开始，容易感动成了不成熟的表现了。记得有回跟何市长去农村看望困难户，见那些群众面黄肌瘦，形同饿殍，他不小心流下了眼泪。但见何市长背着手笑容可掬地嘘寒问暖，他马上偷偷擦干了泪水，心里还萌生了隐隐的羞愧。他明知道悲天悯人说到底还是一种美好的情怀，可如今人们不这么看了。

似乎成熟即是无情。小宁还在感叹唏嘘地说着,张青染便有意掩饰自己,玩笑道,小宁你总算知道自己爬在一棵苹果树上,不管怎样还存有希望。我想自己只怕是爬在一棵梧桐树上,怎么爬也是一场空啊。

什么一场空?原来是李处长回来了。张青染说,没有什么,在开玩笑。小宁便同李处长赔笑一句,回自己办公室去了。

李处长坐下,打开一个文件夹,看也不看,就神秘兮兮地同张青染说,你知道原来主持《南国风》的高媛是怎么出国的吗?

张青染望望李处长的眼神,就知道他又掌握什么新消息了,就说不知道。果然李处长说,刚才在楼下,听他们在说这事。高媛是跟康尼尔公司的外国老板走了。我原先早说过,这女人同那老外有两手,你不相信,还说我是长外国人志气,灭中国人威风。唉,这也是没有办法的事啊!说来这也是按市场经济规律办事,漂亮的女人配有钱的男人,优化配置资源啊!

康尼尔公司是本市一家最大的中外合资企业。关于高媛同那位外方老板的绯闻,早就传得沸沸扬扬了。有人还说出许多细节,像是亲眼所见。说什么开苞费是十万美金,以后每晚一万人民币。张青染倒不是相信不相信,只是觉得关心这些事很无聊,就总是有意说不可能有这事。可这回李处长像是终于抓到什么证据似的,脸上简直有几分得意。张青染心想这人如果不是处长,他非臭他一顿不可。可人家毕竟又是处长。他只好借题发挥,泄泄心头的闷气,说,什么外国老板?他算个屌老板!我们中国人把许多事情都弄颠倒了。要说老板,股东才是老板。大股东就是大老板,小股东就是小老板。他只是一个经理,也是老板雇用的打工仔,这次回国了,说不定就是被老板解雇了。

李处长说,那当然,这个当然。但是就是有女人愿意跟人家跑呀!

晚上刘仪下班回来,很不高兴的样子。张青染问她怎么了?刘仪说,还不是那个姓马的泼妇?专门在那里说高媛的事。说什么电视台的漂亮女人没有一个不当婊子的。我知道她是有意说给我听的,这就是在说麦娜。我气得不行了，就接了腔，说这世上偷人也是一门本事，有人想偷人还没有人要哩。我两人就相骂了。后来大家把我拉走了，不然我非把她那二两肉撕下来不可！

张青染知道那姓马的女人是刘仪的一位同事，最喜欢多事，与刘仪有意见。他劝道，你既然知道她是个泼妇，何必同她一般见识呢？为这些事在单位同人家相骂，多没意思！

刘仪一听这话却多心了，说，没有意思？我就知道你瞧不起麦娜，总觉得她丢了你的脸。麦娜你又不是不了解，要不是她父母早亡，要不是她好好儿一个单位失业了，她也不至于去夜总会做时装模特。还算她有本事，从一个夜总会模特做到专业广告演员，做到电视节目主持。不是我说你，要是落到你失业了，说不定还捞不到饭碗哩！

张青染拱手作揖，说，好了好了。你在外面同人家相骂还不过瘾是不是？回来还要同我一分高低？我也没说什么，你的毛病就是喜欢上纲上线。对麦娜我从来有过二心？

刘仪听男人这么一说，也不多言了，进厨房做晚饭去了，心里还是不太畅快。张青染知道女人的脾气，她生气了你不当一回事，只让她一个人闷一阵子就好了。这时保姆小英上幼儿园接了琪琪回来。琪琪一进屋就爸爸妈妈地叫得欢。刘仪忙从厨房出来，爱怜不尽的样子，说我们儿子回来了。她双手没空，低头凑过脸，琪琪便踮起脚亲了亲妈妈。张青染便喊道，还有爸爸呢？琪琪又蹦蹦颠颠地跑到爸爸面前，亲了亲爸爸。小英去厨房帮忙，张青染拉着儿子说话。

刚才刘仪说他要是没了工作，只怕连饭碗都捞不着。这本来让他不怎么高兴，可见了儿子，心里什么事也没有了。反过来却想老婆的话其实也并不夸张。不少干部除了当干部的确再没有别的任何本事。自己虽不是那么无能的人，可平时不太注意罗织关系，又放不下架子，说不定到了那个地步还真是麻烦。麦娜就不同，她本来就在社会最底层，要么争做人上人，要么就是下地狱。再说她人长得漂亮，余地也大。麦娜迫不得已跟

了洪少爷,她是那么痛苦。她总以为自己做了有辱家门的事,对不起表姐和表姐夫。她把洪少爷给她的二十万美金全部送给了表姐,要表姐不必记得她,只当她不在人世了。她走了就再没回过家,也不打电话回来。他为麦娜的刚烈性子感动过,叹她是个清逸脱俗的奇女子。后来慢慢想这事,觉得麦娜其实大可不必像面对死亡一样面对洪少爷。也不是说麦娜就该这样,他只是想她既然到了这个地步,还想那么多干什么?但这只是他一个人背地里的心思,不忍心讲出来。刘仪讲起这意思他反而会怪她不该讲,只说麦娜好好儿一个女子,就被那姓洪的那个了。刘仪总怪他鄙视麦娜,他怎么也不承认。他内心待麦娜的确也如亲妹妹一样,只是这事说起来的确不怎么体面,所以他从来不在同事面前提起老婆有这么一位表妹。

吃过晚饭,张青染对老婆说,你给麦娜打个电话,问她最近怎么样。她现在又是主持,又是广告,也不知还上不上夜总会串场子。让她不要太霸蛮了。要她凡事想开些,有空还是回来看看。她在这个世上只有你这个表姐,没别的亲人了。

不想张青染这么一说,刘仪竟泪眼涟涟了。这时,电视里又是广告节目。麦娜无尽忧伤地坐在秋林里,落叶遍地。这时柔腻润滑的高级化妆品汩汩倾注。麦娜双手在脸上情不自禁地轻轻抚摸。萧瑟的秋林一下子绿荫如盖,繁花似锦。麦娜便柔情如水。抒情的男中音旁白:美丽的麦娜,优秀的品牌!同时打出字幕:麦娜创意,达飞广告!琪琪拍手叫娜姨娜姨!张青染望着老婆说,你别这样。刘仪揩了下眼泪,重重地出了一口气。好一会儿,她说,什么麦娜创意,达飞广告。这话我听了总觉得牛头不对马嘴,好别扭。张青染笑笑说,我不是同你说过吗?这是舒然之给王达飞出的主意,搞这么个莫名其妙的东西。他们把麦娜作为达飞广告公司的形象,或者一种象征。凡是达飞广告公司做的广告都叫麦娜创意,达飞广告。外界不懂,就觉得高深莫测。刘仪接腔说,你还别说,舒然之出这些莫名其妙的点子还真不错。现在凡是打着麦娜创意的商品销路就好。大家懵里懵懂跟风头，好像麦娜代表一种潮流，一种时尚。张青染觉得好笑，说，这实际上是在愚弄消费者。也难怪，都是大家甘愿受愚弄。

这些天，满城都在传说洪少爷被抓的事。大家说这回洪少爷只怕跑不脱了，因为是贩毒。有人说他说不定还会脑瓜子开花。人们说起这事大多显得神秘，似乎这话题为寒冷的冬日增添了几分兴奋。张青染想这世道谣言多，不敢轻信。本可以打电话问一问麦娜到底是怎么回事，又怕触着她的伤心处。

传言一出，洪少爷手下的宏基集团股票马上下跌，跌幅总是下居当日跌幅最大的前三只股票以内。张青染就同老婆说，这回他只怕是真的要垮了。刘仪说，他垮不垮我不管，我只担心麦娜。不知麦娜同他这事有关系吗？

在办公室，李处长也说，洪少爷的确该杀。他来我们市这么些年，玩过多少女人？凡是漂亮女人，只要他看上了就不会让她逃脱的！

张青染一听李处长讲话的气味就觉得不对劲。这人总关心谁同女人怎么怎么的，说起来又总愤愤然。自从前年他自己的老婆跟一位台湾老板跑了，他就特别恨那些乱搞女人的人。张青染想李处长的愤怒就像寓言里说的那只吃不着葡萄的狐狸。他便玩笑道，人家洪少爷是何等人物？人们私下议论，都只说他是在上面有背景的少爷，市里领导都怕他三分。还说他玩女人呀，说他的公司无非是发的权力财呀。这些问题在他们这些人身上算什么？小菜一碟！这些议论充其量只算是小道消息。要是早些年，追究起来还是政治谣言哩。这些议论再多，也影响不了他一根毫毛，相反倒让人觉得他是个人物。他们这种人重要的不是作为一个普通人的细枝末节，重要的是社会形象。他的社会形象是什么？宏基集团总裁，著名企业家！

李处长这回竟激动起来，说，你好像还很赞赏这种人，起码的是非观念都没有了。我就不相信人民的天下就听凭这种人胡搞！

张青染怕李处长真的这么看他，就说，我何尝不是你李处长这么想的？一切善良的人们都是这么想的，可人家洪少爷的父亲和他父亲的下级就是掌管人民天下的人，还有他父亲的朋友，朋友的朋友，下级的下级。人家洪少爷说不定还要问问我们这到底是谁的天下哩！

李处长脸色更加不好了，质问张青染，你这是站在谁的立场上说话？

见李处长真的发火了，张青染笑道，处长息怒。我这只是同你探讨这个问题，没别的意思。我反正是普通一兵，关于谁的天下这么大的问题，轮不到我来考虑。

李处长不说什么了，低头看文件。张青染觉得脸上不好过，找来一张报纸胡乱翻着。他刚才本是听不惯李处长说别人女人什么的，就有意同他对着说，可一说起来竟离题万里了，弄得李处长不高兴。李处长尽管严肃，但平时也同大家开些有关女人的玩笑。不过有些领导即使在开玩笑的时候也并没有忘记自己是领导。你开玩笑时得罪了领导，要是程度不严重，他脸上还可以勉强保持笑容，尽量不打破与民同乐的气氛，但心里只怕给你记上了一笔小账；要是你严重得罪了领导，马上就会招来严厉的斥责。当然斥责在官方叫批评。张青染今天忘记了这一点，弄得自己这会儿几乎有些诚惶诚恐了。他的毛病就是常常忘记了领导就是领导。

办公室的气氛很沉闷。张青染想找些话来说，却一时想不到说什么好。李处长在看文件，样子很认真。即使在平时，李处长看文件入迷的时候，你同他说什么他都不太搭理你。今天本来就已经不对劲了，你无话找话，说不定就会讨个没趣。

最后还是李处长表现了高姿态，抬起头指着手中的文件说，你看，国泰公司这位经理吴之友，贪污一千九百四十万元，还养了情妇，为情妇买了套房子就花了六十多万元。这是新中国成立以来我市最大的经济案件。不得了啊，不得了啊。

张青染笑道，真是有意思，如今的经济案件不发则已，一发就是新中国成立以来最大的，这就像郊县的水灾，每次都说是百年不遇。

李处长并不在乎张青染的幽默，还在感慨这个案子，说，到底是我们这些人可怜，离领导近，离权力远，什么也捞不着。正像你说的，一发案就是建新中国成立以来最大的案子。这就意味着还有许多案子没有发，意味着还有更大的案子。

张青染经常听到李处长发类似的感慨。比如说，他妈的我这个处级干部在市政府里什么也不算，下到基层去是要管一个县的。一个县几十万上百万人啊！可我们的工资不足五百块！在一些公司里，一个小小科长都有权签单哩。今天李处长触景生情，又感慨起来了。张青染当然也有这种感觉。现在他家有那二十万美金作背景，这一点工资就越发显得可怜了。尽管他同老婆说过不要这钱，但这钱作为一个参照系数摆在他的脑子里，刺激太强烈了。他说，干部工资的确也低了些。现在收入悬殊，少数人富得钱没地方花。当干部的说起来是人上人，收入却少得可怜，让人小瞧。这么搞下去，手中有权的不贪怎么可能？但话又说回来，所谓高薪养廉谈何容易？现在干部这么多，涨工资的话国家负担得了吗？干部太多了，闲着没事做，拿古人的话说，是太仓之鼠啊。依我说，干部减少三分之二，地球照样转！

李处长睁大眼睛，冷冷笑道，依你说？好大的口气，依你说。减少这么多干部，那么多工作谁去做？

李处长的冷笑让张青染背上立时麻了一阵。但他不想让自己太狼狈，便故作镇定，笑了起来，说，我是有自知之明的。依我们干部对社会的贡献，也只配拿这么些工资。不是我偏激，我们有许多工作莫说对社会有贡献，只怕还是阻碍社会进步的。

李处长一下子严肃起来，说，老张你这就不对了，你说说哪些工作是阻碍社会进步的？都是党的工作啊！你还说不是你偏激，我说你最大的毛病就是看问题偏激。这机构的设置，编制的确定，都是有关职能部门和专家认真研究定下的，加上我们国家已有这么多年的经验。你倒好，叫你一句话就说得一无是处了，有些工作干脆不要做了，有些工作还阻碍社会

发展了。

张青染发现问题严重了，忙说，感谢处长批评。我只是泛泛而论，即兴而发，不一定代表我的观点。李处长再说了几句，埋头继续看文件去了。张青染便翻着报纸，在心里反省自己的傻气。他想李处长一定疑心他是说他们这个处的工作不重要了，这等于是说李处长不重要。不论哪位领导都会强调自己的工作如何重要，有些单位的人明明没事可做，成天坐在那里喝茶扯淡，领导却总在外面说忙得不得了，人手不够，还得调人进去。逻辑很简单：你这个单位工作繁忙，很重要，领导就很勤勉，很有位置，就会更加得到重用。

回到家里，张青染越想越觉得自己今天真是大大地昏了头。他知道李处长有时说话也随便，开起玩笑来也很联系群众。但你以为他同你说了几句笑话，或者同你笑了几声，就是对你印象很好，那你就大错特错了。刘仪见他窝在沙发里一动不动，以为他哪里不舒服了，就问他怎么了。他说没什么。

儿子回来了，他揉揉儿子的脸蛋蛋，便开了电视让儿子看卡通片。自己却坐在那里发些匪夷所思。他想现在是中国人收入大分化的关键时期。这会儿捞了大钱的，就是大老板，就会搞出些个家族式的企业王国出来。他们的子子孙孙就是人上人，就是社会名流、贤达、政要，今后的天下就是他们的天下，他们世世代代锦衣玉食。而捞不着钱的，他们的子孙只有替别人去打工，流血流汗捞口饭吃。可现在赚钱的法则是赚钱不受累，受累不赚钱。真正捞大钱的差不多都有些说不得的事情。真有些像马克思揭示的所谓资本主义原始积累。

电视新闻节目之后，张青染留意看了下宏基集团股票，仍是下跌。他想这回洪少爷只怕真的难逃法网了。他只把这话闷在心里，怕老婆听了不舒服。可刘仪突然问，都只说洪少爷洪少爷，不知这家伙叫什么？他就想老婆可能也在想宏基集团的事。他们俩似乎都觉得宏基集团同他们家有某种关系了。张青染说，这个我记得同你说过的。他姓洪是随母姓，这是掩人耳目的办法。他大名洪宇清，年纪也老大不小了，只怕五十多岁了。人称少爷，是有来历的。早几年他在外省犯了事，他老爷子托秘书打电话给省委书记。秘书说，老首长发脾气了，说这孩子不太懂事，尽给你添麻烦，要你一定严加管教。其实那案子落在一般老百姓身上，可杀可关，可在他就是严加管教了。想他按年纪都该做爷爷了，还这孩子，真是好笑。这事后来不知怎么传到外面来了，大家背地里就叫他少爷。他刚来我们市那会儿，大家还不知道这个外号，是后来慢慢从外省传过来的，可见这人在外省民愤之大。

他两口子说这些话，小英和儿子听不懂，只在傻傻儿看电视。张青染说，不知这回真的会不会牵涉到麦娜。我想，我们干脆把那个转到我们户头上。刘仪会意，说，怎么可以？到时候她还说我们想占她的哩。我们说了不要她的，只为她保管。张青染说，这没有矛盾嘛。真的有了事，不一声喊封了？到了我们头上，查也查不到了。再说，我们就算暂时借用一下也没事嘛。我想好久了，你们公司效益不好，我在官场上只怕也难有出息。不如我们自己做个什么生意算了。借这个做本金总可以吧？刘仪还是不依，说，我早说了，她跟他跟不了多久的，得有后路，这就是她的后路。她哪天真的回来了，我就把折子交给她，怎么处理都由她了。

见老婆怎么也说不通，张青染就不说了。他想慢慢再去开导她，反正要把她说通。这世道别人捞钱再黑的手段都使上了，自己这本来就是用自己的钱，没什么可说的。麦娜那天一脸死色提着皮箱子回来，说这钱是送给你们的。他们见这么满满一皮箱美金，吓得几乎发抖。刘仪说，说什么也不能要这钱。他说是呀！麦娜马上就要哭的样子，说，我早知道你们会嫌这钱脏。我知道我做的事丢了你们的脸，但我能怎样？我在夜总会，成天被一些小流氓包围着，你们不是不知道。我们白狐狸组合那个外号猫儿的姑娘就那么失踪了，你们也是知道的。猫儿你们没见过，她长得不比我差。她至今活不见人，死不见尸。姐夫说只要我成了名，小流氓就不敢对我怎样了。可是我成了名模了，都说我芳倾南国。这一来，成天纠缠

我的是些衣冠楚楚的大流氓了。与其说落到小流氓手里，不如跟了大流氓去。我现在是他的人，反倒安全些了。你们只当我死了。死人是最安全的。

当初张青染两口子的确不想要这个钱，只想把它存下来作为麦娜的后路。张青染说，是该这样，是自己的就是自己的，不是自己的就不是自己的。刘仪说，是的，我想做人就该这样。

这天下午，张青染一到办公室，李处长就愤然地对他说，你知道吗？有人说主持《南国风》的麦娜就是洪少爷新搞上的姘妇。这人他妈的就像在搞一场消灭少女运动！难怪麦娜能做上这个栏目的主持人。

张青染听了这话心里很不是味道，就故作轻松，说，只要他有本事，把天下女人挨个儿搞遍我都没意见，只要不来搞我的老婆。

李处长的脸马上拉了下来。张青染的脸便刷地红了。他不小心讲着李处长的痛处了。李处长的老婆可是叫人家搞了的啊！张青染只感到自己的脸火辣辣地发烧。他知道自己越是脸红，人家就越是以为你心里有鬼，说明是有意刺人家的。但他的确是无意之中说这话的。可这脸就是不争气，还在火烧火燎。

整个下午，李处长都不说话。张青染觉得一分钟都难得挨下去。他想怎么来调节一下这气氛，就是找不到合适的法子。搞不好又怕弄巧成拙。他手不是脚不是坐在那里，电话铃的响声都会惊得他跳起来。万难坐了一会儿，才想起可以出去理个头发，就说，我理发去李处长。李处长也不搭理。他把这理解为默许，就出来了。

走在外面，又在想这回是不是特别让李处长不高兴了？理发的时候都有些神不守舍，老在想李处长的态度。

理完发，一看时间，已快下班了，就不打算再上办公室，径直往家里走。新理了发自我感觉很精神，便挺了挺腰板，一副气宇轩昂的样子，就觉得自己像个真正的男子汉了。一个下午心惊胆战，多没用！不就是说了那么一句话吗？

张青染回到家里，见刘仪已到家了。刘仪望望他，笑道，理了发？年轻多了。他鬼里鬼气一笑，说，难道我老了吗？行得很哩！刘仪知道他在说什么鬼话，娇娇地白了他一眼。他便嬉皮笑脸地跟去厨房，帮老婆做饭。刘仪多次说他好坏，晚上想来了，才会帮她的手。要不然，她一个人忙死了他都不问一声。其实老婆并不真的怪他。

他在厨房帮老婆洗菜，却时不时又撩一下老婆。刘仪就躲他，说，你是越帮越忙哩。他想今天晚上要好好同老婆温存一回，完了之后再同她说那钱的事。他想一定要说通刘仪，为自己创一番事业出来。在机关里仰人鼻息真不是个味。他想起同事小宁说的那个比方，自己也许真的是苹果树上的一只蜗牛，爬在一棵光溜溜的枝丫上却浑然不觉，还总以为前面有一个大苹果哩。说不定自己爬的这棵树连苹果树都不是哩，只是一棵梧桐树！

张青染凑在老婆耳边说，看了新闻就睡觉好吗？刘仪笑道，看什么新闻？饭都不要吃，就去睡好了。张青染涎着脸皮，说，这会儿，还真的来事了，不信你摸摸嘛。刘仪举着锅铲说，摸什么摸？谁稀罕你的？张青染就抱着老婆，在她屁股上顶了一下。刘仪哎哟一声，骂你这坏家伙！两人正闹着，就听见琪琪喊妈妈了。原来儿子从幼儿园回来了。

今天两人心情都好。吃饭时两人就隔着一层说戏，不时抿起嘴笑。小英人小听不懂，也蒙头蒙脑地跟着傻笑。刘仪却以为小英听懂了，不好意思起来，怕影响了人家黄花闺女，就示意男人不要说了。

中央电视台《新闻联播》之后，紧接着插一会儿广告。四个广告有两个是麦娜做的。广告一完就是本市新闻。听得播音员介绍新闻提要时说，市长何存德同志在宏基集团视察工作，张青染便望望老婆，却见老婆也在望他。两人都不说话，马上就是详细报道了。只见何市长在一个矮个子、大肚皮男人的陪同下，视察新建成的商品住宅。何市长说，房地产是我们市重要的新的经济增长点，要大力发展。宏基集团在我市房地产开发中发挥了龙头作用，做出了很大的贡献。我代表市委、市政府向宏基的全体员工表示感谢，并祝宏基再创辉煌！

刘仪问，那个矮个子就是姓洪的吧？

不是他还会是谁？张青染说，他这人很有架子，很少这么露脸的。平时市里领导去了，都只是那位姓邓的副老总出来陪。所以这人名气虽大，认得他的人却并不多。这回他有意露面，意味深长。

刘仪又说，这么一个人不像人，鬼不像鬼的家伙。

张青染见老婆说到这里就不说下去了，便明白她的意思，是说麦娜同这样一个人在一起，真是冤枉了。他也不想点破这一层，便想说些别的。但见电视新闻里多是市里领导这里开会，那里剪彩。今天何市长的镜头特别多，真是很忙。何市长的嘴巴皮上像是起了水泡，黑黑的一小块。张青染就开玩笑说，市长大人的嘴皮居然也起水泡了，照顾他生活的人该挨处分。

刘仪说，没这么夸张吧？他的嘴皮就不兴起水泡？

张青染说，这个你就不清楚了。他的生活是有专人照顾的，怎么能让他嘴皮起了水泡呢？这是事故！就像小英照顾琪琪，弄得琪琪屎尿都撒在身上，你说她是不是失职？你会不会生气？

刘仪笑了起来，说，你这比方打得有些幽默。不过何市长这个级别的干部还够不上配专职工作人员侍候他吧？

张青染说，你真是的，说起规定来了。按规定，还不准任何领导养情妇哩。这些领导家的服务员，下面争着送哩！她们的工资由当地政府发，名义还很好听哩，当地政府叫她们联络员。

刘仪抿嘴道，哼！还联络员，这时刘仪望了一眼小英，就欲言又止。这时琪琪打瞌睡了，小英就带他进屋去了。

张青染又说，现在领导干部犯错误，没有政治错误让他们犯，犯的错误都是千篇一律的：金钱和女人。单犯女人问题还不成问题，没有人去管你。总是经济问题闹大了，才带出女人问题。而且一查出有经济问题的就有女人问题。

刘仪就说，这事我就不懂了。你说没有政治问题让他们犯，就是说领导干部的政治觉悟都很高了。既然政治觉悟高了，就不该犯经济和女人问题呀！

张青染大声笑了起来，说，你提这个问题才是真正的幽默。什么叫政治？早不是本来的意义了。上面讲的政治是政治立场；下面讲的政治是官场权术。下面的干部只要跟对了人，哪会出什么政治问题？

这时新闻完了，播报股市行情。宏基股票神奇地上涨了。张青染说了声他妈的。

刘仪看看时间，起身说，算了算了，睡觉吧。天塌下来也不关我们的事了，睡觉第一。正说着，又听得电视节目预告说，八点三十分《今日风流》栏目请您收看《企业家的情怀》，为您介绍洪宇清和他的宏基集团。张青染就对刘仪说，是不是看看？刘仪不说话，仍坐了下来。

过了一会儿，就到《今日风流》时间了。先是咔嚓咔嚓打出了一行字：

> 企业家的成就，单用醒目的阿拉伯数字去衡量是不够的，必须看他对于社会的贡献。
>
> 洪宇清手记

接着便推出片名，用的是狂野的草书：

> 企业家情怀
>
> 记洪宇清和他的宏基集团

片子介绍宏基集团近几年开发房产若干，为本市解决住房紧张局面做出了很大贡献。洪宇清头戴工帽，在机声隆隆的建筑工地上一派指点江山的气度。这是一位很有头脑的经营者，他和他的创业伙伴们善于管

理，在保证建筑质量的同时，尽可能降低成本，取得了良好的经济效益和社会效益。片子重笔渲染的是他们拿出一批商品房按成本价出售给教师。洪宇清亲手把一枚住房钥匙送到一位老教师手中，老教师双手颤抖，老泪纵横。最后，洪宇清健步走在高高的立交桥上，背景是森林般高耸入云的楼宇，他那伟岸的背影渐渐远去。雄浑的男中音极富感染力地解说道：洪宇清知道自己是一个跋涉者，一辈子注定要走很远的路！

看完之后，两人半天不说话，好一会儿，刘仪才说，不是说党管舆论吗？

张青染黑着脸说，现在魔鬼可以扮演上帝！

两人一声不响地进了卧室，宽衣上床。张青染平躺在床上，两眼望着天花板发呆。刘仪是容易入睡的，上床一会儿眼睛就沉下来了。刚要合眼，想起男人回家时说起的事，就侧过身子抱了男人。张青染没有反应，仍在那里出神。刘仪又支着手趴到男人身上，说，你不是早就兴冲冲的了吗？张青染这才想起那事来，心里歉歉的，忙抱了老婆，说，在酝酿情绪哩。他闭上眼睛，深深地亲吻老婆。可脑子里却满是洪少爷，下面就半天起不来。他只得越发动情地亲着老婆，在心里夸张着老婆的美丽，夸张着自己对老婆的爱。那钱的事是怎么也不好提及了。刘仪见今天男人特别春意，早激动起来了，在他身上哼哼哈哈着。他万难才能让自己挺了起来，照样是夸张地把老婆掀了下来，故作勇武地动作开了。心里却仍是说不清的味道。老婆越是在身下欢欢地腾跃，他内心就越发尴尬，样子却更加雄赳赳的。

次日上班，李处长叫小宁到这边办公室，向他交代工作。小宁听完交代，仍站在那里闲扯几句。他说，昨天看了电视上介绍洪宇清的专题片，真是扯鸡巴淡！洪宇清是个什么人物谁不知道？

李处长皱起了眉头，说，小宁你不要乱说。我们时刻都不要忘记自己的身份。既然在政府部门工作，就要同政府保持一致。你说洪宇清如何如何，那么何市长成了什么了？昨天何市长还视察了宏基集团哩。再说，看问题要有一个基本的立场和标准。实践是检验真理的唯一标准。这个实践是什么?就看是不是推动了生产力的发展。宏基开发了那么多的房产,经济效益和社会效益都是好的,这就是推动了生产力的发展嘛。当然不能一手硬,一手软,单有物质文明是不够的。宏基的精神文明也是做得不错的,他们形成了自己独特的企业文明,也出过不少人才。我听说,现在主持《南国风》节目的麦娜就是从宏基集团出来的。这个,这个……我们一定要同政府保持一致。

张青染几乎不相信自己的耳朵了。李处长讲官话的水平很高,他是知道的。可今天这么为洪少爷说话,却是出乎他的意料。昨天李处长说起这人还咬牙切齿哩!不知这位处长是真的相信了电视里的宣传,还是因为见何市长亲切接见了洪宇清?不过官场中有一种人他看得明白:这种人只要见了大领导,就立即交出自己的灵魂。有的人甚至平时对那领导非常看不起,但只要领导同他握一回手,或者拍他一下肩膀,他会立即感激涕零。权力的威慑力也许是难以想象的。

小宁站在李处长的办公桌边,面红耳赤,走也不是,不走也不是。小宁在处里年纪最小,平时李处长不舒服了,也常找他发火。李处长同张青染年纪差不多,又是同年进这机关的,他平时想对张青染发火也多半忌着些。但张青染总觉得李处长有时对小宁发火,有些杀鸡儆猴的意思。他今天就觉得李处长这火只怕还有昨天的余怒。他很为小宁难堪,又一时找不到解围之法。李处长却越说越起劲,一套一套的政治理论都出笼了。张青染趁李处长说话的空隙,插了进去,说,小宁,李处长的意见很对。我也有这个毛病,有时说起来只图自己痛快,忘了自己的身份。我们在政府工作,时间长了,也就油了,自己不觉得怎么的。可在外人面前,我们是政府形象,说个什么,人家就以为是官方言论,有来头的。这个我们以后一定注意。

小宁就着这个话头马上检讨说,是的是的,我今后一定注意。谢谢处长和老张帮助。

张青染故意制造轻松气氛，玩笑道，你这马屁又拍歪了。要谢就谢李处长，是李处长及时指出了你的不对。我只是火上加油，莫恨我落井下石就是了。

小宁这就轻松些了，也笑了起来，说，这是哪里的话！你比我还是觉悟些嘛。你天天坐在处长对面，经常可以接受教育。所以我也要你多批评哩。

小宁这么一说，李处长可能意识到自己刚才粗暴了些，就道，小宁，我这不是批评你哩，只是心平气和地指出你应该注意的地方。

张青染忽然想起自己平时就批评一词的思考，就笑话一般说了起来。李处长，关于批评，我有个看法不知你同意不同意。我是认真翻了词典的。批评有两个意思，一是找出优点和缺点，二是专指对缺点和错误提出改正意见。平时说到批评多是指第二个意思。但依我理解，不论哪个意思，都没有情绪色彩。可是大家平时多半把批评的意思理解错了。一方面，有些做领导的，动不动就是训人，也说这是批评。其实骂人不是批评，可有的领导会说这是严肃的批评。我说也不对。严肃是指态度认真，不是说骂人就是严肃。另一方面，有些做下级的，把批评理解为骂人，或者说是把骂人理解为批评，所以领导一批评就接受不了，以为领导又骂他了，专门给他穿小鞋。所以我说，该为批评正本清源才是。

李处长听着听着就笑了起来，说，老张你还肯想些问题嘛！你分析的的确有道理。我看批评和自我批评的良好作风坚持得不好，这恐怕是个原因哩。

几个人便就这个话题探讨了一会儿。张青染却暗自好笑起来。心想，还为批评搞什么正本清源？当领导当到一定份儿上了，还听你讲什么道理？他们骂起人来了还顾你的面子？自古礼不下庶人啊！哪天你挨领导骂了，你抗议说，你要批评就批评，不要骂人。别人不说你神经有问题才怪。

下班后，小宁有意跟上张青染，感谢说，全搭帮你老兄为我解围，不然我退都退不出来。不知李处长今天哪根筋被我触着了,值得他那么发火?

张青染知道不该同小宁多说什么,但仍克制不住心中的刻薄,含蓄道,你只要想着他是领导,一切都想通了。

小宁愣着眼睛望着他,似乎什么也没想通。站在外面太冷了,张青染扬扬手,就同小宁分手了。

李处长下了几天基层,今天回到办公室,少不了同在家的同事握手一番,互道辛苦。这是惯例。同张青染握手时,李处长说,我不知道麦娜原来是你的表妹哩! 对不起对不起。

张青染的脸唰地红了,忙说,是我小刘的表妹。

李处长同别人握手去了,还回头说声对不起。张青染脸还热热的,一时冷不下来。口上牛头不对马嘴地说着哪里哪里。他想自己其实没有必要这么尴尬,麦娜怎么样并没有丢他的脸。可他一听李处长说起麦娜,忙说是老婆的表妹。这么一想,心里对麦娜就有了愧意。

大家同李处长客气完了,又说了一会儿话,就出去了。李处长又说,这次跟何市长到下面,何市长闲扯时扯到麦娜,就说到你了。何市长对麦娜的印象不错哩。

啊啊,是吗? 张青染不知说什么才好。

何市长很关注你,问了你的情况。我向他做了介绍。他说,这个同志不错! 李处长就像给别人带来了喜讯的人,自己脸上也洋溢着喜气。

张青染忙说,谢谢你李处长,谢谢,谢谢!

其实张青染也跟何市长下过几次基层,好像都没有给何市长留下什么印象。每次何市长下去,都会带上有关部门的负责人,为的是便于就地解决问题。不了解情况的以为这是当领导的耍威风,有意弄得这么前呼后拥的。不过那场面看上去也的确有前呼后拥的意思。一行人走在工厂的车间或者农村的养殖场,各部门的负责人都把目光投向何市长,胁肩而笑,张青染偶尔随了去,只是一般工作人员,根本就轮不上他同何市长

搭话。别说搭话,张青染的目光无论如何都没有机会同何市长的目光碰在一起。他每次随何市长下去,都希望给何市长留下一些印象。可每次回来之后,他都很难再见到一次何市长。到市政府工作快十年了,他几乎没有在机关大院里见哪位市长现过身。同他没进机关一样,只是天天在电视里看见领导同志神采奕奕的。他同老婆开玩笑说,领导同志好像是从地道里出入办公室的。万难在办公楼的走廊里碰上何市长,张青染十分恭敬地叫声何市长好,但他得到的回报最多是一张陌生的笑脸,那笑脸显得很有涵养。

李处长情绪极好,说,何市长要是来兴趣了,也同大家说笑话。他讲笑话的水平还很高哩。

张青染知道李处长一定是听何市长讲了一个什么笑话了，就说是吗?这时小宁进来了,站在一边恭听李处长说笑。

何市长说他从前有位同事,作起报告来尽是粗话。譬如批评有的干部胆大胡为,就说是老鼠子日猫×,好大的胆子!要求大家工作要干脆利落,就说门槛上斩狗卵,一刀两断!李处长说罢哈哈大笑起来。张青染和小宁也一齐笑了。

电话响了,张青染接了,见是刘主任。刘主任说,小张吗?这几天忙什么?张青染说,没忙什么,刘主任又说,好好,好好。你叫老李接个电话。张青染便把电话递给李处长,说刘主任找你。

李处长接过电话,忙说刘主任你好。哦哦……哦哦……好的,好的,我上来一下行吗?说罢放下电话,微笑着上楼去了。

李处长一出门,小宁就说,现在好像领导不讲痞话就不联系群众似的。是不是世道越来越庸俗了?我昨天看电视,见电视里推出一位新歌手,主持人作潇洒状,说,想不到这位连汉字都认得不多的漂亮小生,唱起歌来原来还那么像模像样。我们不能不惊奇音乐包装的神妙。我听了这位主持的解说只觉全身发麻,不知他这是在捧人呢还是在损人。可看他那得意样儿,分明又是在捧人。我就联想到现在似乎有一种趋势,人们争着把自己打扮得庸俗,甚至下流。

张青染笑道,小宁你别成天活得像个哲学家,这样很痛苦的。我总觉得这世上最痛苦的人就是哲学家。

小宁冷冷一笑,说,还哲学家?现在这世道还能出哲学家?哲学家的思想应该是独立的、深邃的。现在人们好像在进行一场浅薄比赛,你想同人说些深刻的东西,人家笑你玩深沉。大家只好争着把自己头脑中的一切思想都洗掉,像洗磁带一样。人们没有思想,只有动物本能。饥饿了想吃饭,发情了想上床。我说干脆还彻底一点,大家把自己姓甚名谁,是男是女,哪方人氏全都忘掉。

这怎么说?张青染觉得小宁蛮有意思的,就有意问道。

小宁说,真的这样了,当官的省事,好管啊。

张青染说,人人都这样了,谁来管谁?

小宁说,只留一个人有思想就行了,大家都听他一个人的,多省事!

张青染笑笑,说,让你来做这个人好了。喂,我俩怎么说着说着说到这里来了?越说越没边了。刚才是说什么?对了,是说领导同志讲痞话。其实我说,光说说没关系。俗话说,爱叫的狗不咬人。

小宁便说,这个也是。何市长这人生活上还是很检点的。

对对,对对。不过这个问题不是你我可以随便议论的事情。张青染说着便望望小宁,琢磨着这小伙子的心思。他觉得小宁虽说嘴上无遮拦,但毕竟人在官场,起码的禁忌还是懂的。说到市长,他也只得恭而敬之。

不想小宁又出奇语,道,什么随便议论不随便议论?神秘政治!我感觉才参加工作那几年,气氛还好些,这几年越来越森严壁垒了。有鬼事说都不让人说,哪有这个道理?未必你做得,大家说都说不得了?

张青染感到这种议论太危险了,就摆摆手说,小宁,你我兄弟都是小人物,莫谈国事,莫谈国事。

小宁便不说了,站在桌边翻报纸。张青染也不说别的,看着一本文件,其实是装模作样。他想小宁这个性,按民间的说法是直率,按官场的

说法是幼稚。不过自己有时也这么幼稚，不然也许早捞了个正处副处的了。自己同李处长年纪差不多，只因不当官，在刘主任眼里还是小张，而李处长则是老李。

李处长回来了，今天他的心情真的很好，进屋就拍拍小宁的肩膀，笑容可掬，说，小宁呀！他只是这么叫了一声，没有下文。小宁便面作笑容，像是受宠若惊，又像是不知所措，总之姿态有些拘谨起来。小宁便搔搔头，抓抓脸，笑着回自己办公室去了。

小宁一走，李处长神秘地望望门，再把头往前探了一下，说，刚才刘主任找我扯了扯工作。后来专门问到你的情况，刘主任很关心你的。这次刘主任也跟何市长到下面，我把你的情况向刘主任做了详细汇报，刘主任听了很满意。

李处长只说到这里，不再说了，意味深长地望着张青染。张青染意识到了什么，连说谢谢李处长，谢谢李处长。李处长就笑笑，端起杯子优雅地抿了一口茶。

下班路上，张青染便细想这事，是不是自己要熬出头了？办公厅的人事问题是刘主任说了算的。刘主任平时打电话过来，从来不同张青染多说一句话的，总是径直叫李处长听电话。今天还问他这几天忙什么，还连说了几声好好，语气也很亲切。只是自己当时情急之中，不知说什么好，只说没忙什么。没忙什么不是等于说是在家玩吗？真是说傻话。也不知说声刘主任这几天下去辛苦了。这么一想，心里便有些鲠。

回到家里，刘仪见男人面露喜色，就问，有什么好事是不是？张青染说，没什么呀！我非得成天愁眉苦脸才好？他不想这么快就同老婆讲。这只是他自己的猜测。万一到时候什么影儿都没有，倒让老婆看小了自己。再说这事同麦娜似乎有关系，说来自己心里也接受不了。倒想说说李处长和刘主任其实人倒不错，但也没说出口。平时总在家里发这些人的牢骚，今天突然说起他们好来，老婆会说自己阴一阵阳一阵。而且说到底，如今有些人，总看着领导的眼色行事。领导说这人不错，他们就说这人真的不错，还会补充些材料来证明领导独具慧眼。要是领导对谁有看法，他们也会对这人不客气，甚至做些落井下石的事。这正是俗话说的，屙尿跟卵转。

张青染感觉今天好像暖和些，晚饭后看了一会儿电视，他就说，今天不蛮冷了，很好睡觉，早些休息吗。刘仪会意，望他一眼，说好吧，早点休息吧。

这天清早一上班，李处长就说，青染，请你帮个忙。我老婆想去《南国风》现场玩玩，你可以帮忙弄几张票吗？

张青染第一次听李处长叫他青染而不是老张，觉得特别亲切，便说，这个应该好说。我从未向麦娜要过票，我想不会有问题吧。

张青染应承下来，心里却有些作难，他不好向麦娜开口，表妹的个性他太了解了。但李处长开了口，他也只有答应下来。心想先问问麦娜，大不了花钱买几张送给他。下期《南国风》要在下个星期三才播，时间还早，想办法也来得及。

回去便同刘仪讲了，要她给麦娜打个电话，刘仪却说，懒得理这种闲事！你那姓李的待你也只有这个样子。张青染也不说最近也许会发生一些事情，只说，莫说他是处长，就算一般同事，人家开了口，也不好推托的。麦娜是你表妹，你说弄不到票，人家信你吗？再说李处长后来讨这个老婆你知道的，比他小十来岁，他最上心了，事事都依她。这事不办好，李处长一定对我不舒服的。刘仪还是不肯打电话，只说，你打电话不是一回事？见刘仪这么犟，张青染便把李处长同他说的话一五一十同她说了，说何市长同刘主任对他怎么怎么的。但他没有说明这事也许同麦娜有关。刘仪听了，歪着头一想，说，你就知道那姓李的在何市长和刘主任面前会为你说好话？若是说了你的坏话，反过头来又在你面前装好人怎么办呢？刘仪这么一说，他像猛然梦醒一样。心想是呀，真的说不准啊！官场上这种人他也不是没见过。越想心里越没有底，就在心里细细琢磨这一段李处长对他说过的每一句话，甚至每一个表情。

刘仪见男人神色凝重，就宽慰说，你也别太想复杂了，就相信他说的是真的吧。不过防人之心不可无，你也要多长个心眼才是。票的事，也不要非得我打电话，还是你打吧。麦娜走这么长时间了，你还从未同她通过话哩。

张青染便硬着头皮打了麦娜的手机。一挂就通了。麦娜语气淡淡地，问是哪一位，见是表姐夫，她的声音一下不同了，忙说，啊啊，是哥呀？你好吗？姐好吗？

好的好的，大家都好。只是都很想你的。你好吗？

好好，我很好，你和姐放心。

你好就好。喂，有个事给你说。你《南国风》的票好弄吗？

这有什么看头？无聊死了。

果然不出所料，麦娜就是这个脾气。张青染便说，不是我和你姐要，是我的一位同事要，求我帮忙。

你的同事怎么知道我是你的表妹？

他们说是何市长说的。

麦娜低声骂道，市长！市长那么多大事不管好，管这种闲事！一定是狐狸那家伙做的好事。肯定是她告诉他的。他们做他们的鸳鸯梦得了，没事儿说我干什么？

张青染便劝道，麦娜你别生气。你不是说狐狸她们都是好姐妹吗？人家可能也是无意中说的。

什么无意？她早同我说过，要帮我表哥的忙，让她的市长大人重用你。我跟她说，不是所有人都稀罕当个什么芝麻官。我知道你很清高，这样让你上去会伤你的自尊，就叫她别瞎操心。可她就是不听！

原来是这样？这个狐狸！不过你也别在意。事情不会这么简单，不是她说一句谁就能飞黄腾达。嗬，这倒好了，我这辈子原不指望有什么出息的，可她这么一来，今后万一老天开眼了，给我个一官半职，倒是沾了她光了。

对不起，哥，是我连累你了。麦娜的语气沉了下来。

你这是说到哪里去了。你有本事做好这么多的事，我和你姐都高兴哩。不说这些了，你只说这票怎么办？一定要帮忙，不然我在同事面前不好交代。

麦娜想了想，说，好吧。不过我抽不出时间送回来，你是不是叫小英明天上午来取一下。

张青染放了电话，刘仪就问，麦娜为什么事情生气？

他搪塞道，她说又有一个姑娘不想干模特了，她们白狐狸组合快要弄不下去了。

你又说沾谁的光？说谁？

张青染支吾一下，才半遮半掩地说，她是说狐狸有意办好事，要在她的何市长面前为我讲好话，麦娜嚷了她，不让她说，她才不说。刚才麦娜说起这事，就有些气愤，麦娜个性你知道的，疾恶如仇。

是吗？幸好她不说，要不然你就是捞了顶乌纱帽戴上，也只有那么大的意思。不过狐狸这姑娘还是好心。

是啊，靠什么上都比靠女人上好听些。幸好她不说，要不然，我这辈子都不敢有什么出息了。张青染说道。

过了几天，就是《南国风》节目了。张青染两口子看了电视，见李处长夫妇坐在观众席上，兴高采烈的样子。居然有几个李处长的特写镜头，可每次他不是抠鼻子就是抓痒痒，很不自然。刘仪就说，这人还是当处长的，怎么显得这么没见识。张青染说，市政府一个处长算什么？没有机会上镜头，难免出这种洋相。这个也正常。我就有体会，有时开会，摄像的来了，我明知道人家不会把镜头对准我，哪怕拍摄会场特写也轮不到我亮相，可就是感到头皮也痒，脸皮也痒，背上也痒，忍不住拿手去抠。还觉得两只手忙不过来哩！刘仪笑了起来，说，你也是个没出息的。张青染也笑了，说，你别说我，不信你今后有机会试试。

次日上班，李处长一进门就面带喜气。张青染知道应聊聊他昨天晚

上去《南国风》的事，就玩笑说，昨天看见你的光辉形象了，你还蛮上镜哩。特别是你夫人，电视里一看，更加如花似玉了。

李处长谦虚道，哪里哪里！你那位表妹真的是国色天香。原来在电视里还看不出她的个头，昨天现场一看，啊呀，只怕一米八！

张青染证实说，一米八倒没有，一米七六。这在南方已是很高的了。

李处长诡谲一笑，说，不是我开玩笑，女人这么高的个头，找对象不要从外国进口？

张青染今天听这话好像不怎么刺耳了，只玩笑道，你这处长关心群众生活也太具体了。

最近这段日子，张青染总觉得有些不同。每天清早醒来，不再有往日的恋床感觉，一睁眼就爬起床，在阳台上做几下运动，就洗脸吃早饭。早上胃口也特别好，能吃三个馒头，一碗稀饭。出门就挺腰，天气好像也不那么冷了。平常一年半载见不到何市长的影子，最近在三天之内居然两次碰上何市长。一次是在走廊，一次是在厕所。在走廊碰上那次，张青染情不自禁地伸了手过去。他才伸出手，猛然觉得自己太冒昧了，市长是不随便同一般干部握手的。他背上轰的一热，几乎要缩回手来。还算好，何市长只略作迟疑，手也迎了过来，还说了句小张吗？不错不错。何市长竟然能一口叫出他小张，真令人感动。那天他晚上回到家里，几次想同老婆说说这事，到底还是忍住了。他想要当官就得先学沉着，再学沉默。就先从这件事做起吧，此事万万不可同老婆讲，免得她小看了自己。他很幽默地在心里同自己打了赌：如果始终不同老婆说这事，说明自己还是可塑之才，否则就是朽木不可雕了。在厕所碰上何市长那次，没有什么值得记述的。他本也想道声何市长好的，可想起了那个关于领导亲自解手的笑话，就忍住了，只朝何市长点了下头。何市长一脸平淡。事后他想过，是不是自己点点头不够礼貌？想必何市长应该知道厕所是特殊场合吧！

张青染想自己也许真的不会有出息。那天晚上，他同刘仪亲热的时候，实在忍不住了，就同她讲，前几天何市长在走廊碰上我，同我握了手，问我小张吗?还连说了几声好。我原来还一直以为何市长不认识我哩。话一出口,他立即就后悔了,怕刘仪小觑了他。他以往在老婆面前,只要提起官场,都是傲骨铮铮的样子,说他如何不愿在权贵面前摧眉折腰。

不想刘仪听他眉飞色舞地讲起何市长,并不说他什么。她倒是很认真地想了一会儿,谈起了自己的看法。她说,何市长对你有印象,这对你有好处。但是依我看,这也不见得就是要提拔你的信号。这么容易就被提拔了,你那官场也就同儿戏差不多了。我说,你还要让他进一步加深印象,让他对你有好感。

张青染说,按李处长说的,何市长对我的印象还是不错的。

刘仪说,他对你怎么谈得上印象?你同他一年到头面都见不上几次。他能叫出你的名字,还算他有记性了。

刘仪这话叫张青染内心尴尬。他心里明白,要不是狐狸在何市长面前为他吹了枕头风,他就是再跟随何市长下一百次基层,再在走廊或厕所里同何市长碰一百次面,何市长也不会知道他姓甚名谁。他不想让刘仪看破什么,就说,你说得当然有道理。但何市长这么大的领导,对干部的印象也不一定在于你同他接触多少,他有多种渠道了解干部。而且越到上面,领导了解干部越不一定要直接了解。

刘仪枕了手腕,说道,这么说来,你们刘主任、李处长他们对你其实很不错的了。依你说的,何市长对你的印象多半只能来自于他们二位的汇报。那你平时老说他们如何如何,是错怪他们了。

张青染没想到老婆反应这么快,一时不知怎么回答她了。其实情况正好同老婆分析的相反。只是因为何市长表示了对他的兴趣,刘主任、李处长他们才在何市长面前说了他的好话。他不让老婆明白这一层,就说,也许我原先的确错怪了他们。他这么一说,又觉得自己似乎真的对不起人家了,就说了些为自己辩解的话。人真的难以一下子了解啊,人是复杂的啊,人是一句话说不清的啊。越说越显得学究起来。

刘仪便笑了,说,你是个容易讲大道理的人,真当了领导不得了哩。

张青染心头轻松些了，深深舒了一口气，道了声，是吗？见刘仪没有任何疑心了，他不禁得意起来。想老婆精明过人，在他面前却常常像个小孩，让他一哄就哄过了。他刚啰啰嗦嗦那么多，其实只是为了掩饰内心的秘密。

凭刘仪的心计，真是当得军师。她虽不在官场，只是平时零零碎碎听男人说说，就悟得了许多道理。见男人那得意样儿，像马上就要当官似的，她就冷静地分析了这事，说，我说你光坐在家里欢喜，到头来只怕是空喜一场。就算领导对你有好印象了，马上就提拔你？仅凭这个就提拔你，别的人在领导眼里未必个个都仇人似的？

张青染听得云里雾里，不明白老婆的意思，就问，你这说的是什么？转弯抹角的。

刘仪侧过身子，抬手敲了下男人的头，说，你真是个木鱼脑壳。何市长心目中印象好的干部不多得很？谁不想在他心目中有个好印象？只要印象好就封官委职，哪有这么多的官帽子让他去做人情？

张青染像是恍然大悟，说，这么说来，我高兴来高兴去，都是在自作多情？真是好笑。

刘仪说，也不完全是这样。想你在政府工作这么多年，终于让这么高层次的领导认得你了，怎么说也是个进步。下一步是如何巩固成绩，不断开拓前进。

张青染哈哈大笑起来，说，你倒真像个领导了。要是真有领导在场，一定以为你这是在讽刺他们哩。

我这是说真话。刘仪说，你应同他们多接触一下，让他们进一步了解你，真正把你当成他们的人，当成他们的心腹。到这一步，你提拔才有希望。将心比心，你是领导，你愿意用与你同心同德的人，还是愿意用你了都不了解的人呢？

张青染听老婆居然能说出这些话来，大为惊奇。就说，想不到哩，真是想不到。要是我俩能换一下，让你去从政，几年就能发达起来。只是何市长这个层次的领导，不是谁想同他近乎就可以近乎的。轮不到你见他，连他的影子你都见不到。

刘仪说，依我看，也不一定要天天同何市长去套近乎。李处长这里，你也只要同他友善相处，不让他在关键时候说坏话就得了。要紧的是刘主任那里。我就从来不见你同刘主任接触。

张青染望着老婆说，我怎么去同他接触？工作上他平常只是向李处长交代，轮不到我直接听他的指示。说得可怜点，那天他在电话里同我多说一句话，算是格外开恩了。再说，人家到了这个层次，你就不能像老百姓一样，有事没事到他家去坐坐。

这么说，官一当大了，就不兴有个人情往来了？

也不是没有人情往来。张青染说，你要是上人家家里去呢，总得带个什么进门吧？太普通的礼物是拿不出手的。也不能老在人家家里坐着，礼节性地坐坐就告辞。一来人家没耐心同你无话找话，二来过会儿说不定还有人要来。你不上门也行，就请人家出去吃饭呀、打保龄球呀、洗桑拿浴呀。这就需要你了解他的兴趣。

刘仪瞪大眼睛，说，有你讲得这么复杂？

张青染笑道，你以为我哄你？不论哪种接触方式，我们都花费不起。其实我也想过怎么处理这开支，就是找不到更好的办法。有些人有一些做生意的朋友，就拉他们来做东请客。这叫羊毛出在猪身上。那些生意人也正想攀附当官的，也乐得当冤大头。有些人自己家里本来就有钱，家里人也愿意资助他，让他在官场上出头，这叫政治投资。我们一无做生意的朋友，二无有钱的亲戚，这事就难办了。麦娜的钱只能躺在银行睡大觉。

你不要一说钱就打麦娜的主意。她的钱要留着她有一天回来自己用的。说到这事刘仪就有些不耐烦，抬手关了床头的灯。

可两人没有一丝睡意，都陷入一种无奈之中。张青染曾为自己总是得不到领导的赏识苦恼过，他甚至希望这世道一下子大乱了，某位领导倒霉了，所有曾投靠他的人都背叛了他，只有张青染一人成了他的患难

知己。后来风水一转，这位领导又得势了，想起他落难时的穷朋友张青染。于是张青染就发达了。但这种传奇故事看样子不会发生。这城市日日吉祥，夜夜笙歌，好一派国泰民安的气象。

户外惨白的路灯把光溜溜的梧桐树投影到窗帘上。北风正烈，树影便张牙舞爪如同鬼怪。张青染望了一会儿，眼前就有了幻觉，很是怕人，他便转过身子，朝里面睡。刘仪见他动了，也转过身来，对面抱着他，说，你还没睡？睡了吧。他不作声，刘仪又说，我刚才也想了想，舍不得孩子套不着狼。我们就破费一点吧。先不急用麦娜那些钱，只取我们自己的。到时候实在太紧了，就只当借用一下她的钱吧。

好吧。张青染说着长长地叹了一声，抽手去抱了老婆。

第二天，刘仪就从银行取了五千元钱出来，递给张青染，说，你先拿着这些，用了再说。

张青染不好意思起来，红着脸接了钱。刘仪问他准备如何动作，他说还得好好想想。于是他怀揣着五千元钱，成天想着这事该怎么办。他的钱包里很少有这么多钱的，就总感到放钱包的左胸沉甸甸的。又总忍不住拿手去摸摸，就像鲁迅笔下的华老栓。

好几天过去了，他还没有想好怎么用这钱。心想总得有个由头，不能冒冒失失就到人家刘主任家里去傻坐，或者请人家出去玩。最近没有什么节日，春节早过了。既不知道刘主任的生日，又不知他家有什么好事。刘主任大儿子前年就去美国留学去了，要不然冲着贺喜他儿子留洋这事儿也可上上门。想来想去都想不到好的借口。哪怕是这会儿刘主任生一场大病，他上医院看看也好。可刘主任成天红光满面，精神抖擞。

这天正吃着晚饭，刘仪问他怎么样了。见他还没有动静，就说，你是秀才造反，十年不成。你们官场就是有意思，这种事一定要做得遮遮掩掩。既然这么怕丑大家干脆就做君子呀！我们公司就不同，业务员去拉业务，直来直去，摔一把票子给人家，明说了，这事请你关照。哪来这么多曲曲折折！

张青染摇头晃脑说，你哪里知道，官场也早如此了。有些人请客送礼就没有这么多顾虑，包一把票子往人家办公桌上一摆，说都不说一句，掉头就走。可我就是做不来。一则总觉得人家当领导的觉悟高，万一批评你一顿怎么办？二则这么一点艺术都不讲，直奔主题，把自己人都弄得很小了。

大人背后也是小人。你做不得小人，就成不了大人。我就不信那些大人们在更大的大人面前也是趾高气扬的。刘仪说。

张青染说，以你所说，我也小人一回？好吧，就依你的，哪天厚着脸皮请他吃饭去，把李也请上。吃完了再请他去打保龄球，听说你那位家门最喜欢打保龄球了。

你终于准备行动了？刘仪笑道。她尽量把话说得含蓄些，免得小英听懂。

是啊！怎么说这也不是胯下之辱，管他哩。张青染说是说得轻松，胃口却早没了，便放了碗。

这几天张青染见李处长表情有些莫名其妙。参加工作这么多年，他惯于观察领导脸上的涛走云飞，阴晴圆缺，因为领导的情绪决定着下级的命运。张青染总把最近看成自己的关键时刻，所以李处长的一笑一颦对他似乎都有着十分重大的意义。他决定不了是否现在就请刘主任和李处长二位领导赏脸。心想还是等一段，至少等李处长的脸色正常了再说。

一天下午，李处长凑近张青染说，你知道吗？刘主任的小儿子被抓了。

是吗？真的？就是国际贸易公司当副老总的那位？张青染把眼睛瞪得老大。其实他不是不相信，只是猛然听到，感到有些突然。

李处长低声道，还有假的？刘主任这几天很痛苦。你不见他的眼睛，成天是红的。

张青染见李处长整个人说私房话的表情，就想这人还是信任他的。这几天李处长情绪复杂，也许同刘主任的儿子出事有关？他知道李处长

与刘主任私交不错。

李处长有事出去了。张青染独自想这事，心里很不是味道。他不想别的，只是感到刘主任自己家里有了事，哪里还会管你张青染？这样他提拔的事就得搁下来了。

是不是要去刘主任家里坐坐呢？人家家里出了这么大的事，似乎应去看一下。好像又不太方便去。平时都没去过，现在去人家会不会以为你是去看笑话的呢？因为出的事并不体面。他总觉得人万一要犯事就在政治上犯点事，这比在经济和女人方面犯事要好看些。当年搞政治运动，你今天越是反动透顶，明天越是正确无比。

张青染反复权衡，想还是不上他家里去算了，自己在刘主任面前一如既往就得了。人一辈子只要脸色不变来变去就问心无愧了。

唉，一直希望有一个上门的理由，可这机会来了，却又利用不上。真是好笑，张青染想自己真是倒霉。

这时小宁进来了，站在李处长桌边翻报纸。张青染心想刘主任公子的事小宁他们也许不会知道，他不准备把这事同小宁说，这也是不背叛刘主任的意思。

小宁翻翻报纸，问，你听说最近的新闻了吗？

什么新闻？张青染问。但他看看小宁的眼神，心里也明白了几分了。

小宁迟疑片刻，说，你真的不知道？刘主任的公子被抓了。贪污两千六百多万！超过了上次抓了的国泰公司老总吴之友！他妈的这些搞贪污的就像在比赛似的，一个超过一个！

张青染佯装不知，问，真的？可是我见刘主任天天上班，看不出一点不正常呀？

小宁鼻子哼了一下，说，我说中国的官员只怕是世界上脸皮最厚的人了。外国有些政要，哪怕是女婿犯了法，他们都会引咎辞职。可我们这些头头脑脑，他们就连老婆、子女犯了法，照样人模人样地这里做指示，那里题词。

张青染说，小宁，你这个说法我不同意。一人犯法一人当，我们不兴搞株连呀！

小宁放下报纸，逼视着张青染说，老张，我们都不诚实。这个世界都不诚实，大家都在说谎！

张青染感到莫名其妙，问，小宁你怎么一下讲到这个问题了？怎么个不诚实？

大家明明知道，这些人之所以能大把大把捞钱，不在于他们有多大本事，而在于他们在官场有后台。可我们就是不敢说！小宁说罢就展开一张报纸，封了自己的脸。

张青染看不见小宁的脸，不知小伙子是怎样一副表情。小宁讲的当然是真话。可真话比假话难说。说真话需要胆量，说假话只需要出卖良心。而现在良心是越来越不值钱了，所以人们轻易地就交出自己的良心，毫不脸红地说假话。张青染判定自己也是一个说假话的人。他说，小宁，不是做老兄的说你。你总这么激愤地发表议论，于事何补？如果你这会儿有权惩治这种现象，你就拿出你的手段来，不然你就装聋作哑。除了让你在领导心目中增添不好印象，不会有任何好处。

小宁个性很犟，放下报纸，露出一张红脸，说，我又不想在官场上有什么出息。怕谁对我怎么样了？

张青染笑道，我一直佩服你有什么说什么，可你说这话就是假话了。不想当官你天天坐在这里干什么？为人民服务？想赚钱的话，我相信凭你小宁的本事，只要出这政府大院，怎么弄也不止这几个钱。所以既然在这里干，还是收敛些好。

小宁奇怪地望着张青染说，我发现张老兄最近变了些了。是不是要提拔了？你不要笑，我是说真的哩。我发现很多人都是这样，快要当官了，人就不同了。有人问我这些年发现变化最快的是什么？我说是人的脸。

小宁的话让张青染警觉起来。这说明他近段的表现也许是有些不同了，只是自己没有注意。既然小宁都看出来了，其他同事说不定也看得

出。这不太好，有人看出你有发达的迹象就会在背后做你的文章。弄不好就让你真的空喜一场。要注意，千万要注意！张青染把脸色弄得平和一点，说，小宁，你别多心。我是依然故我。我老记起你说的那个关于蜗牛的寓言。我总想自己就是这样一只蜗牛，可是并不是爬在苹果树上，而是爬在梧桐树上，怎么爬都是一场空。我是没有办法了，只好在这地方混混算了。不管怎么说，工资有保障，今后老了报医药费也方便些。你就不同，比我年轻，各方面基础都好。要珍惜呀，小宁。

小宁摇头一笑，一字不出。

刘仪回家的时候，舒然之和王达飞刚准备出门要走。刘仪说二位吃晚饭再走吧，两人说不麻烦了。

刘仪问男人，他俩好久没上我家来了，今天怎么了？

张青染叹了一口气，说，他俩今天专门打电话约我到家里来的。我还专门请了假。

什么事，这么重要？

还不是麦娜的事！

刘仪马上变了脸色，问，怎么？她又出什么事了？

张青染说，麦娜真是命苦啊！洪宇清厌倦她了，却又限制她的一切自由。她偷偷地同宏基集团那位姓邓的副老总好了。洪少爷本来是个草包，什么都不懂。这位姓邓的是学土木建筑的，又会管理，宏基的里里外外其实都是靠他。洪少爷知道了这事，大发雷霆。麦娜不在乎洪少爷对她怎样，对那姓邓的却很在意。她想跟那姓邓的远走高飞，可这家伙竟是个软壳蛋，吓得连夜跑掉了。麦娜为此痛苦不堪。可以想象她现在过的日子。她一直在王达飞那里拍广告，对达飞很信任，把这些都同他说了。达飞感到问题严重，可又束手无策，就和舒然之跑来同我讲了。

刘仪早泪眼汪汪了，说，这怎么办？唉！难道麦娜就该这个命？我说干脆叫她回家来算了，不用做什么事了，就坐在家里过过清静日子。

刘仪说完就打麦娜的电话，却见麦娜手机关了，又不好打她屋里电话，不知她是不是还同洪少爷住在一起。

张青染便打了王达飞的电话，问他是否知道麦娜在哪里。王达飞说他刚才也打了麦娜的电话，没有打通。

刘仪越发哭出了声，哽噎着说，叫人担心死了。她们的伙伴猫儿就那么失踪了，至今没有任何消息。

张青染便劝道，不要太着急，事情不会这么严重的，慢慢再找找。

直到小英接了琪琪回来，刘仪才背过身子擦干了眼泪，去厨房做饭。张青染就守着电话，过一会儿又打一次，还是没有开机。

一连几天，都没有麦娜的消息。今天是星期三，应是《南国风》时间。张青染说看看《南国风》就知道麦娜是不是有事了。可电视节目预告说本期《南国风》因故延期，改在星期六播出，两人便只好等星期六。

到了星期六，一看《南国风》节目，两人傻了眼。女主持不是麦娜了，另换了一位叫周眉的小姐。

第二天张青染去办公室，李处长见面就问，你家麦娜怎么不主持《南国风》了？

张青染说，她没同我们联系，不知道是不是她另有发展。

哦……是吗？李处长说。

张青染望了望李处长，想猜猜他是否掌握了什么消息。李处长这方面的消息总是很灵的。可今天李处长没有像平常那么显得有兴趣。是不是他知道麦娜是自己的表妹了，碍着面子不好说了呢？

以后的日子，张青染一天到晚只关心两件事，一是麦娜的下落，二是刘主任公子的案情。

转眼就过去了一年，又是一个冬天来临，天气很冷，张青染走在外面总是缩着脖子，人像矮去一半。麦娜还没有任何消息。传闻各种各样，而且越传越恐怖，常弄得张青染夫妇六神无主。刘主任公子的案子也没有下文。听说是情况复杂，一时结不了案。张青染提拔的事也没有一丝影

儿。

有回李处长在办公室同张青染闲扯，说起这世道人情来。李处长感叹说，世态炎凉，人情如纸啊！就拿刘主任来说，他儿子出了那点儿事，就像人家马上要败下来似的，有些人在刘主任面前就变了脸。如今案子也还没有结，说不定到时候他儿子又没有问题呢？到那时候我看那些势利人怎么做人。

张青染背上渗出汗来，好像人家是在说他。就故作平淡，说，是啊，现在就是这样。我这人做人的原则是，你红的时候我不巴，你黑的时候我不踩。

李处长应声对对，却不正眼望他。他便猜不透李处长到底是怎么看他的了。

管他哩，就是现在再到刘主任家里去赔不是也徒劳了。张青染这会儿想自己真的是一只爬在梧桐树上的蜗牛了，爬来爬去都是一场空。

一天深夜，电话铃突然响起来。张青染一接，竟是麦娜，他一下坐了起来，叫道，麦娜？你真是麦娜吗？刘仪也赶快爬了起来，一把抢过电话，对着电话又是喊又是哭。

原来麦娜独自去了大西北。她说她对金钱、繁华、虚荣等等一切都厌倦了，现在只想躲在一个偏僻的地方打发日子。麦娜没有告诉她的确切地方，也没有留下电话，只说今后会常打电话来。

放下电话，刘仪才想起没有问麦娜需不需要钱，得把她的钱寄给她。张青染说，没事的，等下次她打电话来再说吧。

两口子一时都睡不着。他俩猜测不出麦娜会在大西北的哪个城市，或是乡村，也想象不出她靠什么谋生。那地方他俩都没去过，想必一定是戈壁千里，朔风迷天，黄沙漫漫。张青染安慰老婆，别太担心，凭麦娜的本事，饿不着也冻不着的。好歹她还有了消息。只要她没事就可以放心了。刘仪默然不语。张青染也在想自己的心事。他早知道自己命运的一线转机原本就是麦娜带来的。如今麦娜远走了，他也只好听天由命了。

没这回事

史济老人吃了早饭，闲步往明月公园去。老人身着白衣白裤，平底力士鞋也是白的，很有几分飘逸。又是鹤发美髯，优游自在，更加宛若仙翁。只要天气好，老人都会去明月公园，同一帮老朋友聚在来鹤亭，唱的唱戏，下的下棋，聊的聊天。史老喜欢唱几句京戏，倒也字正腔圆，颇显功底。

来鹤亭在公园西南角的小山上，四面都有石级可登。山下只能望其隐约，一檐欲飞。史老不慌不忙，拾级而上。行至半山，只觉风生袖底，清爽异常；再上十来级，就望见来鹤亭的对联了：

双鹤已作白云去
明月总随清风来

快要上亭，就听得有人在唱《斩黄袍》：

孤王酒醉桃花宫，韩素梅生来好貌容。
寡人一(也)见龙心宠，兄封国舅妹封在桃花宫。

他听得出这唱着的是陈老，拉京胡的一定是刘老了，那么郭姨十有八九还没有到。

常到这里玩的只有郭姨郭纯林是行家，她退休前是市京剧团的专业琴师，拉了几十年的二胡。去年郭姨在来鹤亭头次碰上史老，她说自己平生一事无成，守着个破二胡拉了几十年。史老说，最不中用的还是我，如今我七十多岁了，根本记不起自己一辈子做过什么事。你到底还从事了一辈子的艺术工作啊！郭姨笑了起来，说，还艺术？老百姓都把拉琴说成锯琴。我们邻居都只说我是京剧团锯琴的，把我同锯木头相提并论，混为一谈！您老可不得了，大名鼎鼎的中医，又是大名鼎鼎的书法家！史老连忙摆手。

果然是陈刘二老在搭档。陈老见他来了，朝他扬扬手，仍摇头晃脑唱着。刘老则闭目拉琴，似乎早已神游八极了。史老同各位拱手致意，便有人起身为他让座。他客气地抬手往下压压，表示谢意，自己找了个地方坐下了。郭姨真的还没有到。史老心中不免怏怏的。

我哭一声郑三弟，我叫、叫、叫、叫、叫一声郑子明呐。寡人酒醉将(呃)你斩，我那三弟呀！

陈老唱完了，拉琴的刘老也睁开了眼。陈老说，史老来一段？史老摇摇手，谦虚道，还是您接着来吧。刘老笑了，说，您是嫌我的琴拉得不行吧。您那搭档总是姗姗来迟啊。史老双手一拱，表示得罪了，说，哪里哪里，我这才上来，气还喘不匀哩。刘老鬼里鬼气眨了眨眼睛说，等您同她结婚了，有您喘不过气的时候呢！史老就指着刘老骂老不正经。

正开着玩笑，就见郭姨来了。她也是一身素白衣服，坐下来问，什么事儿这么好笑？刘老开玩笑来得快，说，笑您呢！笑您和史老心有灵犀，穿衣服也不约而同。年轻人兴穿情侣装，您二位赶上了。为我们老家伙们争了光呢。郭纯林笑道，刘老您只怕三十年没漱口了吧，怎么一说话就这么臭?史老摆手一笑,说,小郭别同他说了,你越说他越来劲,等会还不知他要说出什么难听的话来呢。刘老这就对着史老来了,说,您就这么明着护她了?老哥儿们都知道您会心疼老婆!老哥老姐们就大笑起来,问他俩什么时候办事,要讨杯喜酒喝。

郭姨脸红了起来,低下头来调弦。大家便笑她又不是二八姑娘,这么害羞了?

史老说,小郭你别理他们。来,我唱段《空城计》,就唱孔明那段我正在城楼观山景。

郭姨点点头,拉了起来。史老作古正经拉开架子,开腔唱道:

> 我正在城楼观山(呐)景,耳听得城下乱纷纷。
> 旌旗招展空翻(呐)影,却原来是司马发来的兵。
> 我也曾差人去(呀)打听,打听得司(喏)马领兵往西行。
> 一来是马谡无(哇)谋少才能,二来是……

有郭姨拉着京胡,刘老就不拉,同几个人在一边侃气功。他喜欢侃,侃起来口吐莲花,神乎其神。几位老太太很信他的,一个劲儿点头。这边有人给史老喝彩,刘老也不忘停下来,拍着手叫一声好,再去侃他的气功。

> 诸葛亮无有别的敬,早预备下羊羔美酒犒赏你的三军。
> 既到此就该把城进,为什么犹疑不定进退两难为的是何情?
> 左右琴童人(呐)两个,我是又无埋伏又无有兵。
> 你不要胡思乱想心不定,来来来请上城来听我抚琴。

史老调儿刚落,掌声便响了起来。史老边拱手致谢,边笑着对大家说,你们别信刘老那套鬼名堂。他哪知道什么气功?刘老眨眼一笑,并不

理会,仍在那里眉飞色舞。

这会儿没有人唱了,郭姨自个儿拉着调儿,嘴里轻声哼着,很是陶醉。那边两个老哥下棋争了起来,嗓门很高,像是要动手了。大伙就转拢去看他俩,笑他俩像三岁小孩,叫他们小心别把尿争出来了。老小老小,越老越小啊!郭姨却像没听见那边的动静,仍只顾自个儿拉着哼着。

老哥老姐们三三两两地来,又三三两两地走了。刘老提着菜篮子要顺道买菜回去。陈老就说,你这个老奴才啊,忙了一辈子还没忙够?老了,就不要管他那么多了,还要给儿孙当奴才!只管饭来张口,衣来伸手,看他们把你怎么样!

刘老摇头自嘲道,我这是发挥余热啊!

史老和郭姨还没走。刘老说,你们两位老情人好好玩,我们不打搅了。我看这来鹤亭的对子要改了,如今是双鹤已作白头来了。

史老拱手道,阿弥陀佛,你快去买你的菜去,迟了小心你儿媳妇不给饭吃!

大伙儿都走了。只有些不认识的游人上来遛一下又下去了。郭姨像是一下子轻松起来,舒了口气说,清静了,清静了。

史老说,是的,到处闹哄哄的。

郭姨说,没有这么个地方,真还没个去处。

史老说,你是不是搬到我那里去算了?

我不是这个意思。郭姨低下头,脸飞红云。老太太六十岁的人,不见一丝白发,看上去不到五十岁。

已是中午了,游人渐稀。天陲西望,闲云两朵。

史老回到家里已是下午一点多。这是史家先人留下的祖居,一个小四合院,在巷子的尽头。史老进屋很轻,他知道家人都吃过了中饭,各自在午睡。

保姆小珍轻手轻脚地端来温水,让史老洗了脸,马上又端了饭菜来。儿孙们上班的上班,上学的上学,史老生活规律同他们合不上,他只顾按自己的一套过。

吃过中饭，小珍说，史叔交代我，叫您老吃了饭睡一下。

知道！史老说着，就回了自己房间。

小珍说的史叔是史老的大儿子。史老两子一女。老大史维，在市一中当教师，教历史的；二儿子史纲，继承父业，是市中医院的医生；女儿史仪最小，也在市中医院上班，是位护士。儿女们很孝顺，细心照料着史老的生活。

史老住的是紧挨中堂的正房，里外两间。里面是卧室，外面做书房兼会客室。他有十年不给人看病了，只在家修身养性，有兴致就写几个字。谁都弄不懂他为什么不肯看病了，只是惋惜。前些年曾传说他写过一副对联：

> 病起炎凉，炎凉即为世道，老夫奈世道何？
> 药分阴阳，阴阳总是人情，良方救人情乎？

有人向史老讨教，问他是不是作过这副对联，是什么意思，是不是说世道人情不可救药了。史老只是笑而不答。

史老才吃饭，不想马上就睡，推开窗户吹风。窗外是一小坪，角上有一棵大榆树，春天便挂满了榆钱；还有芭蕉一丛，老梅数棵，错落坪间，很是随意。连着小坪的也是一些平房，不挡风，也不遮眼。凉风吹来，蕉叶沙沙，梅树弄姿。史老喜欢这片小天地。在这样一个闹市，能留下这么个小天地，真是造化。史家小院原先也是当街临埠的，只是后来城市规划变了，就被挤到这个角落里来了。倒是落得清静，正好合了史老的雅意。更有这后院小坪，可以观花，可以望月。

蝉声慵懒，令人生倦。史老打了个呵欠，上床歇了。

老人家睡了一会儿起床，儿孙们各自出门了。他便去厨房，想倒水洗脸。小珍听得动静，忙跑了过来，说，爷爷等我来。他也不多讲，由着小珍去倒水。

洗了脸,感觉很爽快。他甩着手,蹬着腿,扭着腰,回到房里,铺纸泼墨。老人家每天下午都是如此,从不间断。时间也没限定,当行当止,全凭兴致。只是所写字句必求清新古雅。时下流行的语言,老人总觉得写起来没精神。这时,他想起明月公园的一副对联,便信手写下了:

青山从来无常主
平生只需有闲情

写罢抬手端详片刻,又写道:

老朽向有附庸风雅之句:后庭有树材不堪,一年一度挂榆钱。春来借取几万金,问舍求田去南山。同好见了,戏言诗是好诗,只是不合时宜。南山寸土寸金,非达官显富休想占其一席。我便又作打油诗自嘲:南山有土寸寸金,谁人有钱谁去争。我辈只谈风与月,黄卷三车与儿孙。古人有云:山无常主,闲者便是主人。明月公园之联,正古人高情也!

搁笔细细审视,不免有些得意。史老总是很满意自己的随意挥洒之作,少了些拘谨和匠气。想平日来索字的人,多半是他们自己想了些句子,那些狗屁话史老很多都不太喜欢。可收人钱财,就得让人满意,他只好硬着头皮笔走龙蛇。这些作品他自己往往不太如意。史老不太肯给人家写字,硬是推托不了的,一律按标准收取润笔。标准自然是他自己定的,但也没人说贵。

过会儿孙子明明放学回来了,跑到爷爷书房,叫声爷爷好,我回来了。史老摸了摸明明的头,说,你玩去吧。哦,对了,今天是星期五,吃了晚饭让爷爷看看你的字。

明明是二儿子史纲的小孩,正上小学。史维膝下是一女儿,名叫亦可，在一家外贸公司工作。女儿史仪，尚是独身，三十多岁的老姑娘了。

儿孙们挨个儿回来了，都先到史老这里问声好。史老只是淡淡应着嗯。只是史仪还没有回来。

吃晚饭了，大媳妇秋明来请史老，说，爹，吃晚饭了。史老说，好，就来。见史老还没动身，秋明不敢再催，也不敢马上就走，只是垂手站在门口。史老收拾一下笔砚，见媳妇还站在那里，就说，你去吧，我就来。秋明这才轻轻转身去了。

史老走到饭厅，二媳妇怀玉忙过来为老人掌着椅子，招呼他坐下。史老的座位是固定的上席，这张椅子谁也不敢乱坐。史老坐下，大家才挨次入座。史老环视一圈，皱了眉头，问，怎么不见仪仪？全家大小面面相觑，不知怎么作答。亦可平时在爷爷面前随便些，她笑笑说，姑姑可能找朋友了吧！史维望望老人家，就转脸骂女儿，放肆！有你这么说姑姑的吗？史老也不说孙女什么，只道，也该打个电话回来！说罢就拿起筷子。全家这才开始吃饭。

史老只吃了一碗饭，喝了一碗汤就放碗了。史纲忙说，爸爸再吃一点？史老摆摆手，说，够了。史维马上站起来，招呼老人家去了房间。回到饭桌边，史维说，爸爸好像饭量不太好？怀玉说，是不是菜不合老人家口味？小珍一听就低了头。秋明就说，不是怪你小珍。老人家的口味同我们不同，你得常常问问他老人家。小珍迟疑一会儿说，我不敢问。亦可怕小珍委屈，就说，不是要你去问呢，你只管家里有什么菜就做什么菜。

因是怀玉负责买菜，秋明怕女儿这话得罪了弟媳，就骂亦可，也不是你管的事！大人的事你掺什么言？又对男人说，你要问问爸爸。你是老大，爸爸高兴不高兴，你要多想着些。

大家吃了晚饭，洗漱完了，就往老人家书房去。每周的这一天，老人家都要检查亦可和明明的书法作业。两个儿子、儿媳和女儿也都会到场。

史老先看了明明的作业，只说，有长进。

亦可的字好些，颇得爷爷笔意。但老人家也只是点点头，说，还得用功。

史维、史纲便忙教训各自的小孩。亦可和明明都低着头听训。史老望望两个儿子，严厉起来，说，你们自己也一样！史维、史纲忙说是是。

秋明乖巧，指着案上老人家的新作，说，你们快看爷爷的字！

大家忙围上去，欣赏老人家今天下午的即兴之作，一片啧啧声。

史维面带惭愧，说，爸爸用墨的方法我总是掌握不了。

老人家威严地说，外行话！书法到了一定境界，技法总在其次，要紧的是道与理。必须悟其道，明其理，存乎心，发乎外。如果只重技法，充其量只是一个写字匠！

不等史维说什么，史纲凑上来说，是的是的。爸爸的书法总有一股气，发所当发，止所当止。通观全局，起落跌宕，疏密有致，刚柔相济。刚则力透纸背，柔则吴带当风。

你肚子里还有什么词？史老冷眼一瞥，说，你只知说些书上的话。

老人家再教训儿孙们几句，只让史维一个人留下，有事要说。史维便留下了，垂手站在那里。老人家让他坐下，他才坐下，双手放在膝盖上。

老人家半天不说什么，只在书房转来转去。史维不敢问父亲有什么事，只是望着老人家，心里有些不安起来。

老人家走了好一会儿，坐下来，说，有个事情，同你说声。你母亲过世五年了，你们都很孝顺，我过得很好。但老人家有老人家的乐趣，老人家有老人家的话要说。这些你们要到自己老了才知道。我同一位姓郭的姨相好了，我想同她一起过。这郭姨你们不认得。她原是市京剧团的琴师，去年退的休，比我小十来岁。她老伴早就过世了，一个人带着个女儿过了好些年。女儿去年随女婿出国了，只剩她一个人在家，也很孤独。这事我只同你说，你去同他们说吧！

史维顺从地说，好吧。只要你老过得顺心顺意，我们做儿女的就心安了。

老人家挥挥手，说，好了，你去吧。

史维站起来，迟疑一会儿，说，爸爸，我想同你说说妹妹的事。

她有什么事？老人家问。

史维说，妹妹找了个男朋友，她说那男的很不错，对她很好。她想带回来让您看看。她同我说好久了，让我同您讲，请您同意。

老人家不高兴了，说，她自己怎么不同我说？这么说是我这个做父亲的太冷酷了，太不关心你们了？

史维忙赔不是，说，当然不是。仪仪只是……

好吧，不要说了。她要带回来就让她带回来吧！

史维说声爸爸您休息，勾着头出来了。

史老在家在外完全是两个人。同外人在一起，他显得豁达、开朗，很有涵养，只是在有些场合有点傲慢。回到家里，他就威严起来，男女老少在他面前大气都不敢出。不说别的，一家人谁也不敢在他面前架二郎腿。孝顺孝顺，以顺为孝。儿孙们凡事顺着老人家的意。仪仪原先找过一位男朋友，他老人家看不上，女儿只好不同人家好了。那男的第一次上门，忘了在史老面前的禁忌，架起了二郎腿。老人家见了，拂袖而去。

史维出来后，仪仪也回来了。史维叫她去见见爸爸。仪仪有些不敢，但还是去了。一会儿仪仪出来，问史维，哥，今天爸爸好像不高兴？史维问，怎么了，他讲你什么了？仪仪说，那倒没有，只是不太理我。史维说，老人家是这样的，由他吧。你叫二哥二嫂过来下，有个事情我们几兄妹商量一下。

史仪同二哥二嫂一起来到大哥大嫂的房间。亦可见大人有事要商量，起身回避。史家上上下下都是讲规矩的。史维对女儿说，你也留下听一下吧，你不是小孩了，参加工作的人了。大家不知有什么重要事情要说，都睁大眼睛望着史维。

史维不马上说那事，先说些外围话。他说，史家三代之内不许分家，这是祖宗定的规矩。大家在一块过日子，都没有二心，这很难得。让老人家高兴，是我们做儿孙的共同心愿。老人家养我们，教我们，不容易。没有他老人家,就没有我们的今天。老人家不感到幸福的话,我们做儿孙的哪有什么幸福可说?这些我们想过吗?只怕没有想过。首先是我做老大的做得不好,不怪你们。

你是说,要为老人家找个老伴?怀玉问。

史纲马上白了怀玉一眼,说,听大哥把话讲完。

史维说,怀玉说得不错。爸爸刚就同我讲了这事。他说有位郭姨,跟他很好,两人想一起过。这位郭姨去年才退休的,刚六十岁吧,原是在京剧团工作的。

大家听了你望我,我望你。亦可说,这么说她比爷爷小十多岁呀!以后爷爷过世了,我们少说还得养这位奶奶十年。再说……

你大胆!史维打断亦可的话,说,谁都巴望爷爷长命百岁,你却来咒他老人家!下次就要咒我了?!我和你娘早死了,就不要你养了!

秋明也骂道,你真不像话!爷爷最疼的是你和明明,你连明明都不如!爷爷上回过生日,明明还知道叫爷爷万寿无疆呢!二十多岁的人了,我和你爸爸平日是怎么教你的?

史纲夫妇就劝道,算了算了,亦可也是有口无心,她还是蛮懂事的。

仪仪也说,可可还是蛮懂事的,平时爷爷生气,只有她能逗得爷爷开心。

懂事!懂个鬼事!懂事能说出这种话?史维余火未消。

亦可低头认错,说,爸爸妈妈,叔叔婶婶,姑姑,我我错了,辜负了爷爷平日对我的疼爱。我不是这个意思。我是说,现在现在都什么年代了,我们家还三代同堂。也不是咒爷爷,人总有那一天的。爷爷百年以后,还有那位奶奶,我们还得在一起过。从管理学上说,这也是不科学的。

史维啪地拍起了桌子。秋明忙摆摆手,对男人说,你也轻点,别让老人家听见了。史维回头望望门,平息一下自己,说,你越说越不像话了。还管理学!你肚子里有几滴墨水?就凭你学的那些东西,你讲得口水流了,还抵不得爷爷吹口气!你就想一个人单飞了?你有什么本事?大家合在一起,哪一点亏待你了?一个多么温暖的大家庭!爷爷对你不好?爸爸妈妈对你不好?姑姑对你不好?还是叔叔婶婶对你不好?

怀玉忙说,哥你就别骂可可了。可可平时在我和她叔面前很有尊卑上下的,在如今这很难得了。

可可很乖的,不要说错了句话就骂得她开不了眼。仪仪过去拉了亦可的手。

秋明戳了女儿的额头,回头说,就你们总依着她。你不紧着点儿,还不知今后变成什么样儿呢!

亦可这下一句话不说了,坐在那里头也不敢抬。史维说,就不该让你留下来。当你长大了,给脸不要脸。你去吧,不要赖在那里了。

亦可揉着衣角出去了。

史维说,既然是爸爸自己看上的,就一定是位好妈妈。我们做儿女的,要顺着老人家的意才是。

史纲说,是的是的。爸爸同你说过具体安排吗?

史维说,没有。

秋明想想,说,虽然是老人家了,也得扯个结婚证,作古正经办一下才是。不然,说起来也不好听。

怀玉觉得也是这个意思,就说,还是大哥问一下爸爸的想法,过后我们几兄妹再商量一下到底怎么来办吧。

这年深秋,史济和郭纯林办了婚事。史老不太喜欢热闹,只请了常在明月公园一起乐的那些老哥老姐,再就是史家三兄妹的要好朋友。仪仪的男朋友赵书泰也来了。小伙子自己办了家公司,听说赚了不少钱。仪仪同赵书泰偷偷来往好长一段时间了,上次带回来让史老见过。史老不说什么,陪赵书泰吃了顿晚饭。大家就松了口气,说明老人家同意仪仪跟这小伙子交朋友了。

史老婚后照样天天早上去明月公园的来鹤亭，只是不再一个人走，身边总伴着郭姨。来鹤亭的老人们都羡慕他们。

可是过了十来天，史老两口子不上来鹤亭了。刘老、陈老同几位老人跑到史家里一看，方知史老病了，郭姨在一旁殷勤服侍。见史老好像病得不轻，刘老他们说了些宽慰的话就出来了。到了外边，老人们就开起玩笑来，说郭姨那么漂亮，又并不显得老，史老哪有不病的？

史老的儿孙们就急坏了，却又不敢去请医生。史老自己是一方名医，怎么会让别人给他看病呢？史老自己心里有数，叫家人不必惊慌，他不会有大问题的。儿孙们只好让老人家自己将息，把那些索字的人都婉言打发了。他让郭纯林服侍着，卧床二十来天，慢慢好起来了。

时令已是冬日了。这天午后，史老躺在床上，望见阳光照在后庭枯黄的芭蕉叶上，很有些暖意。太阳多好！他说。郭纯林望着他的眼神，便明白了他的意思，扶他下了床。史老去了窗前，推开了窗户，只见那几棵老梅开得正欢。史老嘀嘀地叫了两声，说今年的梅花开得这么热闹。郭纯林眼睛也亮了，说，怪呢，昨天我看过，还只是些花苞儿，一夜之间就全开了。老史啊！这是专门为你开放的啊！史老爱听这话，笑着就推门去了后庭。两位老人搀扶着，在庭院里转了几圈。史老站在榆树下，松开郭纯林的手，闭目调息片刻。然后说，纯林，我没事了。明天起，我们照样天天出去走走。郭纯林温柔地笑着，说，都依你吧。

回到屋里，史老说老久没写字了。郭纯林便备了笔墨，铺好纸。史老提笔蘸着墨，说手都有些发僵了。郭纯林在一旁说，你能行，能行的。史老回头笑笑，凝神片刻，随意写了一联：

推窗老梅香

闭门玉人暖

郭纯林捏了捏史老的肩膀，责怪说，你老不上路了，我这满脸荷包皱，还玉人呢！写这玩意儿，儿孙们见了，多不好意思。史老笑道，这本来就不是让儿孙们看的，是专门写给你的。你留着它，等我百年之后，它说不定值几个钱呢。郭纯林听了不高兴了。这话本来就叫人伤心,又像她看重史老口袋里几个钱似的。史老见郭纯林不说话了,猜不透她在想什么,只是感觉到她心情不好了。史老也不多说什么,仍是提笔写字,在联语两边写了些晚年遇知音之类的话。他边写,郭纯林歪着头边读。读着读着,郭纯林便开心起来。

晚饭后,史老回房同郭纯林一道喝茶。茶是小珍按二老各自的嗜好冲泡的。史老抿了几口茶,说,纯林,你喝了茶,就去看看电视吧,我有些话要同史维说。郭纯林应声行,茶也没喝完,就去了客厅,史老看出郭纯林像是有些不快,怕是怪她见外了,家里有事总避着她。史老也不准备同她解释什么。他要同史维说的事非同小可。

一会儿史维便来了,小着声儿问,爸爸有什么事?

史老先不说什么事,只道,坐吧。

史维坐下了,望着爸爸,呼吸有些紧张。在他的经验里,凡是爸爸郑重其事叫他过来谈话的,准没什么好事。要么是他家媳妇说了哪些不该说的话,或是女儿什么地方不得体,要不就是弟弟或弟媳,或家里别的什么人哪里错了。而所有这些,都是他这个做老大的责任。史老在意的很多事,在史维看来都不算什么大事。可他为了尽孝,为了别让家里为点小事就闹得鸡犬不宁,只好凡事都应承着。家和万事兴啊!可是今天,史维发现爸爸的神态格外的不同。老人家只是慈祥地望着他,慢慢喝茶,半天不说一句话。史维在爸爸慈祥的目光下简直就有些发窘了。爸爸从来是威严的,很少见他有和颜悦色的时候。

史维,爸爸老了,这个大家庭的担子,最终要落到你的肩上。史老把目光从史维脸上移开,抬头望着天花板。史维,你知道,我们家同别的家庭不同。我也注意到了,家里有人对我的这一套不理解,只是有话不敢说。尤其是晚辈,在一边说我是老古董。

史维忙说,没有呢,儿孙们都是从内心里孝敬您,这也是您老教导得好。

史老摆摆手，说，我们家有我们家的传统，这是历史造成的。现在是让你明白我们家族历史的时候了。你好好听着。我们史家是个古老的望族，世世高官，代代皇禄。故事要从显祖史彬公讲起。史彬公是明朝建文帝的宠臣。建文帝四年，燕王朱棣兴靖难之师，兵困南京，破宫入朝，窃取了皇位。这就是后来的永乐皇帝明成祖。当时，宫中大火，正史记载建文帝被烧死了。其实建文帝并没有死。建文帝见大势已去，想自尽殉国，身边近臣二十多人也发誓随建文帝同死。幸有翰林院编修程济，极力主张建文帝出亡，以图复国。于是，众臣乘乱出城，建文帝一人从暗道出宫，约定君臣在南京城外的神乐观会合。那是农历六月的一个深夜。最后商定，由吴王府教授杨应能、监察御史叶希贤、翰林院编修程济三人随身护驾，不离左右；另由六位大臣往来道路，给运衣食。其余大臣一律回家，遥为应援。显祖史彬公回到了吴江老家。自此，建文帝落发为僧，从者三人，两人为僧，一人为道。三僧一道，颠沛流离，惶惶，没有一天不在担惊受怕。再说那建文帝的满朝文武，多是忠义之士。朱棣称皇以后，一朝百官多有不从，有的抗命而死，有的挂冠回乡。事后有四百三十多位旧朝官员被朱棣罢黜。这些人一身不事二主，可敬可叹啊！朱棣也知道建文帝没有死，他一边欺瞒天下，说建文帝死于大火，一边密令四处搜寻建文帝的下落，以绝后患。朱棣曾命人遍行天下，寻找朝野皆知的神仙张三丰，就是为了搜捕建文帝。后来，又听说建文帝远走海外，朱棣便命宦官郑和航海，寻访海外各国。正史记载的郑和下西洋，只是永乐皇帝朱棣的政治谎言。建文帝流亡期间，曾三次驾临显祖史彬公家。史彬公每次都以君臣之礼相迎，并贡上衣物。君臣最后一次见面时，建文帝命随身护卫取出一个铜匣子，说，史爱卿，你与贫僧今日一别，不知有无再见之日。贫僧送你一个匣子，不是什么稀罕之物，但可保证你家在危难之时化险为夷。记住贫僧的话，不到非打开不可的时候，千万不要打开这个匣子。愿你史家世代平安，子子孙孙都不用打开这个匣子！

史老起身，打开衣柜，取出衣服，小心开启柜底的小暗仓。史维不敢近前,他感觉自己的呼吸有些急促。爸爸讲的家族历史,他听着就像神话。他注意到刚才爸爸的目光很悠远,就像从五百多年前明代的那个夏夜透穿而来。他想象那个夏夜,神乐观的蚊子一定很多,乱哄哄地咬人。那位逊国的建文帝一定满脸哀痛,他面前跪着的文武百官想必都压着嗓子在哭泣。他们不敢大声哭出来,因为南京城内肯定到处是朱棣的爪牙,鸡飞狗叫。史彬公不知是个什么品位的大臣,为什么他既没有成为三位随身护驾者之一,也没成为六位给运衣食者之一。史维虽是中学的历史教师,但他的历史知识没有超出中学历史课本的范围,弄不清历史事件的细枝末节。像建文帝这般历史疑案,他就更弄不懂了。

史老取出了那个铜匣子,小心放在桌子上。匣子并不太大,却很精巧,有些龙盘缠着。史老说,当年史彬公接过铜匣,三叩九拜地谢了建文帝。发誓子子孙孙效忠皇上。自此以后,史彬公给我们史家立下规矩,除非建文帝复国还朝,不然史家子孙永世不得出仕。这个铜匣,就成了史家的传家宝。从那以后,我们史家祖祖辈辈虽说不上荣华富贵,倒也衣食无虞。这都是这铜匣子的庇佑。按祖宗规矩,铜匣不可随意承传,得选家族中声望好、才具好的人继承。凡接过这个铜匣子的人,就是家族的掌门人,家族大事,系于一肩。我四十一岁从你爷爷手中接过这个匣子,深知责任重大。我也一直在你们两兄弟间比较,想来想去,还是觉得你合适些。史维,史家五百多年的规矩,就靠你承传下去了。

史维耳根发热,支吾道,谢谢爸爸信得过。

匣子,你抱回去,好生保管着。此事关系家族荣衰,不可同外人说起啊！史老语重心长。

知道,爸爸。史维又问道,爸爸,钥匙呢?

史老脸色陡然间变了,严厉道,你就开始要钥匙了?你是不是回去就把匣子打开?

不是不是,爸爸。我是说我是说,史维不知自己要说什么了。

史老在房间里不安地走着,说,史维,你根本就要禁绝想打开匣子这

个念头。建文皇帝的旨意是，在我们家族大难临头的时候，打开匣子可以帮我们化险为夷。我们子孙要做的事，就是不要让我们家族遇上大难。不然，在平平安安的时候打开匣子，是不是意味着我们家将有不测？所以，反过来说，建文皇帝的话又是谶语了。史维，祖上定的家规，五百多年了，不会错的。你先把匣子抱回去吧，我考虑什么时候可以把钥匙给你了，自然会给你的。

史维把铜匣子抱了回去，妻子秋明在房里不安地等候。她不知今天发生了什么，丈夫去了这么久，还没回来。她知道每次公公找史维去谈话，准没有什么好事。自从进了史家的门，她也渐渐适应了史门家风，凡事顺着公公。

捡了宝贝？秋明见史维抱着个什么东西，紧张兮兮的。

史维侧着身子，不想让秋明看见他怀里的铜匣子。他说没什么东西，你先睡吧。可秋明偏要过来看，他也没办法了，只好说，你看了就看了，不要问我这是什么，也不要出去乱说！史维说罢，就把铜匣子放在了写字桌上，开了台灯。两口子头碰头，仔细审视着这个铜匣子。史维这才看清了，铜匣子铜绿斑斑，古色古香，四面和盖上都缠着龙，共有九条，底面有大明洪武二十五年御制的字样。秋明眼睛亮了起来，说，是个文物呢，老爸送给你的？史维瞟了秋明一眼，说，叫你别问呀！秋明便噤口不言了。

此后的日子，史维像是着了魔，脑子里总是那个铜匣子晃来晃去，弄得他几乎夜夜失眠。他原来想，老父在世，以顺为孝，犯不着惹老人家生气。一家人好好儿孝顺着老人家，等老人家享尽天年，驾鹤仙归了，再让全家大小按自己的想法过日子去。可是，自从他听说了家族的历史，接过了那个神秘的铜匣子，他就像让某种神力驱使着，或者让某种鬼魅蛊惑着，觉得自己就是父亲，就是爷爷，就是列祖列宗，就是五百多年前神乐观里跪在建文帝面前的史彬公。一种叫使命感的东西折磨着他，有时让他感到自己高大神武，有时又让他感到自己特别恐惧。他一天到晚恍恍惚惚，像飘浮在时间隧道里，在历史和现实之间进进出出。他甚至越来越觉着自己像幽灵了，便忍不住常去照照镜子，看看自己还是不是自己。终于有一天，他实在忍受不了某种庄严使命的折磨了，便跑到图书馆，借了《明史》《明实录》《明史纪事本末》《明通鉴》《明成祖实录》等一大摞有关明史的书。戴着老花镜的图书馆管理员，看见这些尘封已久的书今天到底有人来借了，就像养了几十年的丑女总算有人来迎娶了，了却了天大的心愿。老先生把老花镜取下又戴上，戴上又取下，反复了好几次，以为碰上了大学问人。

史维把这些书堆在书桌上，在家除了吃饭睡觉就是伏案研读。他教了多年的中学历史，却从来没有读过一本历史专著。做个中学历史教师，只需翻翻教学参考书就行了。而现在翻开这些史书，他只觉两眼茫然。因为他不懂这些史书的体例，也理不清明代纪年。光是研究这几本史书的体例，他便用了三天时间。然后又花两天时间，列了一张明代纪年同公元的对照表。事实上不列纪年对照表也无妨，需要了解相关年代的时候再推算一下就得了。可史维觉得时间不明明白白，脑子就糊里糊涂。那一刹那，史维猛然间似乎有了顿悟，发现人是生活在时间里的，生命存在于时间。人可以生存在任意的空间里，却不可以生存在任意的时间里。时间的霸道与冷漠，令人绝望和悲伤。

大约半年以后，史维在《明史纪事本末》里读到这样一段话：乃逊国之期，以壬午六月十三日。建文独从地道，余臣悉出水关。痛哭仆地者五十余人，自矢从亡者二十二士。其经由之地，则自神乐观启行，由松陵而入滇南，西游重庆，东到天台，转入祥符，侨居西粤。中间结庵于白龙，题诗于罗永，两入荆楚之乡，三幸史彬之第，踪迹去来，何历历也。特以年逼桑榆，愿还骸骨。夫不复国而归国，不作君而作师，虽以考终，亦云䶎矣。史维反复研究这段话，意思大致明了，只是不明白是䶎什么意思。翻开《现代汉语词典》，里面根本没有这个字。查了《康熙字典》，才找到这个字。上面解释说：泥短切，音暖，缩也。史维思量再三，䶎大概就是畏缩、没有胆量的意思。那么这段话的大意是说，建文帝逊国以后，在外流浪了四

十多年，最后无力复国，身老还家，做了佛老，终究是畏缩无勇的弱者。

史彬公到底是多大的官？有些日子史维总想着这事。可翻遍明史，都找不到有关史彬公只言半语的介绍。史维便估计史彬公的品级只怕不会太高。这想法简直是罪过，他不敢去向爸爸讨教。爸爸说过，史彬公是建文帝的宠臣。史维猜想，宠臣起码应该是近臣，倘若不是近臣，就没有机会成天在皇帝跟前行走，自然就不会得宠。而近臣差不多都是重臣，不是一定品级的重臣，哪能经常接近皇上？按这个逻辑推断，史彬公再怎么也应该相当于当今的省部级干部。可是除了《明史纪事本末》上提了一下他的名字，明史上怎么就再也找不到他的影子了，这是为什么呢？后来史维猛然想到翻翻自家家谱。家谱是爸爸收着的，史维找了借口，拿了出来。他当然不敢向爸爸谈起自己大逆不道的想法，只是说想多了解一下家族的历史。这让史老很高兴，把家谱交给了他。你们的确要多了解自己家族的历史啊！你们欠缺的就是对自己历史的了解！

翻开家谱，见扉页上竟然就是史彬公的肖像，下面赫然写着：大明徐王府宾辅史彬公。史维平素也翻阅过一些外姓家谱，发现大凡家谱都有攀附陋习，总得推出一个历史上显赫的人物认作祖宗。似乎这一姓人的历史只是从这个祖宗才发祥的，在此之前这个家族都还是猴子。要说史家的显赫人物，史彬公之前至少还有史思明。只是史思明同安禄山先后造反，史家羞于认这位祖宗了，就像秦氏家族并不乐意把秦桧当作祖宗。史维反复琢磨，不明白这徐王府宾辅是个什么级别的官，只怕不会相当于省部级。充其量徐王也只是个省部级，那么史彬公勉强是个厅局级干部。那个时候的厅局级干部有机会经常同皇上在一块儿，是不是那时的皇上比较联系群众？史维想不清这中间的道道，反正史彬公的形象在他心目中是打了折扣了。真是罪过！

史维研究家族历史这段日子史老慢慢放权，也乘此一步步树立史维的威信。好些事情，本该是史老亲自做主的，他都让史维做了主。要说家里也没什么拿得上桌面的大事，无非鸡毛蒜皮。比方那棵榆树的枝丫伸到院子外面去了，快撑破邻居家的屋顶。邻居找到史维协商这事怎么办，史维说他得问问爸爸。他知道爸爸最看重那棵榆树。史老听史维说了这事，手一挥，说，都由你处理吧。史维同邻居商量了三个小时，拿了好几套方案，最后达成一致意见：由史家请人，将伸过去的榆树枝锯掉一截。

民工爬在树上锯树的时候，正是中午，史纲、史仪都下班了，他俩吃惊地望着在树下指手画脚的哥哥。他俩还不知道爸爸把处理榆树枝的事情交给哥哥全权负责了，生怕爸爸回家时生气。爸爸照例带着妈妈去明月公园唱京戏去了。过会儿秋明也回来了，望着树上纷纷扬扬飘落的锯末，嘴巴张得天大，忙问这是谁的主意。她还清楚地记得，前几年邻居也提过榆树的事，说是榆树叶子落在他家瓦楞上，把屋顶沤坏了。邻居家没明说，只是暗示史家把这榆树砍了。史老笑了笑，一句话没说。邻居也就不好多说了。史老是街坊心目中的贤达，大家都顾着他的脸面。自此全家人都知道老人家很喜欢这榆树，没人敢动它一枝一叶。史维全然不在乎弟弟、妹妹和妻子的惊疑，也不做任何解释，只是在那里抬着头指指戳戳。

这天史老回来得早。大家听到小珍在里面喊道爷爷奶奶回来了，这边榆树枝正好哗然落地。秋明吓了一跳，双肩禁不住抖了一下。史纲把脸望在别处，像躲避着什么。史仪飞快地从耳门进了屋里。

史老径直来到了后院，抬头望望榆树，说，好，好。史老说完就转身往屋里走。史维这才问道，爸爸你说这样行吗？史维明知是多此一举，还是冲着爸爸的背影问道。史老不再多说什么，点着头进屋了。一家人便跟着老人进屋，开始吃中饭。

一家人正默默吃着饭，史老突然说，今后，家里的大小事情，你们都听哥哥的！

全家人便望着史维，说当然当然。

过了好一会儿，史老又突然说，我老了，管不了这么多了，你们就听大哥的吧！

史维对建文帝逊国的研究几乎走火入魔了。可是能够找得到的史料少得可怜，他只能在只言片语上费劲琢磨。历史竟是这种玩意儿，可以任人打扮的。他反复研究手头的材料，没有大的收获。有个雪夜，史维面对发黄的竖排线装书，弄得头昏眼花。他去了后院，抓起地上的雪往脸上乱抹了一阵，一下子清醒了。他发现自己苦苦研究两年多，终于发现有些史实同爸爸跟他说的有些出入。爸爸说当年有二十多名大臣发誓同建文帝一道殉国，其实根据他的研究，那二十多名大臣只是愿意随建文帝出逃。爸爸和先祖怕是把自矢从亡者二十二士这句话误读了。这里面的亡其实是逃亡之亡。祖祖辈辈对先贤们的忠义感动得太没道理，简直是自作多情了。再说，建文帝无力复国，却还有脸面回到宫里去，就连有血性的大丈夫都算不上，更莫说是英明之君了，不值得大臣们那么效忠。史家世世代代还守着个铜匣子做逸民，就更显得可笑了。史彬公也不是先辈们标榜的那样显赫的重臣，这个家族没有必要把这么重的历史包袱当作神圣使命一背就是近六百年。而且，即便先辈们传下来的故事是真实的，建文帝也并不是说这个匣子不可以打开，他只是说但愿史家世世代代都用不着打开它。史维站在寒风瑟瑟的后院里，感觉自己简直可以当历史学家了，便有些踌躇满志了。

可史维一回到房里，面对一大摞明史书籍，他的观点动摇了。他重新翻开做了记号的地方，一行一行地读。他很佩服古人发明的竖排法，让后人读前人书的时候不得不点头不止。所以中国人总是对前人五体投地。而外国人发明的横排法，后人读前人书的时候总是在摇头，偏不信邪。相比之下，还是中国古人高明，牢牢掌握着后人。史维想，难道那么多高明的史家先辈都错了？不可能啊！

信奉和怀疑都很折磨人，就像热恋和失恋都会令人心力交瘁。这两种情绪在史维脑子里交替着，叫他一日也不得安宁。他想解脱自己的痛苦，便试着不再关心什么历史，把注意力放在了铜匣子上。每到夜深人静，他都有瘾似的要把铜匣子偷偷取出来把玩。他把台灯压得很低，让光圈刚好罩着铜匣子。心境不同,铜匣子给他的感觉也就不同。有时候,铜匣子在灯光下发着幽幽青光,像盗墓贼刚从古墓里挖出来的,有些恐怖。而有时候,铜匣子让灯光一照,熠熠生辉,似乎里面装满了财宝。史维尽量不让自己猜想匣子里面的谜,好像这是种邪恶,可其实他想得最多的还是里面到底装着什么宝物。他夜夜把玩铜匣子,上面九条龙的一鳞一爪,四壁两面的一纹一理,他都烂熟于心。后来一些日子,他越来越着魔的就是那把神秘的锁了。锁是蝙蝠状的,锁销子掩藏在蝙蝠的翅膀下面,匣子的挂扣也看不见。转眼又是一年多了,可老人家一直没有交给他钥匙的意思。他真的有些着急了。

终于有一天,史老叫他去房里说话。史维,你是不是觉得我应该把钥匙交给你了?老人家不紧不慢地问。

史维恭敬地注视着老人,说,爸爸交给我的话,我会很好保管的。

是吗?史老问道,你是不是每天晚上都在琢磨那个铜匣子?

爸爸怎么知道?史维感觉爸爸的语气有些不对劲了,慌张起来。

史老眼睛望着天花板,说,你不要成天想着铜匣子里面到底装着什么东西。这个匣子本来就不是交我们打开的。

是的,史维说,但按建文帝的旨意,也不是说不可以打开铜匣子,只是说但愿我们家族世世代代都用不着打开它。

史老长叹一声,说,我就知道,我只要把钥匙交给你,你马上就会偷偷打开铜匣子的。那样史家说不定就大祸临头了。

你借了那么多明史书籍回来研究,我还让你读家谱。看来,我让你掌握我们家族历史,是个失误啊!

爸爸……

不要说了,史老闭上眼睛说,你把铜匣子给我拿来吧,我考虑还是将它交给史纲算了。他只是医生,不懂历史,没你那么复杂,只怕还好些。

史纲怎么也没想到爸爸掌握着这么大的家族秘密。他把那个铜匣子抱回去时也是深夜,妻子已经睡了。怀玉是个一觉睡到大天亮的人,你背

着她到街上转一圈,她保证不会醒来,说不定会告诉你昨晚做梦逛了城隍庙。史纲一个人望着铜绿斑驳的匣子,满心惶恐。爸爸今晚同他进行了几个小时的长谈,要他担负起家长的担子。从很小的时候起,他都是听哥哥的,因为爸爸一向要求他们三兄妹间应该讲究尊卑上下。他觉得自己不堪此任,不说别的,他简直无法开口让哥哥怎么做。可是爸爸的旨意是不可违拗的。就连这一点,也是哥哥反复对他说的。哥哥说过多次,爸爸年纪大了,儿女们以顺为孝,凡事依着爸爸。要是爸爸不高兴了,发火也好,生闷气也好,全家大小都过不好日子。还是那句老话,家和万事兴。爸爸把铜匣子交给史纲时,看出了他的心思,便说,你不用担心他们不听你的。你只要手中有这个铜匣子,他们就得听你的。我们史家一直是这么过来的,快六百年了。

史维在史纲面前不再像哥哥了,倒像位弟弟似的。每天的晚饭,全家人都会到齐。这往往是决定家政大事的时候。老人家便总在这个时候向史纲吩咐些事情。家里人最初感到突然,慢慢地就习惯了。所以,每餐晚饭,多半老人只跟史纲一人说话,其他人的眼珠子就在他两父子脸上睃来睃去。

这天,也是晚饭时候,老人家说,史纲,快上春了,你叫人把屋顶翻一下,怕漏雨。

史纲说,好,爸爸!

看需要多少工钱,你叫史维先帮你算算。老人家又交代。

史纲说,好。哥哥,你今晚就算算吧,我明天就去叫人。

史维说,好,我吃了晚饭就算。

老人家又说,算的时候,打紧些,心里有个数。谈的时候,人家会还价的。

史纲不知爸爸这话是不是对他说的,一时不敢回话。史维知道爸爸吩咐事情一般不直接同他说,也不敢搭话。气氛一下子就不太对味了。史纲忙说,行,我和哥哥会注意的。史维这才答道,是是,我注意就是了。

怀玉这天晚上破天荒地醒来了，见男人躲在角落里鬼头鬼脑。她突然出现在身后，史纲吓了一大跳。他这会儿正想着明朝初年的那场宫廷大火，是不是真的烧死了建文帝，爸爸说的建文帝君臣四个沦作三比丘、一道人，浪迹天涯，最后赐铜匣子给先祖，是不是真的？他脑子里完全没有历史概念。关于历史，他的印象不过就是很久很久以前，人们高冠博带，羽扇纶巾，在宁静的石板街上优游而行。其实他也像哥一样，每天晚上都会把铜匣子拿出来研究一番，只是他脑子里是一团糨糊，不像哥哥那样到底懂得历史。

什么东西，好稀奇！怀玉蹲下身子。

史纲嘘了声，悄悄说，铜匣子，爸爸交给我的！

是不是很值钱？怀玉问。

史纲说，你只当从没见过这东西，不然爸爸会生气的。这是我们家的传家宝，只能让家族传人掌握，不能让别人知道！

难怪爸爸现在什么事都同你商量，原来他老人家叫你掌家了。怀玉恍然大悟的样子。

怀玉晚上再也没有那么多瞌睡了。她睡不着，她比史纲更加想知道匣子里到底装着什么。在一个夏夜里，天气热得叫人发闷，两口子大汗淋漓，蹲在地上摆弄铜匣子。当初爸爸把铜匣子交给史纲时，老人家神情很是肃穆，双手像捧着皇帝圣旨，史纲也不敢随便，只差没有跪下来了。这会儿两口子却把个传家宝放在地上颠来倒去。没办法，天太热了，他俩只好席地而坐。怀玉突然有了个主意，说，史纲，你明天偷偷把这匣子背到医院去，请你们放射科的同事照一下，看里面有没有东西。

史纲笑了起来，说，你是想发疯了！这是铜的，怎么透视？你还是当教师的哩！

怀玉也觉得自己好笑，也就笑了，说，我是数学老师，又不是教物理化学的。

怀玉说着，突然眼睛一亮，说，你还别说呢，我当老师的还真有办法！

什么办法？史纲忙问。

怀玉面呈得意色，说，我可以根据这个匣子的体积、重量等，大致推测一下这个匣子是空心的还是实心的。若是空心的，里面是空的还是装着东西，也可算个大概。

史纲想了想，觉得有道理。

于是，两人找来秤，先称一称匣子的重量，再量量长、宽、高，计算体积，再查了查铜的比重，算算实心的应是多重，空心的应是多重。经反复计算，推定这是个空心匣子，壁厚大概多少。最后又反复计算，结论令人失望。

怀玉很肯定地说，里面是空的，没装任何东西。我敢打赌！

史纲不敢相信怀玉的话。他摇头说，不可能，绝对不可能！我们史家祖祖辈辈不可能守着个空匣子守了将近六百年。我们史家历朝历代可是出了不少聪明绝顶的人，就这么容易上当？就说我爸爸，自小聪慧，才智过人，老来德高望重，在远近都是有口皆碑的。不可能，绝对不可能！

怀玉笑道，信不信由你。我这是科学计算，不会错的！

怀玉不再关心铜匣子，每天夜里照样睡得很好。史纲夜夜望着铜匣子发呆，慢慢地也就没了兴趣。他倒是把一家老少大小的事情打理得清清爽爽。毕竟生下来就是老二，他始终尊重哥哥，体恤妹妹和晚辈。所以全家人都很服他。

又是一个冬天，史老大病了一场，直到次年春上，才慢慢好起来。人却老了许多。儿女们都清楚，爸爸病起来难得痊愈，多半因为他自己是一方名医，不肯轻易相信别人。可谁也不敢说破这层意思，眼睁睁望着老人家艰难地挨着，心里干着急。老人家能自己动了，仍是每天带着郭纯林出去走走。也不是每天都上明月公园。一向感到很轻松的路程，现在越来越觉得遥远了。有天夜里，老人家很哀伤地想，明月公园的路远了，便离归去的路近了。为了排遣心中的不祥，老人家从此便隔三差五强撑着去明月公园会会老朋友。老朋友见了他，总会说他很健旺，很精神。史老听了，开朗地笑着,心里却凄凄然。他总是在这种心境下同老朋友们说起那些故去的老朋友。老朋友慢慢少了。刘老今年春上害脑溢血走了,陈老去年夏天就病了,听说是肺癌,一直住在医院里。史老不再唱京戏,早没底气了。别人唱的时候,他坐在一旁轻轻按着节拍,闭着眼睛。一会儿便来了瞌睡,嘴角流出涎水来。郭纯林见他累了,便推推他,扶着他回家去。在家里也偶然写写字,手却哆哆嗦嗦,没几个字自己满意。晚辈们却偏跟在屁股后头奉承,说爷爷的字如何如何。史老越来越觉得晚辈们的奉承变了味,怎么听着都像在哄小孩。老人家心里明白,却没有精力同他们生气了。史老暗自感叹自己快像个老活宝了。

史纲凭自己的职业经验,知道爸爸不会太久于人世了。他不忍心把自己的想法告诉家里其他人,就连怀玉他都没说。可是,他觉得在爸爸过世之前,必须同他老人家谈一次铜匣子的事。他想告诉老人家,这个铜匣子里也许什么东西也没有。日子越是无边无际地过,他越相信怀玉的话,怀疑史家近六百年来一直守着个神秘的空匣子。他觉得自己这是在尽孝,不想让爸爸带着个不明不白的挂念撒手西去。

这年秋天的一个夜里,月亮很好,史老坐在后院里赏月。史老坐在史纲搬来的太师椅上,郭纯林拿了条毯子盖在老人家腿上。史纲就坐在石凳上,望着老人家,说,爸爸,我有件事想同您说说。

史老听出这事很重要,就对郭纯林说,你先进去吧,这里凉。

郭纯林交代一声别在外面坐得太久了,就进去了。

史纲这才支吾着说,爸爸,我想同你说说那个铜匣子。

你也急着要我交钥匙了?史老生气了,他的声音很长时间没有这么响亮过了,他的眼睛在月光下蓝幽幽的很吓人。

不是不是我是想说,爸爸……

你不用说了!史老起身走了,毯子掀在地上。

史纲捡起地上的毯子,望着爸爸的背影消失在黑黢黢的门洞里。他感到石凳子凉得屁股发麻,却一时站不起来。算了吧,既然爸爸不想听铜

匣子的事，就不同他说好了，免得老人家不高兴。

其实老人家已经很不高兴了。就在第二天，老人家叫史纲交出了铜匣子。爸爸没有同他说铜匣子交给谁，直到后来他慢慢发现爸爸凡事都让史仪做主了，才知道铜匣子转到妹妹手上去了。

史老将铜匣子交给史仪，也是不得已而为之。五百多年来，这个铜匣子一直由史家男丁承传，从未传过女人。可是，两个儿子都令老人家失望。铜匣子的承传人必须有个意念，就是忘掉钥匙。其实说意念也不准确，承传人根本就不应该想到这世上还存在铜匣子的钥匙。只有到了这一步，他才可以掌管钥匙。史维、史纲两兄弟念念不忘的偏偏就是钥匙。现在只有把希望寄托在女儿史仪身上了。史老从来没有交代两个儿子忘记钥匙，想让他们自己去悟出其中的道理。可当他把铜匣子交给史仪时，不得不把话说穿了。他不想再让自己失望。

史老双手颤巍巍地把铜匣子交给史仪，说，仪儿，这铜匣子的来历我都跟你说清楚了。你是史家唯一一位承传铜匣子的女辈，我想列祖列宗会理解我的用心的。你要记住，永远不要想到钥匙！忘记了钥匙，你就等于有了钥匙！

史仪捧着铜匣子的双手忍不住发抖，半天也说不出一句话来。史维懂得历史，史纲不懂历史却有生活经验，而史仪虽然年纪不小了却还在恋爱季节。恋爱的人是不会成熟的，就像开着花的植物离果实还有很长一段时间。史仪接过爸爸交给的铜匣子，好几个晚上都没有睡好觉。她倒是真没有想过打开这个稀奇古怪的匣子，只是感到自己承受着某种说不出的压力。她有种很茫然的神圣感，却又真的不知道自己肩负着什么使命。她把铜匣子藏在房间最隐秘的地方，深信赵书泰轻易不会发觉。

可是爱情的魔力能让人忠诚或者背叛。史仪失眠了好长一段时间之后，还是向赵书泰吐露了铜匣子的事。她是把这个秘密作为忠诚的象征奉献给赵书泰的，让她的男朋友很感动。她却没有意识到这其实是在背叛爸爸和家族。赵书泰知道了这个秘密很是兴奋，甚至比第一次尝试史仪的童贞还要兴奋。

史仪上夜班的时候，白天在家休息。赵书泰便将手头的生意让别人打理，自己跑来陪他的可人儿。史仪感受着男朋友的体贴，很是幸福。上午大半天史老都会带着郭纯林出去走走，赵书泰便把两人间所有浪漫和温情细节剪辑成精华本，史仪总迷迷糊糊飘浮在云端里。赵书泰简直是位艺术家，他将所有场景都安排得紧凑却不失从容，没有让史仪体会到半点潦草和敷衍。每每在史老夫妇没有回来之前，史仪两人该做的事都做过了，还有空余时间坐下来研究铜匣子。

两人偷偷摸摸研究了约莫大半年，没有任何结果。赵书泰便怂恿史仪去问爸爸要钥匙。史仪直摇头，说这万万不可以的。赵书泰便说，其实有个办法，找位开锁的师傅打开就行了。史仪哪敢！说爸爸交代过，不可以打开的。赵书泰笑了，说没那么严重。史仪从男朋友的笑脸上看到了某种莫名其妙的意味，令她害怕。她终于同意找个师傅试试。可如今哪里找得了能开这种古锁的师傅？赵书泰说，这个不难，多访访，总会找到的。

赵书泰果然神通，终于找到了一位六十多岁的老师傅。这天，史仪本是休息，却装作上班的样子出了门，带出了铜匣子。她是一会儿白班，一会儿夜班，家里人根本摸不准她哪天上什么班的。赵书泰开了辆车子等在外面。史仪爬上车子后，脚都发软了。她生怕家里人发现了。其实这会儿家里只有不太管事的保姆小珍，不必如此担心。

两人径直去了赵书泰的公司，进了他自己的办公室。这办公室布置得很是典雅，墙上还挂了一柄古剑。史仪来过多次。一会儿，手下领着位老者来了。赵书泰告诉史仪，这就是那位老师傅，如今这世上很难找到这样的师傅了。老师傅也不客气，神情甚至还有些傲慢。可当史仪把铜匣子摆上桌子，老师傅眼睛顿时亮了。老师傅摸着那精美绝伦的铜锁，啧啧了半天。我的祖宗啊，我一辈子没见过这么漂亮的锁啊！老师傅好像并不在乎这个铜匣子，他是修锁的，眼睛里只有锁。老师傅把铜锁反反复复看了个够，才打开自己带来的木箱子。老师傅拿出一根微微弯曲的细长铁钩，

小心伸进锁眼里,便闭上了眼睛。赵书泰望着闭眼菩萨似的老师傅,嘴巴老是张着。史仪不安地扣着指节,发出阵阵脆响。好一会儿,听到咋的一声,老师傅睁开了眼睛。锁被打开了。老师傅还未将锁销子抽出,赵书泰说了,老师傅,谢谢你了。说着扯开钱夹子,付了钱。老师傅问,要不配把钥匙?史仪说,谢谢了,不用。赵书泰也说,对对,谢谢了。我们这锁,不要钥匙的。老师傅被弄得莫名其妙,点点钞票,奇怪地望望史仪他俩,背上木箱子走了。

赵书泰扯锁销子时手有些发抖。取下了锁,却不敢马上打开匣子,过去将门反锁了,拉上窗帘。回到桌前,才要揭盖子,赵书泰又住了手。他猛然想起平时在电影里看到的一些场面,宫廷里的东西往往神秘诡奇,说不定匣子装有什么伤人机关。他左右转转,想不出好办法,便取下墙上那柄古剑。他将铜匣子移到桌沿,叫史仪蹲下,自己也蹲下,然后抬手将剑锋小心伸进匣子盖缝里,轻轻往上挑。听到哐的一声响,知道匣子被揭开了。两人慢慢站起来,立即傻了眼。

空的!铜匣子是空的!

失望过后,两人忍不住哈哈大笑。大笑之后,两人又坐在桌子前面一言不发。

赵书泰最后说话了。他说,我想了想,只可能有两种情况。要么匣子里原本是藏有什么宝物的,早被史家哪位先人偷偷拿了;要么匣子里本来就是空的,什么东西都没藏过。但可以肯定,史家的历代传人都打开过这个匣子,都知道里面是空的,却仍旧保守着这个秘密。他们越是知道里面什么都没有,就越是交代后面的传人不可以打开这个匣子。

史仪被赵书泰弄糊涂了,道,如此说来,我们史家是个荒唐家族!

赵书泰笑道,不知道!

建文帝跟我们史家开了几百年的玩笑?史仪觉得这真是匪夷所思,坐在那里没精打采,就像自己动摇了家族的根本。

赵书泰说,别多想了,空的就是空的。再怎么说,这空匣子也是个珍贵文物,很值钱的。

史仪明白了赵书泰的意思,忙摇头说不可以,不可以。

赵书泰脑子转得快,说我有个朋友,做文物生意的,紫禁城里的金銮宝座他都仿制得出。我请他照原样仿制一个,把这个真的卖掉。

行吗?我总觉得这样不合适。他老人家这么大年纪了,哄他于心不忍。史仪说。

赵书泰笑道,你就是只知道往一头想,转不了弯!你现在也知道了,这个铜匣子原本就是空的,我们造个假的来取代空的有什么不行呢?空的同假的本质上是一回事。再说了,你爸爸肯定也打开过这个匣子,他也是在哄你啊!

关键时候也许因为爱情,史仪答应按赵书泰说的办。

那天晚上,史仪抱着仿制如初的铜匣子紧张兮兮地回到家里,发现屋子里静得令人心慌。她先去了自己房间,把铜匣子藏好。刚出来,就见二哥来了。二哥说,我听见脚步声,知道是你回来了。这些天你到哪里去了?爸爸病得不行了,我又找不到你。

史仪知道二哥一定是去她科室找过她了。她也不多解释,只问,爸爸怎么样了?不等二哥搭话,便往爸爸房间去。见全家人围在爸爸床前,却没有一个人说话。大哥、大嫂、二嫂和两位侄辈一齐回头望她一眼,又转过脸去了。史仪凑上去,见爸爸躺在床上,闭着眼睛。妈妈坐在床边,拿手绢揩着眼泪。史仪俯身下去,摸着爸爸的手。爸爸的手微微动了一下,想张嘴说话,却发不出声音。史仪便跪下去,耳朵附在爸爸嘴边。她听见爸爸隐约在问,匣子呢?

在,你放心,爸爸。史仪安慰道。

你把它拿来,你叫他们走……铜匣子……

史仪站起来,说,爸爸要你们出去一下。

史仪是同大家一块出来的。出门大家就悄悄地问,爸爸说了些什么?史仪说,没说什么。他老人家有事要我办。

史仪回房间取出铜匣子，用布包着，回到爸爸房间。爸爸眼睛顿时睁开了，伸出双手。史仪将爸爸扶起来，斜靠在床头，再送过铜匣子，放在爸爸胸前。爸爸抚摸着铜匣子，手微微颤抖，眼睛里放着绿光。史仪心里一酸，眼泪便出来了。她给爸爸抱着的是一个仿制的赝品啊！赵书泰找的那位仿古高手的确技艺高超，这个假铜匣子足可乱真，那个精美的蝙蝠锁也仿制得跟真的一模一样。见爸爸像抱着命根子似的抱着这个假铜匣子，史仪感到一种难以自已的辛酸。

你去吧，叫你妈妈来。爸爸的声音清晰了，但仍显得微弱。几天以后，史老去世了。老人家是在深夜走的，没有经受太大的痛苦。郭纯林事后跟子女们讲，你们爸爸只是想说话，嘴里咕噜咕噜几声，就走了。

忙完老人家的丧事，日子显得格外宁静。很快就是秋天了。夜里，一家人坐在客厅里说话，说着说着就会说到爸爸。这时会听到爸爸房里传来凄切的二胡声，往往是《二泉映月》。轻寒的夜露似乎随着琴声哀婉地降临。史维、史纲便会重重地叹息，史仪和两位嫂子便会抹眼泪。这个秋天是在郭纯林的二胡声中渐渐深去的。

有天夜里，史仪从外面回来，快到家门口，又听见妈妈在房里拉《二泉映月》。琴声传到外面，叫寒风一吹，多了几分呜咽之感。史仪保持了一天的兴奋的心情顿时没了。今天，赵书泰将存有一笔巨款的存折给了她。原来赵书泰将铜匣子脱手了。

史仪进屋后，听得亦可在说，奶奶的女儿出国这么长时间了，怎么都不回来看看她妈妈？

大人们听懂了亦可的意思，却只是装糊涂，不说话。

日子看上去依然很宁静。可是私下里全家人都在关心那个铜匣子。史维、史纲已经知道铜匣子早不在史仪手上了，史仪也不知铜匣子到了谁的手里。后来，晚上听到爸爸房里传来琴声，一家人沉默的表情各不相同。大家心照不宣，猜测那个铜匣子已传到妈妈手里去了。可这不符合家族的规矩。但反过来一想，铜匣子既然可以传给史仪，当然也可以让妈妈承传了，就像历史上皇后可以垂帘听政。

史仪是偶然发现一家人都在寻找那个铜匣子的。那天她白天在家休息，晚上得去上夜班。她躺在床上睡不着，便起了床，往爸爸房里去。妈妈仍然是爸爸生前的习惯，上午出去走走。她不知自己想去干什么。一推门进去，发现大哥正在撅着屁股翻柜子。见妹妹进来了，史维慌忙地站了起来，脸窘得通红。史仪这才意识到自己也是想进来找那个铜匣子。

哥今天休息？史仪没事似的问。

对对，不不，回来取东西。史维说着就往外走。

史仪也出来了。从此以后，史仪再也不进爸爸房间。她白天在家睡觉时，却总听到爸爸房间那边有翻箱倒柜的声音。

有天，史维跑到史仪房里，悄悄说，关键是找钥匙！没钥匙，找到铜匣子也没用。

史仪说，对！

你见过钥匙吗？史维问。

史仪摇头说，没见过！

史维觉得自己在妹妹面前没什么值得隐瞒的了，便索性同她进行了一场关于铜匣子及其钥匙的探讨。他认为不管这个铜匣子的历史靠得住还是靠不住，它的意义都是不可否认的。哪怕它仅仅是个传说，也自有它形成的历史背景，不然，它不会让一个家族近六百年来像是着了魔。所以，我们作为后人，不可笼统地怀疑先祖。目前关键是找到钥匙。史仪听得很认真，很佩服哥哥的历史知识和哲学思辨。她听着听着，猛然发现因为自己的原因，全家人对铜匣子的关心早已变得毫无意义了。赵书泰说空匣子和假匣子本质上是一回事，可她现在才明白这并不是一回事。

亦可终于把话说明白了。她当着爸爸妈妈、叔叔婶婶和姑姑说，得设法同奶奶的女儿联系，让她尽点赡养老人的责任。大人们知道亦可想让妈妈在美国的女儿接走她老人家，好腾出个房间来。亦可这么大的人了，还同保姆小珍住在一起，来个朋友也不方便。大人们自然也有这个想法，

却不能纵容晚辈如此不讲孝心。史维夫妇便私下商量这事。秋明说，可儿说的也是实话。妈妈跟着我们，我们自然要尽孝，当亲生妈妈看待。但不是说得分心，毕竟隔着一层，我们万一哪些地方做得不好，她老人家又不好说出来，倒委屈了她老。你说呢？

史维想想说，我找机会同妈妈说说吧。

有个星期天的下午，郭纯林在房里休息。史维敲敲门，进去了，说，妈妈最近身体好吗？

好啊，好啊。我感谢你爸爸，生了这么几个懂事明理的孩子。郭纯林慈祥地笑着。

史维猛一抬头，发现墙上多了一幅爸爸的字。是那副推窗老梅香，闭门玉人暖的对联。史维有种读到父亲情书的感觉，有些尴尬，可再读读下面长长的题款，他几乎被感动了：

> 郭君纯林，贤淑善良，堪为母仪。不弃老夫，与结秦晋，使我晚年尽享明月胜景。桑榆知音，弥足珍贵。更幸儿辈孝顺，以郭君为亲生之母。史家祖风，可望承传而光大也。大病初愈，喜见后庭老梅竞放，心旷神怡，涂书自娱。

读完题款，史维鼻子里酸酸的了，轻轻叹了一声，表示了对爸爸的追思，再说，妈妈，您要好好保重身体啊。我们有哪里做得不好，或者没想到的地方，您一定要说我们啊！

郭纯林点头说，你们都做得好，我很满意。

史维出来，对秋明说，爸爸的遗愿墨迹未干啊！我们再也不要说那个意思了。你同可可好好说说，要她好好孝顺奶奶。

明明还小，不懂得关心铜匣子的事。亦可最近才知道家里有个祖上传了五六百年的铜匣子，而且知道最重要的是得找到开匣子的钥匙。她不懂得关心铜匣子的历史渊源，只觉得那一定是笔财富。可可在奶奶面前撒娇似的嘟着嘴巴说话儿，突然发现奶奶脑后的发髻上别着个很漂亮的簪子，便用现代少女习惯的港台腔夸张地叫道，哇，奶奶头上的簪子好漂亮好漂亮喔！

奶奶忙用手捂了捂脑后，说，这是你爷爷送我的，是个想念儿。

可可听得明白，奶奶这话的意思，就是让她别打这个簪子的主意。可这个簪子实在太漂亮了，可可不拿下来看上一眼不死心。便说，奶奶，可以让我看看吗？

奶奶迟疑一下，只好取了下来。这是个金制的凤形簪子，凤的尾巴长长地翘起。可可看了半天不想放手，嘴里不停地啧啧着。她发现这个簪子的嘴并不是尖的，而是分开成一道叉，更显得别致。奶奶的手一直托着发髻没放下，可可只好将簪子还给奶奶，心里万般遗憾。

第二天，可可下班回来照样去奶奶那里说话，忍不住抬头望望奶奶的发髻，却发现那个漂亮的金簪子不在她头上了。她自然不好问，只在心里犯疑惑。

最近老人家心口痛。她怕儿女们着急，一直没说，一个人忍着。自己出去，就顺便找药店开些药，回来偷偷地吃。挨了些日子，觉得实在有些受不了啦，只好同史纲说了。史纲替她把了脉，拿不准是什么毛病，便同哥哥妹妹商量，送老人家上医院。

上医院看了好几位资深大夫，都不能确诊老人家是什么病。几位医生会诊，决定照个片看看。

史纲拿出片子一看，吓了一跳，发现胸口处有个阴影。他明白，一定是个肿瘤。凭他多年的经验，只怕是个恶性肿瘤。

三兄妹凑在一起商量，这事怎么办？莫说她老人家到底是位娘，就是按史家几百年的规矩，她手上掌握着铜匣子，也是家里绝对的权威。史纲最后表态，说，要确诊！我建议去上级医院。病情还不能让老人家知道。如果是恶性肿瘤，已经开始痛了，说明到了晚期，没什么治的了。但是，正是哥哥刚才说的，爸爸遗言在耳，我们做儿女的，一定要尽到这份孝心啊！

可是老人家倔，怎么说也不肯去上级医院检查。她说自己老大一把年纪了，弄不好死在外面，不甘心。全家人便轮番去劝说她老人家。这天可可去劝奶奶，老人家说，可儿，你是奶奶最疼的孩子，你跟奶奶说实话，奶奶到底得的什么病？可可先是不肯说，她被奶奶问得没办法了，便说了实话。老人家脸色顿时苍白，两眼一闭，倒了下去。

可可吓坏了，忙叫人。大家急忙把老人家扶到床上躺下，问可可刚才奶奶怎么了。可可只好说了事情经过。她爸爸妈妈不便在老人家床前高声大气，狠狠地望了女儿几眼。等老人家清醒过来，整个人都虚脱了，有气没力地说，既那样，更不用出去了。你们的孝心我知道。这都是命啊！她想自己看看片子，儿女们不同意。他们担心老人家看了片子心里更不好受。

但老人家没有见到片子，总不甘心。她猜想那片子一定是史纲拿着，他是医生。有天，她趁家里没人，去了史纲房里。翻了老半天，才在抽屉里找到了片子。她不敢马上看，把片子揣进怀里，回到自己房间。她让自己靠在沙发上坐稳了，再戴上老花镜。果然发现胸口处有一大块阴影。老人家浑身一沉，软软地瘫在沙发里。可是，那块阴影似有股魔力，老人家不敢再看，又想看个清楚。她让自己感觉缓和些了，又捧起了那张片子。她没有生理解剖知识，不知这个肿瘤是长在肝上、肺上、胃上、还是脾上？不知道！她望着片子，又摸摸自己的胸口，猜想阴影处该是什么。可她看着看着，突然发现这个阴影的形状有些特别，好眼熟。怎么像只凤呢？她再摸摸胸口，脑子一阵轰鸣，突然清醒了。她手伸进胸口，取出那个凤形簪子。

这是史老临终前交给她的，是那个铜匣子的钥匙。史老连说话的力气都没了，还在反复嘱咐，要她好好收着这钥匙，千万不能拿钥匙去打开铜匣子。要她到时候在亦可和明明中间选一位承传人。史老最后那些日子，成天同她讲的就是铜匣子的历史。史老是断断续续讲述的，她听得不太明白，只懵懵懂懂觉得这个匣子很重要。史老过世后，她越来越发现那个铜匣子也许真的很重要。她发现家里人都在寻找那个匣子，因为每次从外面回来，都发现有人来过房间。没有办法，她只好把史老生前写给她的那副对联拿到外面裱好，挂在房间。以后便没有人去房间翻东西了。她原是把钥匙和铜匣子分开藏在房里的，到底还是放心不下，就把钥匙当簪子插在头上。她以为这是个好办法，却让可可发现了。好在可可不知道这就是铜匣子的钥匙。但她不敢再把钥匙插在头上了，便拿绳子系着挂在胸口。不料挂了钥匙去照片，虚惊了一场。

老人家拿着钥匙反复把玩，见这金钥匙当簪子还真是好漂亮的。这时，她内心产生一种从未有过的冲动，想去打开那个铜匣子，看看里面到底装着什么。她闩了门，取出铜匣子，小心地开锁。可是怎么也打不开。这是怎么回事呢？她把钥匙一次次插进去，抽出来，都没有把锁打开。硬是打不开，她只好把铜匣子藏好。心想，这也许就是个打不开的匣子吧！史家拿这么个打不开的匣子当宝贝，真有意思。她也不想这么多，只要在自己入土之前，把这个匣子和钥匙传给史家后人就行了。看来可可是靠不住的，只好等明明长大了些再说。

老人家觉得胸口不痛了，整个人都轻松了。她叫小珍烧水，洗了个澡，换了身自己最满意的衣服。等儿女们下班回来，听得老人家在房里拉着欢快的《喜洋洋》。

可可又成天看见奶奶头上别着个漂亮的金簪子。

雾失故园

我关于故乡的第一记忆是妈妈被张老三强奸。那时我还很小。

那年冬天,全村男女劳力都在从事一项神圣的事业:将横亘村前的十四座山头全部砍光,再用石头摆上十四个大字:中国应当对于人类有较大的贡献。石头字上浇了石灰浆,格外耀眼,碰上没有雾的天气,几十里以外都能看见。这个国际共产主义的超巨型标语让故乡父老骄傲了许多年。我隐约地记得那个冬天很冷,山里冻着。社员热情很高。大队的有线广播一天到晚用快板书催战。我们全家五口人都上了山。我那时太小,所有的记忆都是模糊的。我说不清有些事是长大以后根据若有若无的记忆推测的,还是从大人们断断续续的讲述中知晓的。我们全家都上山是因为我们家是恶霸地主。我父亲驼子是我祖父最无用最小最命长的儿子。他的腰天生弓着,永远是一副老老实实低头认罪的模样。他的大哥也就是我的大伯父黄埔出身,升到上校团长时被一个叫大福的副官杀了。大福是邻村人,追随大伯父出门闯江湖。是大伯父的把兄弟。大福后来被祖父和二伯父捉住挖出了心肝。祖父把那血糊糊热烫烫的心脏生生地吞落了肚。祖父洗嘴的那条溪,水红了三日,腥了半个月。大福的后代是这么控诉的。祖父和二伯父解放后被镇压了。陪着挨枪的还有个残忍的帮凶,大伯父的另一个把兄弟长根。我记得那个冬天我的驼子爸爸砍树挑石头特别卖力。有的社员一边劳动一边争论人类和人民的区别，有的社员说还应砍光第十五座山头，加一个惊天动地的感叹号。我那驼子爸爸一句话不敢搭，只顾用劲。阶级斗争一抓就灵。为了激发群众的革命干劲，晚上还要批斗爸爸。他的罪行是见人点头哈腰，背地里又在磨刀。妈妈是个大家叫银莲的漂亮女人。不常笑，笑的时候牙齿白得很好看。妈妈弓腰做事的时候衣后襟处露出一线白白的肉皮，男人们就偷偷地看。张老三偷看的时候，紧紧憋住气，像用力大便。张老三是生产队队长。我后来一直莫名其妙地觉得，爸爸挨批斗同张老三这大便的表情有关。我姐姐是老大，长得像妈妈，初中毕业就回家劳动。她上高中政审不合格。现在回忆起来那时姐姐并不漂亮。脸色苍白，挑着一担石头嘴巴一扁一正的。胸脯没有起伏。哥哥是初中生，正放寒假，也上山出工。我在家无人照看，只有让妈妈带上山来。我想我那时完全可以独自在家玩。父母多半是怕我一个人在家失火。自感罪孽深重的父母怎么也不敢这么狗胆包天。我便只有上山挨冻。那时我也真禁得冻。倒是那受冻的感受随着时间的推移越来越铭心刻骨。有时在梦中重复那个冬天，会被冻得尖叫着醒来。稍稍懂事以后，也就是大约十三四岁以后的好长一段时间，只要想起那彻骨的冻，就非常痛恨那早在我出生之前就偿了血债的祖父和大伯父。只恨枪毙他们的不是我自己。现在仍不时回想起那个冬天，仍觉寒气森森逼人，但只是用它来教育小儿子富贵不忘贫贱，不再愤愤然了。

现在应该讲到妈妈怎样被强奸了。我很想回避这个话题。哪一位当儿子的愿意提起这种事呢？这件事是我回忆故乡一切的心理障碍。却又是我关于故乡的第一个记忆。同这件事相关的同一时候发生的事都模模糊糊，亦真亦幻，有的也许还是我无意间虚拟的。可日子一久，在我多次极不情愿的回忆中，那些真真假假的事似乎都成了真的。可这件事的的确确是真的。我不太向别人提及故乡也许原因就在这里。我一个地道的乡巴佬，脚指甲上或许还残留着泥锈，可我写的一些自以为是小说的东西居然全是有关城市生活的。只要想到写故乡一样的乡村，我就窒息。当

然在今天这样的夜，我拥着妻凭窗凌虚，或许又会一反常态，说到故乡。这种时候，我浅吟低唱般描述的故乡，一月如钩、天青山黛，宛如一幅美丽的木刻。那一方山水，自古多豪杰，有的封了侯，有的做了寇。可是，当妻子在我的撩拨下，要我抽时间带她回我的故乡看看时，我又会猛然梦回，若有所失。

有一天妈妈搂一块大石头时，背上的肉皮露得比平常更多。张老三见了，面色憋得通红，像便秘一样难受。他当即决定晚上地主驼子和地主婆一道批斗。社员们立即活泼得像一群猴子。爸爸妈妈看我一眼的空儿都没有了，任我一个人坐在一堆砍下来的松枝上。松枝结满了冰凌儿，我坐的那一片融化了，我的屁股冻得发木。我的手指早已像细细的胡萝卜，红得很剔透。清鼻涕源源不断，叫我揩得满面厚厚的冰壳儿。记得是下午快收工的时候，我突然听见姐姐大声哭喊妈妈。我颤颤颠颠地跑了过去，见妈妈躺在一个高高的土坎下面，纹丝不动。妈妈被爸爸和姐姐抬回家以后才知道呻吟。夜里，爸爸挨批斗去了，姐姐哥哥也去接受教育，只有我守着妈妈。妈妈不断地惨叫。后来上学时教师讲到鬼哭狼嚎我立即想起妈妈的惨叫。即使后来知道那是贬义词了也这么联想。

妈妈无法再上山，天天躺在床上叫唤。我因祸得福，不再上山喝西北风。妈妈哎哟哎哟了个把月，再也不叫了。妈妈不痛了是吗？妈妈应了一声，眼睛红了。

妈妈瘫痪了。

妈妈说是头晕摔下山坎的。张老三红着脸，说妈妈害怕群众批斗，企图自绝于人民。妈妈丧失了劳动能力，也享受不到照顾。哥哥不再上学了。

妈妈以后只能用双手爬行，再也没有漂亮的身段。妈妈背靠壁板坐着的时候，照样很美。这印象是我后来的回忆。

那个冬天过后的春天，早稻开始播种了。社员们在田里忙碌。那个延绵十几里的大标语让他们兴奋。美国佬屁股上长着尾巴。日本矮子个个一米三以下。中国的人造卫星比苏修的大多了。社员们议论着国家大事，斗志格外昂扬。

其实这些场面是许多年之后我从大人们的笑谈中知道的。我当时正坐在自家的门槛上看蚂蚁搬家。妈妈坐在茶堂屋打草鞋。生产队给她定了任务。我远远地见一个人一蹁一蹁地朝我家走来。张老三。我十分害怕这个人，连忙越过茶堂屋，躲进了里面的房间。

那种事叫作强奸是我后来慢慢才知道的。当时只觉得张老三对妈妈做了很恶毒的事。因为我听见张老三凶狠地连声喝令妈妈老实点老实点。妈妈嘤嘤哭泣。

张老三走了以后，我怯生生地走到妈妈身边。妈妈还在流泪，用稻草揩着裤上的泥巴。张老三是刚从田里来的，脚下泥巴没有洗。

那天天气很好。

从那以后张老三隔不了几天又会来。他一来我就躲。妈妈就哭。有一天终于听见妈妈很平静了。妈妈说以后不要再整我驼子。张老三说只要你老实我就不整他。以后张老三来的时候不再叫妈妈老实点。喊妈妈叔母。全村都是张姓宗族，张老三小爸爸一辈。妈妈不应，仍叫张老三队长。有回张老三进屋之后，我听见响动一会儿就没有一点儿声音了。静得让我害怕，担心妈妈是否叫狗日的张老三杀了。我趴在壁缝上朝外一望，见妈妈被张老三脱光了衣服，放倒在长条凳上搬来弄去。妈妈全身软荡荡地像抽尽了骨头。我吓得一下子尿湿了裤子。

这噩梦般的经历真的让我心理变态。直到上大学，我对男女之事仍心怀恐惧和厌恶。当然还因为后来另外一些经历。我的妻娇媚可人，但婚后很长一段时间我们性生活不能协调。往往在兴致勃勃耳热心跳的时候，我突然浑身软绵绵起来，感到索然无味。

张老三的老婆奶子很大，走路时胸脯颤得厉害，同女人相骂的时候，女人骂她上海佬。因为她满头鬈发。别人一骂上海佬，她就要同别人拼个死活。我至今不明白她为什么最忌叫她上海佬。

有回上海佬疯疯癫癫地跑到我家，将妈妈死死打了一顿。妈妈不能动弹，抱着头死受。晚上爸爸又打了妈妈。妈妈就哭。妈妈不再哭出声，只流泪饮泣。

我认为妈妈挨打肯定同张老三有关。我竟然胆敢仇视张老三了。

我便伺机报复。那么小的年纪就知道报复真是罪不可恕。张老三家房子同我家背靠着，隔了一道矮矮的竹篱笆。我趴在屋后的窗户上可以窥视张老三的后院。那里种着菜。屋檐下有鸡笼和猪圈。我当时完全把自己当作鬼头鬼脑的坏人，而不是电影里那些机智勇敢的解放军。在我恶毒而快意的幻想中，他家的菜被我拔掉了好多回，鸡和猪被我弄死了好多回。

我第一次实质性的报复行动是受到了电影《地雷战》的启发。我屙了一大堆粪，用纸包着丢到张老三的屋檐下。我等待着张老三、上海佬、他们的小女儿桃花，或他家别的什么人踩中了地雷，滑倒在地，弄得满身臭粪。我监视了三天都不见有人踩中我的地雷。第四天，张老三看见了那包粪，用铁锹掏进了菜地。随后骂桃花屎尿乱屙。桃花死不认账，说她都屙在菜地里。我很后悔自己白白给他家菜地施了肥。

直到那天看见了桃花蹲在菜地里的白白的小屁股，我才改变袭击目标。我求哥哥给我做了一个橡皮弹弓，寻机射击桃花的屁股。我躲在窗户后面瞄准。弹弓在我想象中成了冲锋枪之类的精良武器。桃花是《地道战》中的山田大佐，摸着屁股丑恶地叫喊。可没有一次成功。我射出的石子都被竹篱笆挡住了。

对桃花屁股劳而无功地袭击了大约半年，我上小学了。桃花与我同班。桃花很小巧，不像她妈妈。桃花从来不同我讲话。

好像是这年寒假，妈妈对我说：你船哥要复员了。

我是第一次听说这个人。他的身世我长大以后才弄明白。船哥乡里人叫船坨。他一岁多的时候，父母死了，又没有别的亲戚。我们家同他家算是一房脉下来的。但已出五服。祖父怜孤惜幼，收养了他。解放时，船哥已五六岁了。干部严厉警告过我爸爸妈妈，船坨是劳苦人民的后代，不准亏待他。船哥十九岁时当了兵，那年我才三岁，没有记事。船哥当兵四年从未探过家。听说每年在部队过年的时候，他都非常激动，说共产党是我亲爹娘，部队就是我的家。所以他入了党。

船哥要回来了，妈妈好像很高兴。她叫哥哥姐姐收拾了我家东头的两间房子，准备船哥回来住。

船哥是骑自行车回来的，后面驮着背包和军大衣。一伙小伢儿跟着跑。

船哥很干瘦，讲复员军人那种普通话。

船哥将行李放进屋里后，拿出一包糖舍给小伢儿吃。逐个问这是谁的小孩子？我们那里管小孩子叫伢儿。所以觉得船哥很了不起。轮到问我时，我胸口怦怦跳。船哥是我家的船哥。可船哥只是淡淡啊了一声。过后我问妈妈，我家同船哥亲不亲？妈妈看都不看我，只是叫我以后不要到他家去。我很不明白。

船哥刚回家那几天没有事，就摆弄那部自行车。小伢儿围着看。船哥皱着眉头，表情专注，左敲一下，右扳一下。我很羡慕那些小伢儿，但妈妈不准我过去。后来我想那部自行车其实并没有毛病。

几天以后船哥骑自行车进城，晚上走路回来了。自行车原来是从县武装部借的。

船哥从来不进我家门，也不听见他喊过我的爸爸妈妈。他白天穿着黄军服出工，不太同社员言笑。晚上在房里唱大刀向鬼子们的头上砍去。我把他唱的歌都叫作军歌。

船哥的军用普通话、军服和军歌对我有着难以抗拒的诱惑力。有一天下大雨，队上歇工。船哥在家里唱军歌。我默默地学唱。我正入迷，突然歌声停了下来，好久不再接着唱。我悄悄地跑出去，伏在他家门缝儿往里看，见船哥也像我一样伏在壁板上。以后每当军歌戛然而止的时候，我见船哥都是这样蹲在那里。船哥更加高深莫测。几次都想趁他不在家的

时候，爬进他房里，侦察一下经常蹲的地方，都没有得逞。有一天，当他的军歌又止住的时候，我灵机一动，想跑到屋后去看个究竟。我偷偷摸摸地穿过我家厨房，往那个神秘的地方跑。船哥屋后是我家厕所。我轻轻地推了厕所门。谁呀！原来是姐姐在解手。后来我发现每当姐姐上厕所的时候，军歌就停了。我稀里糊涂地将船哥的作为同张老三联系起来。我不再学他的军歌。

突然有一天，船哥带了几个民兵将张老三捆了起来。我正幸灾乐祸，船哥又带着人朝我家来了。我爸爸像是训练有素，连忙屈膝跪地，双手向后微微张开，等着来人的捆绑。谁知船哥将我爸爸一脚踢翻，直奔我的妈妈。妈妈被五花大绑起来。张老三和妈妈被剃光了头发，挂着流氓阿飞的牌子在全村游斗。妈妈由姐姐和哥哥抬着走。

不久船哥当了队长。

张老三不再那么神气。上海佬更加泼，经常破口大骂偷人婆。这时我好像上了初中，同桃花仍不讲话。桃花脸上的桃红色也好像是那时才开始有的。

桃花同我第一次讲话是那年学校小秋收活动：上山捡油茶籽。

我一向不大合群。这样的活动我更有机会独自行动。我一个人钻进一处僻静的山弯。这里油茶林茂密，十几米之外便不见人影。我一边捡茶籽，一边幻想着杀张老三和船哥。他俩已被我杀死无数次了。手段都很毒辣，包括用刀用枪用毒药用炸弹。

喂！

有人在叫，吓了我一跳。

原来是桃花。

快来快来，桃花朝我招手。

我连忙走去。我一直后悔当时自己在她面前那么胆小那么驯服。

桃花脸色绯红，说要屙尿了憋不住裤带绳起死结了帮我解一下吧。

我撩起她的衣襟，弄了半天解不开。

桃花一边跺脚一边哼哼:咬断算了咬断算了。桃花几乎要哭了。

我慌忙埋头去咬桃花的裤带。

裤带一断,桃花急忙蹲下身去。我听见她极舒服地呻吟了一声。

这时桃花才叫我不准看。其实我早已掉头走开了。桃花又叫我等一等,她一个人怕。

桃花屙尿的咝咝声让我想到她的父亲和船哥。我猛地回了一下头。桃花赶忙并拢两腿,顿时满脸红云。

从那以后,桃花意外地同我讲话了。中学离村子有十几里路,我们跑通学。我每次上学从她家门口路过时,都碰上她刚好从家里出来。现在我想她其实是有意等我的。放学我们一道回家。当她在我面前一蹦一跳的时候,我总莫名其妙地想起贴在她肚皮上咬裤带时的温热感觉。有时又很仇恨地想到她爸爸。这时我已知道什么是强奸。

张老三蔫了一阵子,又雄起过来了。有天晚上妈妈又挨了爸爸打。我猜想张老三白天又来了。那天夜里我躺在床上把张老三又杀死了好几次。

姐姐这时已是二十五六岁了,一直没有人上门提亲。即使按现在的审美标准,那时的姐姐也是漂亮的。姐姐像妈妈一样话不多。出工的时候,女人们议论姐姐的辫子又粗又长,她只作不听见。我早在为桃花咬裤带前后就砍了几捆柴堆在厕所靠船哥房子的那面壁上。有天姐姐去搂那里的柴烧,我说那柴不要烧。女人天生敏感,姐姐立即像明白了什么,脸一下子红了。那天姐姐在做饭的当儿,摸了摸我的头盖,说我弟弟长大了。姐姐眼眶红红的。我对姐姐感情很深。我一直觉得这浓浓的手足亲情似乎是从那一天起的。

哥哥像块石头,木木的,看人很冷。哥哥力气很大,一个人扛打稻机从来不用别人起肩。哥哥喊爸爸不喊爸爸喊驼子。爸爸打妈妈的时候,哥哥只要喊一声驼子,爸爸马上住手。最多骂哥哥几声畜生。深夜妈妈挨打,哥哥吵醒之后,就用力擂几下壁板。屋里顿时静下来。

桃花对我的好感冲淡不了我对张老三的仇视。妈妈挨打的时候，或遭上海佬骂的时候，我甚至恨自己咬裤带那天怎么不把桃花强奸了。初中二年一期的时候，我对张老三的仇视加深，对桃花肚皮的回忆越发温热，强奸桃花的欲望更加强烈。

这时候，船哥已经了不得了。当了大队支书，仍兼着我们的生产队的队长，娶了一个叫青英的女人。这女人脸黑，鼻子大而圆，让人感觉那里面的黄色液体永远挤不干净。

有次我们学校搞忆苦思甜。校长请来演讲的就是苦大仇深的贫雇农孤儿船哥。船哥说在万恶的旧社会，他父母在恶霸地主家做长工，受尽了剥削压榨，最后被活活折磨死了。他成了孤儿。是新中国给了他新生。船哥声泪俱下，激动万分。全场义愤填膺。船哥高呼打倒我祖父的口号。我也振臂高呼。我那祖父的的确确太坏了。我在船哥的演讲中反省了自己，纠正了自己对船哥的看法。似乎他偷看我姐姐解手的事也不再计较了。就在我泪流满面痛心疾首的时候，听见船哥厉声喊道：可是今天，那恶霸地主的孙子也同我们坐在一起享受红太阳的温暖！于是，全场目光射向我。打倒声朝我滚滚涌来。我感觉到我头顶上的一方天塌了下来，掩埋了我。

那天放学没有人与我同路。桃花好像有等我的意思。可有个同学冲我骂道：桃花爸爸日你妈妈的萨拉热窝！记得那时刚放映南斯拉夫电影《瓦尔特保卫萨拉热窝》，但有那些极富创造才能和想象能力的顽童将女人的某个器官称作萨拉热窝。桃花听别人一骂，也就不等我了。我那时还没有听过痛苦这个词儿，便无法用这个词儿去名状当时的心情。只是脑子死死的不打转儿。看见树，定了一会儿神才知那是树，树上有鸟，那鸟儿扑棱棱飞了才知那是鸟。

有一段路很窄，只容一个人通过。这一段路缠在山腰上，下面是从来没有人去过的深渊。我走得很慢。我一想起妈妈哭泣的样子就非常害怕跌下去。

我正小心翼翼地走着,听见后面有脚步声。回头一看,是张老三。这时我对他不再害怕,只有恨。因为他已不是队长。但这里偏僻无人,我仍有些紧张。我停下来,抱住路边的一棵茶树,想让他走前面去。张老三在同我交臂之际,狠狠地拍了我的脑蛋,习惯地叫道:老实点!小地主!我用手肘本能地往后猛撑一下。

我日你的……

张老三没有骂完,一声惨叫。

我抱住茶树浑身发软。过了好久,我才敢回头。我身后的山谷一片平静。

回到家里,天已黑了。我的样子一定很吓人。妈妈摸了摸我的前额。怎么这么热?姐姐从我同学那里知道今天学校的事,招呼我吃了饭,让我早早地睡了。我晚上几次尖叫着醒来,见姐姐都坐在我床边。

张老三的死让我暗自得意。短时间的恐惧之后我也镇定下来。我从来没有感到内疚过。我认为我没有罪责。从法律上讲我那时才十四岁,也不是故意的。现在真的追究起来,我完全可以不承认。我可以说我是在写小说。反正没有人知道张老三到底哪里去了。因为从来没有人找到过他。

张老三死后,我强奸桃花的欲望逐渐减弱。对她肚皮的温热一天天淡忘。

上海佬几天不见男人回来,先是骂,再是哭,闹了几日,照样过着日子。后来听说上海佬偷偷贡了仙,仙娘说,张老三做了伤路鬼。要家里人找回他的尸首安埋,不然永世不得超生。她便请娘家哥哥和她的两个儿子在山里找了几天没有找到。仙娘为何算得那么准我至今不明白。幸好没有算出是谁让张老三做了伤路鬼。

张老三死后,妈妈日子好过多了。爸爸打妈妈的日子少了。哥哥开始喊爸爸。

有天青英跑到上海佬家,破口大骂上海佬偷她船坨。上海佬同人相骂从来没有输过。她拍手跺脚地叫道,捉贼要拿赃,捉奸要拿双。我说你偷人哩！我说你偷赫鲁晓夫偷孔老二！

青英败下阵来，恶狠狠地摔了一把黄鼻涕，叫嚷着回去了。

上海佬的确没有偷船坨。有天夜里我被一阵躁动声惊醒。听见上海佬压着嗓子叫骂：我张老三的鬼魂要来缠你！这时，一个人影从我窗前晃过。我看清了是船哥。那时上海佬四十多岁，船哥三十多岁。

我没有想到会发生下面的事情。

那是收割早稻栽插晚稻的大忙季节。我初中毕业了，高中不知能否上学。天气太热，社员们吃了午饭在家休息。船哥什么时候吹哨子什么时候再出工。我也参加劳动。那些天一本无头无尾的旧小说迷住了我。后来知道是本残缺不全的《红楼梦》。因旧小说是毒草，我就躲在楼上看。那是我家乡到处可以见到的矮木屋，楼上是放杂物用的，瓦面离楼板只两三尺高，热得要命。我正汗流浃背，半认半猜地看着那繁体字的小说，忽然听见一阵轻轻的响动。我放下小说，看见上海佬从她家菜园翻过竹篱笆朝我家这边走过来，在我家房子背后停了下来。她站的地方是我哥哥房间的后门。这时门吱的一声开了。上海佬一闪进去了。我好生奇怪，轻轻俯下身，透过楼板缝儿看见上海佬利索地脱光了衣服，骑在哥哥身上，揉着自己硕大的奶子。骑了一会儿，上海佬便趴在哥身上了。上海佬背上有一大块黑黑的东西，不知是疤还是痣。我只是感觉到那团黑黑的东西在不停地晃动。

以后我常常留意上海佬的动向，躲在楼上看把戏。上海佬总是压着哥哥，我不太服气。直到有一天看见哥哥翻到上面狠狠地按那女人，我才觉得解恨，似乎这才报了仇。

我见了这种事情之后，那本破小说上贾琏同多姑娘幽会的描写对我不构成任何刺激。但上海佬的裸体总让我悬想桃花脱衣服的模样。我想她一定比她妈妈白，因为我看见过她的肚皮、屁股和大腿。

暑假之后我意想不到地上了高中，同桃花一起到更远一些的中学上学。班主任在第一次训话的时候讲了有成分论而不唯成分论的道理。他讲这话的时候，眼睛瞟了一下我。我的脸麻麻的。

那个夏天我感到桃花的衣服特别薄。

这年下半年队上来了两个新人。一个是驻队工作组干部小林，一个是遣回原籍劳动改造的礼叔。

小林在队上驻了不久，来不及发生过多的故事就走了。这是一个白净斯文理分头的青年，说话时有点脸红。同社员们出工的时候，喜欢偷偷瞟我姐姐，船哥便到公社告了状，说小林同地主女儿乱搞。县里马上派人来调查。小林不承认，说并没有乱搞。调查组的人说无风不起浪，群众的眼睛是雪亮的，这是颠扑不破的真理。小林灵魂深处被震撼了，认识到了自己心灵的不纯洁甚至肮脏。他向调查组交代，的确没乱搞，但的确有点喜欢这个女人。这样小林就遭了大麻烦。调查组的说小林不老实，不肯承认实质性的问题。所以小林受到党内警告处分。小林心想，没得羊肉吃，弄得一身臊。反正挨了处分，就索性给姐姐写了一封求爱信。姐姐怕自己害了小林，不想答应。可又不敢回信，就约小林到村后的茶山里见面。他们到约定的地点刚坐下，来不及讲一句话，船哥带领民兵赶来了。三节电池的手电筒照得小林和姐姐无地自容。小林不仅不知悔改，反而变本加厉。小林再也说不清，被开除党籍和干籍。

县里工作队的队长为此表扬船哥很有阶级觉悟。我却总认为他那么容不下小林，一定同他偷看姐姐解手有关。

小林的老家在更远的山里，他回到老家不久，就请人上我家提亲。爸爸不作声。妈妈说由姐姐自己做主。姐姐二话没说，流着泪答应了。这年冬天，小林来迎亲。那时婚丧嫁娶都不敢操办。姐姐什么东西也没带，只跪在妈妈床前压着嗓子哭了一回，就跟着小林走了。我一直很感激我的这位姐夫。

礼叔的故事到他死都无法讲清。他比我爸爸大十多岁，在县里工作。这次不知道犯了什么错误，下放回家改造。他的老婆子女仍在城里。他老家没有房子，被安排在上海佬家。上海佬家房子稍宽一些。按辈分，上海

佬也叫他礼叔。礼叔看上去像文化人，额上皱纹同头发一样像是梳过的。上海佬同我哥哥的事，据说是礼叔报告船哥的。礼叔事后一直不承认。船哥带民兵捆了我哥哥。上海佬一口咬定是我哥强奸她。哥一句话不肯讲。于是，我哥哥以强奸罪被判了五年徒刑。

后来听人讲，礼叔下放那几年，深夜常听见上海佬咯咯地笑。我便猜想哥哥的事一定是礼叔报的案。

我更加恨死了上海佬。她勾引我哥的行径我最清楚。于是我强奸桃花的狼子野心又一次膨胀起来。但自从我哥哥出事之后，桃花见了我就躲。

我不断寻找偷袭桃花的机会。

我高中毕业后又回乡劳动。那时还不兴考大学。参军是农村青年唯一的出路。可军队是专政的工具，我们家是专政的对象。

有天全队社员到二十几里以外的山里挑石灰。每人任务是挑回三趟。这么辛苦的农活我是头一回干。挑第三趟的时候，我怎么也赶不上别人了。离家还有三四里路，我实在挑不动了，就歇了肩。一坐下，再也不想起来。唯一的需要是躺一会儿。但我不敢躺，一躺下就会睡着。

已近黄昏，山路幽暗起来。青蛙开始稀稀落落地鼓噪。

我想再不上路就要摸黑回家了。

正当我起身的时候，听见远远有人喊等等我。一看，是桃花。桃花挑着石灰摇摇晃晃气喘吁吁地来了。桃花放下担子，重重地坐在地上。胸脯急促地起伏。喘了半天，才连声叫道，实在走不动了，实在走不动了。

我只好又坐下来。离桃花约两尺远。

谁也不再讲话。

沉默有时是很危险的。当时的沉默使我的大脑片刻间处于真空状态。这真空立即被一种火辣辣的欲望充塞了。我胸口突然乱跳。我侧眼看了桃花。桃花望着对面的山沟。她的呼吸已经均匀了。我的目光从她前襟的扣缝处钻进去，瞅了白白的乳房红红的乳头。乳头红得馋人，像带露的熟透的杨梅。这杨梅不让我分泌唾液而让我口干。

口渴死了。桃花突然说。

没有水喝,只有望梅止渴了。我阴毒地笑着说。

有梅望倒好。桃花瞅着我。

我满肚子的坏水往上蹿。你身上就有杨梅呀!

这话一出口,我浑身燥热。

我身上哪有杨梅?鬼话!

我望着她,笑了一会儿,说,你身上有个东西像杨梅。

哪里?

胸脯上!

鬼话!桃花骂了一句,望着我颤颤地笑。

她含笑的唇齿间溢满了口水,细细的牙齿像浸在溪水里的晶莹的石子,感觉好凉快好清爽。

我一把拉住她往路边的草丛里跑。她一边跟着我跑,一边压着声儿嚷着你要做什么你要做什么。

我闭着眼睛,感觉身下是漫无边际的柔软的草地。

我和桃花挑着石灰重新上路。蛙鸣很热闹,萤火虫在我们周围飞舞。

路过桃花家的时候,上海佬恶狠狠地瞪了我一眼。天虽然很黑,但我分明看见上海佬的眼睛狼眼一般发着幽光。上海佬的恶眼让我对刚才草地上的事很不满意。因为不是强奸!

过后很长一段时间我和桃花又不讲话了。见面就是脸红。

大约过了一个多月,桃花约我晚上到后山见面,有话同我讲。

姐姐和小林被捉的事让我有了心计。我悄悄注视着桃花。桃花上了山,我见没有人跟踪她,才不紧不慢地尾随而去。到了约定地点,我说边走边说,不要坐下来。

桃花半天不开口。

默默走了好一阵,我问她有什么话讲。

桃花停下来，抬头望着我。树林筛碎了月光，洒在桃花身上。桃花像穿了迷彩服。

你不可以讲话？想不到她会这样反问我。

我不作声。

我是不是不太自重？桃花眼里有亮亮的东西在闪动。

我仍不作声。

我的目光在周围搜寻。我在窥测四周的动静。我要找一块平整的地方。我至今弄不懂当时自己怎么那样精明。我才十六岁！

那天晚上桃花不像第一次那样软绵绵的。我想起她的父母，便咬牙切齿地用力。桃花便抽搐般紧蹬双腿，脸作痛苦状。

这个晚上是我们唯一说到爱的一次。严格讲来，只是桃花讲了我并没有讲。在以后的频频幽会中，我们只是一天比一天狂暴地动作，与这事有关的话只字未提。

有天晚上我差点儿说了动情的话。我俩并坐在溪边，双脚吊进水里，一任溪水痒痒地舔着。一颗流星凄然闪过。我顿时感到一阵悲凉。我连忙抓住桃花的手。她的手暖暖的，渗着微微的令人心烦意乱的汗水。我觉得马上要说什么了。这时，一个冰凉的东西从我的脚边滑过。

蛇！

桃花尖叫。

我们逃也似的离开了那里。那晚我们什么也没有做。

那天晚上我梦见张老三在溪水里游动，他的下身是蛇。那年头我不敢相信鬼神，但总暗自怯生生地想，那摔进深渊的张老三一定变作了蛇。

现在我对那蛇的恐惧日渐淡漠，倒常记起那流星闪过后的悲凉和桃花手掌的湿润。

同桃花的幽会大约进行了半年，到了这年冬天，上海佬察觉了桃花的异常。桃花开始恶心厌食。她死也没有讲出是我干的好事。闺女家名誉值千金。上海佬无可奈何自认吃了哑巴亏，带着桃花上县城偷偷打了胎。

桃花打胎之后脸浮肿了好一阵。上海佬一发气就骂桃花偷人婆。家乡当娘的恶言恶语骂自己闺女是常事,别人并不在意。我听了却特别刺耳。

打胎在我当时看来是一件很可怕的事。于是我们不再来往了。我从此再也没有见到过桃花脸上的桃红。

我和桃花同一年考上大学,也在同一座城市。她学的是医学专业。大学四年,我只到她学校看过她一次。我们像没有发生过任何事似的,只说些课程紧不紧伙食好不好之类的话,这让我有些悲哀。我便告辞。她也不相留。她送我到校门口的公共汽车亭。等车的时候,我觉得有责任提一下旧事。

我们可以在一起吗?我说这话的时候,平静得像在菜市场上讲价钱。

何必提这个话题?你我心里都明白,不可能的,桃花惨然一笑。

我好像还想讲一句什么,公共汽车来了,我挤了上去。我回过头,想看她一眼。别人挡住了我的视线。后来我回忆这个细节时,总以为看见桃花站在那儿朝我招手。梨花如面,形若孤鸿。乳白色的外套漫卷长风,飘飘扬扬。我明白这是自己顽固地虚构的,但仍喜欢这么去回忆。其间是否寄寓我的某种情思呢?我也不清楚。

桃花后来就留在那座城市了。她利用她的医学知识巧妙地瞒过了她那宠爱她的丈夫。

我祝福桃花一生平安。我的祝福是真诚的。

我上大学那年,大队已叫作村,生产队已叫作村民小组了。船哥不再是支书,也不再是队长,仅仅是船坨了。

船哥从此比任何时候都喜欢讲起部队。天上有飞机飞过,他就说,在部队的时候,一个星期坐一次飞机。表情很神往。谁家买了羊肉,他会说,在部队的时候,三天吃一顿羊肉。讲得喉结一滚一滚的。他的军用普通话慢慢流失殆尽。最后只剩下一句南腔北调的他妈的。这他妈的成了他唯

一的口头禅。在发感叹发牢骚和相骂的时候都用。

家里要为我上大学办几桌酒席。船哥自告奋勇由他掌厨。他在部队几年干的就是这活。这是他没有任何职务以后漏了嘴才讲出来的。我小时候总以为他是手握钢枪巡逻在祖国边防线上。

那天船哥喝了很多酒。茶喝多了尿多,酒喝多了话多。乡亲们都走了,只有船哥还在我家坐着,笑嘻嘻地同我妈妈讲话,一句话一声叔母,说还是叔母福气好。又对我讲,只有你们家是我最亲的了,其他的人都隔得远。泪流满面。我姐姐连连打着哈欠,说小家伙要睡了,同姐夫抱着我外甥儿回了房。姐夫这时已平了反,仍回县里工作。姐姐姐夫是专门回家为我送行的。姐姐在我上大学三年级的时候也转为城镇户口,安排到县百货公司工作。哥哥是我大学二年级才刑满释放的。这都是以后的事。

船哥讲个不停。我爸爸坐累了,不停地反过手捶腰。船哥老婆青英连骂带拉才把他弄回去。

船哥走后,姐姐从里屋出来。其实她还没睡。船坨好像把自己做的事都忘了。姐姐说。

妈妈一脸慈祥,说,他从小没爸没妈,也很可怜。

礼叔回县城工作是我考取大学那年的上半年。记得他临走的时候特意交代我好好复习功课,考个名牌大学,光宗耀祖。我第一次领略到他的长者风度。礼叔恢复工作一年多,就退休了。因他是县里的老人,被县志办借用去编县志。多年以后,他出差到我工作的城市,专门找到我,告诉了我许多永远也弄不清的故事。

我最不了解的是我哥哥。他早些年怎么同上海佬那样,至今是个谜。哥哥让你无法进入他的内心。没事的时候,他坐在那里抽烟,烟雾慢慢地升腾、弥漫,常令你看不清他的脸。他在服刑期间学了泥工手艺。回家后,从泥工做到了建筑包工头,重振了家业,修了房子,娶了嫂子。嫂子叫水月,很会当家,孝敬大人。今年我回家,见水月正在给妈妈洗头,那情状让我感动。

礼叔上门找我是三年前。

那天是星期天，我和妻都在家。门铃响了。我从猫眼里看见一位西装革履的老人。没有马上认出是谁。一开门，见是礼叔，连忙让进屋来。

礼叔这样子很有学者派头。当他缩在沙发里极讲究地品茶的时候，我怎么也无法将他同上海佬联系起来。

礼叔说他也老了，有些事不讲就要带进坟墓了。他说他不讲别人不会讲的。不讲良心有愧。他讲完这段故事的第二年春天就作古了，因而事情的真伪无从考证。

礼叔讲得很细，很零乱。有些时空颠倒。这是他年纪大了的缘故。我择其要领整理如下。

我祖父原是这一带的首富，娶过三房妻子，我叫她们大奶奶，二奶奶，三奶奶。大奶奶无子嗣，到我家三年后害痨病死了。二奶奶生了大伯父，二伯父。二伯父六岁时，二奶奶伤寒病死了。三奶奶生了我父亲驼子。三奶奶最漂亮也最娇弱，祖父和二伯父被镇压后的一个月，就死了。三奶奶跟祖父的时间最长，祖父最疼爱。三奶奶是睡在床上不吃不喝死的。说起来也算是一个节妇或情种。

祖父知书达理，乐善好施。族中子弟可望成大器者，祖父慷慨助学。礼叔就是我祖父出钱才读到高中的。他家里很穷，人很聪明。祖父本来还要送他上大学、留洋的，后来一解放礼叔就在城里参加了工作。得到过祖父资助的还有大名鼎鼎的谁谁和谁谁等。这些人的名字经常见诸报端，我不便点出他们。他们解放后有的平步青云，有的遭遇坎坷。现在他们也都差不多到了垂暮之年，应当最好追忆过往云烟。不知他们想到我祖父的时候会有何感慨？但在过去几十年的风风雨雨中，他们之中没有一人敢承认自己同我祖父有丝毫的瓜葛。

祖父的三个儿子中，最有出息的是大伯父，读书最多的是二伯父，最胆小怕事的是我爸爸。

大伯父在江湖上有三结义，副官大福，警卫长根。他们都是邻村同乡。大伯父的部队在湘南粤北一带驻防。有年冬天大伯父在零陵娶了一个长沙女子,叫李一知,是个读师范的洋学生。那李一知天生当太太的料,嫁了大伯父后,便穿旗袍坐轿子,随着部队四处走。李一知身子娇娇小小的,晚上却很有劲,喜欢快活地叫喊。大福最爱做的事就是躲在大伯父房外听,听得身上火烧火燎的。

有次大伯父的部队驻扎在一座寺庙里。大伯父两口子住在西厢楼上。晚上,李一知也不管什么清净佛地,照样欢欢地叫。大福照样躲在外面听。后来李一知出来解手。这女人懒得走远,钻进隔壁一间空房就脱裤。大福正好躲在这里,在暗处隐隐看见了女人的白屁股,心里燥得慌,女人走后,大福浑身发颤,摸到女人刚才解手的地方呼哧呼哧做手淫。这时,大福闻到一股奇特的香味,令他口水直流。那晚大福通宵未睡。

大福次日清早偷偷跑到李一知小便处蹲了一下,发现香味没有了,只有他自己留下的白色痕迹。

当天晚上,女人又出来解手。之后大福又激动万分地摸了过去。又是奇香扑鼻,令他满嘴生津。

一连几个晚上,大福在女人小便之后都闻到了迷人的奇香。

怎么了得,这女人连尿都这么香!大福几乎要发疯了。

这天,李一知对大伯父讲,派人看看隔壁楼下究竟有什么东西,我几天来都闻到一股香味儿。

大伯父派了几个士兵打开楼下那间房子,见只有一堆生石灰,并无其他什物。大伯父叫翻开石灰看看。翻了一下,就露出七八个陶罐子,罐口塞着稻草。揭掉稻草塞子,是一方白布,再揭开白布,立即香气四溢。老天!里面是整条整条的鸡肉。原来这里的和尚偷吃荤腥,不敢明着炒,就用石灰焙熟吃。李一知小便时,尿水流下去,水汽将鸡肉的香味蒸腾上来了。

大伯父命人将陶罐全部取出来,用这鸡肉款待了所有心腹知己。大伯父不知道自己夫人在上面屙了尿,连连称赞味道好。大福对这鸡肉有一种特别的感觉，吃得也惬意。只有李一知没有吃，说怕和尚们弄得不干净。

大福尽管已经知道了那香味不是女人的尿香，但胸口那团火再也压不住了。

有回大福偷偷问李一知：嫂子你知道和尚的鸡肉为什么味道那么好吗？

女人说我怎么知道？

大福见周围没人，附在女人耳边道：是掺了嫂子的香尿！

女人红了脸，骂道：不正经的东西，我告诉你大哥叫他阉了你！

大福并没有得手。可他的鬼鬼祟祟叫大伯父察觉了。于是拍案大怒，说要杀了大福。大福跑了。那家伙在外面躲了几天，突然在一天夜里摸进寺庙杀了大伯父。刀子刚捅进大伯父胸膛，李一知就醒了。李一知还来不及叫，就被大福用被子蒙住了头。当大福蒙着女人强奸之后，发现女人已经死了。

长根披麻戴孝跑回乡里跪在祖父面前哭诉了大伯父的死。祖父最宠爱的就是大伯父。痛失爱子，祖父几乎死过去。祖父发誓要生吞大福的心肝。

大福从此浪迹江湖。

长根就留在祖父身边了，祖父视同骨肉。

后来家乡起了土匪。为了免遭强人侵扰，祖父同族人商议，组建了子弟兵。于是二伯父和长根为首拉起了百多号人马的队伍。

山里的土匪常常火并，大王隔不了多久又换了。有回探得坐头把交椅的就是大福。原来大福在外闯荡了好些年又回到了家乡。他知道自己血债在身，不敢回家，就上了山。这伙土匪唯一不敢打劫的就是我们这个村子，所以一直把我祖父家视作对头。大福深知自己只有将我祖父一家斩尽杀绝他才能安安心心回家。这样，大福一上山就同那股土匪很投机。毕竟又是正规部队混过的，不久就当了大王。

大福当上大王不到三个月，冤家路窄，被我二伯父他们活捉了。二伯父举刀开他的胸膛时，大福表情镇定，只说了句大哥找我来了。

祖父生吞大福心脏以后半年，家乡解放了。

礼叔讲完之后天已黑了。户外街灯通明。在我送礼叔上招待所的路上，礼叔要我尽自己能力翻一下案，说我祖父和二伯父他们并不是那种十恶不赦的人。我不作声。

街道上小车往来如梭。车灯令我目眩。

年初我回去了一次。在山头上躺了许多年的那十四个大字早已荡然无存。青山依旧。雾照样很重。父母正请木匠在做棺木。做棺木开工叫发墨，完工叫圆盖。这在老人家是大事。圆盖那天需得摆宴请客。

从发墨到圆盖那几天，爸爸妈妈比小孩子过年还开心。全家人都到齐了。爸爸弓着腰在院子里颠来颠去，像只觅食的鸵鸟，很忙。妈妈坐在轮椅里。孙子外甥们跑过她身边的时候，她就用手拉一下，笑得很满足。姐姐已很像一个城里人了，戴着全套金首饰。我发现她用手掠一下头发的时候，流露出一种知足者常乐的优越感。姐夫总是和气地笑。他这种人当不了领导，可单位人都讲他好。哥哥俨然经理派头，骑着摩托早出晚归。他有点财大气粗的味道，但又不至于为富不仁。有天正好碰上桃花寄钱回来，上海佬有意高声张扬。哥哥听了，似乎是不露声色地哼了鼻子。我便从妈妈那里知道，桃花很少回家，倒是按月寄钱回来，也算是一个孝女。嫂子水月总是忙忙碌碌的样子，说话嘴快。

母亲已经很干瘪，只有鼻梁还可以让人考证出她年轻时的娇容。我承认，我对妈妈的感情一向比对爸爸深些。我不明白，爸爸妈妈对做棺木为何那么高兴。那两个笨重丑陋的木箱几乎令我反胃。人是不是历尽沧桑之后就会超然地面对死亡？我独自感慨着，有点忧伤。

圆盖时，老人要在棺木里躺一会儿，说是可以延寿。爸爸喜滋滋地爬过去躺了一会儿，连声说道很好，很好。妈妈得由人抱进去。我去抱妈妈。当我的脸挨近妈妈的脸的时候，好像我全身的水分都要从眼睛里流出来了。我真想拥抱一下亲吻一下我这含辛茹苦一辈子的老妈妈！我知道乡里人不习惯这种亲昵，便慢慢地抱起妈妈，再把她轻轻地放进棺木里。我想尽量延长这一过程，让我的脸同妈妈的脸久贴一会儿。

妈妈躺在棺木里美美地笑，笑得有些腼腆，像位新娘子。我再也忍不住，泪水夺眶而出。

妈妈试了棺之后，我坐在妈妈身边，提到了礼叔告诉我的事。

妈妈叹道，人都死了这么多年了，算了吧。

爸爸说，应为你爷爷、二伯父，还有长根伯伯整下坟，倒是真的。

那天摆了二十几桌宴席，乡亲们放着鞭炮来喝酒。只有上海佬一家没有到。我们这边热闹喧天的时候，颤颤巍巍的上海佬在家狠狠地喝鸡唤狗。那是个太阳很好的日子，上海佬高声大气一阵后，孤零零地坐在屋前的场院里打瞌睡。见了这个场景，我无端地感到凄凉，胸口隐痛了一阵。

照样是船哥掌厨。那天他喝得太多了，醉得在地上打滚，哭着小金小金。小金是青英生的头胎，死了，二胎活了下来，名字也是小金。小金出生的年代正是大批铜臭的年代，人们并不拜金。可船哥为什么硬要拥有一个叫小金的孩子呢？现在船哥并不富裕。他房子已从我家隔壁的老屋场搬出了，修了一栋四封三间的土砖房。妈妈说船坨可怜哪，碰上有人做红白喜事，他就早饭中饭都不吃，给人帮忙完了后，晚上再饱饱地吃一顿，喝一顿。一喝就醉，一醉就哭小金。幸得他当兵出身，胃好。

船哥还在地上打滚。我心里酸酸的。

妻这是第一次到我老家，一切都新鲜。见家里有事人人都来帮忙，都来凑热闹，真有意思。她说还是乡里人朴实、厚道，不像城里人那么虚伪和市侩。我听了只是笑。

今年上半年船哥死于胃癌。最初没有发现，一发现就是晚期了。他临走时号啕大哭，说还等五年死就好了，等五年儿子就有十八岁了。这件事是妻子半夜里醒来，梦呓一般告诉我的。她白天就知道了，忘了同我讲。

我听了胸口发闷,起床到阳台上吹风。远远地看见街道那边的路灯幽幽的,叫人发凉。

清明前夕,收到家乡县委办公室一份公函,说我们家里为我祖父、二伯父和长根树碑立传,在群众当中影响很不好。

我连忙写信给哥哥,劝他不必多事。哥哥回信说事情并不是传闻的那样,只是按旧制给三位阴间人各打了一块墓碑,不过刻出生卒年月而已。

既然如此,我想也并不为过。我没有回复这封公函。

这件事刚平息,最近哥哥又来信,说上海佬同我家争地方。哥哥想在我家同上海佬家的分界处砌道围墙,她不准砌在那里,说界线还应往我家这边移一尺五。哥哥不让。于是上海佬天天叫骂,不怕你家有钱有势,要打架就打架,要见官就见官。

这种事最没有意思,我回信劝哥哥谦让,讲了六尺巷的典故,并附上了千里修书只为墙,让他三尺又何妨的打油诗。信发出之后,我觉得自己很迂腐。

我写完这个东西之后,头脑很不清楚。户外月亮朗照,地上像生了厚厚的白霉,令我呼吸艰难。我紧闭双眼,屏息静气,着力去想一想故乡的一草一木。可向我汹涌而来的是严严实实的雾。